高等院校"十三五"信息管理类规划教材

文献检索与论文写作
（第二版）

邓富民 梁学栋 主编

Guide to writing literature reviews and dissertations

(Second Edition)

经济管理出版社
ECONOMY & MANAGEMENT PUBLISHING HOUSE

图书在版编目（CIP）数据

文献检索与论文写作/邓富民，梁学栋主编．—2版．—北京：经济管理出版社，2017.5
ISBN 978 – 7 – 5096 – 5131 – 5

Ⅰ.①文… Ⅱ.①邓… ②梁… Ⅲ.①情报检索—高等学校—教材 ②论文—写作—高等学校—教材 Ⅳ.①G252.7 ②H152.2

中国版本图书馆 CIP 数据核字（2023.1 重印）第 119237 号

组稿编辑：王光艳
责任编辑：许　兵
责任印制：黄章平
责任校对：张晓燕

出版发行：经济管理出版社
　　　　　（北京市海淀区北蜂窝 8 号中雅大厦 A 座 11 层　100038）
网　　址：www.E – mp.com.cn
电　　话：(010) 51915602
印　　刷：北京市海淀区唐家岭福利印刷厂
经　　销：新华书店
开　　本：720mm × 1000mm/16
印　　张：23.25
字　　数：404 千字
版　　次：2017 年 8 月第 1 版　　2023 年 1 月第 3 次印刷
书　　号：ISBN 978 – 7 – 5096 – 5131 – 5
定　　价：68.00 元

·版权所有　翻印必究·

凡购本社图书，如有印装错误，由本社读者服务部负责调换。
联系地址：北京阜外月坛北小街 2 号
电话：(010) 68022974　　邮编：100836

前　言

大数据时代的信息量迅猛增长，信息已经成为科技进步和社会发展的主要推动力量，对信息开发与利用的能力也已成为衡量一个国家综合科研水平和专业人才知识水平的重要方面。其中，论文写作就是以信息获取为基础，同时又进一步创新信息。因此，论文写作也是文献的重要来源。

文献检索和论文写作是进行科学研究的两大技能，是知识创新能力和技术创新能力的依托。现今高等教育在这两方面的技能训练略显不足。如何在大数据时代背景下让科学研究的主力军——本科生与研究生更好地掌握和使用这两项技能至关重要。本书正是为了适应新的需求形势而编著。

本书不同于纯理论教材，在不失严谨的前提下力求在编写上避免晦涩的说教，并尽量做到直观易懂，努力突出应用性。此外，本书引入大数据信息检索、数字图书馆、云图书馆、移动图书馆等当前文献检索领域的新内容。为了贯彻"与时俱进"这一原则，本书参考了国内外大量书籍及文献，在系统解释文献检索等概念的基础上，努力将同行们总结的以及我们在实践中总结的检索文献和写作论文的经验和体会融入其中。为了使读者自己掌握本书的内容，又考虑到这门课程的应用性和实践性，本书许多章节举出了具体的实例，力求做到整体统一、目标明确、重点突出、应用导向、内容与方法相辅相成。

本书为第二版，在原版的基础上更新了各章节的内容、案例以及应用场景，增加了移动互联网背景下的应用内容。全书共分为17章，主要由两大部分构成：第一部分由邓富民负责编写，包括概论、计算机信息检索、国内外大型全文数据库检索、国内外大型综合检索系统、Internet信息检索、大数据信息检索、数字图书馆、云图书馆、移动图书馆、特种文献检索、文献综述撰写；第二部分由梁学栋负责编写，包括学位论文写作概述、学位论文的选题、材料准备、研究方法的确定、写作要求以及评审与答辩。

  本书可以作为大、中专院校各专业本科生与研究生的文献检索与论文写作课程的教材，同时还可以作为自学读本和工具书。

  在本书的写作过程中，得到了经济管理出版社的大力支持。同时，四川大学商学院研究生周文婷、焦磊磊、倖至、刘晶珩为本书的资料整理做了许多有益的工作，在此一并表示谢意。另外，本书的编写参考了众多文献资料，在此向这些文献的作者表示由衷的谢意。

  由于本书第二版内容变动较大，书中疏漏和不当之处在所难免，恳请广大读者和专家学者不吝赐教、指正并提出宝贵的建议，以利于今后该书的修改和完善。

邓富民
2017 年 8 月

目 录

第一部分 文献检索

第一章 概论 ……………………………………………………… 3
第一节 文献信息 …………………………………………… 4
一、术语 ………………………………………………… 4
二、发展 ………………………………………………… 17
三、语言 ………………………………………………… 22
四、方法 ………………………………………………… 28
第二节 检索工具 …………………………………………… 29
一、含义 ………………………………………………… 29
二、分类 ………………………………………………… 30
三、排检方法 …………………………………………… 32
四、步骤 ………………………………………………… 35

第二章 计算机信息检索 ……………………………………… 40
第一节 概述 ………………………………………………… 41
一、历程 ………………………………………………… 41
二、原理 ………………………………………………… 41
三、方法 ………………………………………………… 42
四、步骤 ………………………………………………… 44
第二节 检索工具 …………………………………………… 47
一、网络数据库检索系统 ……………………………… 47
二、互联网信息检索 …………………………………… 48

三、计算机检索系统选择 ··· 51
　第三节　OPAC 查询系统 ··· 52
　　　一、概述 ··· 52
　　　二、功能 ··· 52

第三章　国内大型全文数据库检索 ······································ 56
　第一节　中国期刊全文数据库 ··· 57
　　　一、数据库简介 ·· 57
　　　二、检索方法 ··· 59
　第二节　中文科技期刊数据库（全文版） ··························· 66
　　　一、简介 ··· 66
　　　二、检索方法 ··· 67
　　　三、检索结果处理 ··· 73
　第三节　万方数据资源系统 ·· 74
　　　一、简介 ··· 74
　　　二、检索方法 ··· 76

第四章　国外大型综合检索系统 ··· 79
　第一节　美国《工程索引》（EI） ····································· 80
　　　一、简介 ··· 80
　　　二、结构 ··· 81
　　　三、印刷版索引 ·· 81
　　　四、网络检索 ··· 82
　第二节　美国《科学引文索引》（SCI） ····························· 87
　　　一、简介 ··· 87
　　　二、网络版 ·· 91
　　　三、期刊分区检索 ··· 94
　第三节　英国《科学文摘》（SA） ···································· 97
　　　一、简介 ··· 97
　　　二、印刷版的使用方法 ··· 98
　　　三、INSPEC 数据库 ·· 99

第五章　Internet 信息检索 ··· 102
　第一节　概述 ··· 103

一、Internet 的发展 ·· 103
　　二、概念 ··· 104
　　三、类型 ··· 105
　　四、学科信息门户 ·· 107
第二节　搜索引擎 ··· 109
　　一、概念 ··· 109
　　二、原理 ··· 111
　　三、常用搜索引擎 ·· 112

第六章　大数据信息检索 ·· 120
第一节　大数据概述 ·· 121
　　一、背景 ··· 121
　　二、概念 ··· 121
　　三、发展 ··· 122
第二节　大数据背景下的信息检索 ···································· 124
　　一、信息检索存在的问题 ··· 124
　　二、大数据背景下信息检索变革 ································ 125
第三节　大数据背景下的新兴科技行业信息检索 ·················· 126
　　一、大数据信息检索过程 ··· 126
　　二、案例分析 ··· 129
第四节　大数据检索的应用 ·· 130
　　一、大数据精确服务行业市场定位 ····························· 131
　　二、大数据成为服务行业市场营销的利器 ···················· 131
　　三、大数据支撑服务行业收益管理 ····························· 132
　　四、大数据创新服务行业需求开发 ····························· 132

第七章　数字图书馆 ·· 134
第一节　概况 ··· 135
　　一、含义 ··· 135
　　二、发展 ··· 138
　　三、特征 ··· 143
第二节　常用数字图书馆 ··· 147
　　一、超星数字图书馆 ·· 147

二、书生之家数字图书馆 …………………………………………… 156
　　三、方正 Apabi 数字资源平台 …………………………………… 160

第八章　云图书馆 …………………………………………………… 167
第一节　云计算概述 ……………………………………………… 168
　　一、云计算简介 ……………………………………………………… 168
　　二、云计算模型 ……………………………………………………… 169
　　三、云计算技术 ……………………………………………………… 169
　　四、云计算发展趋势 ………………………………………………… 170
第二节　百链云图书馆 …………………………………………… 173
　　一、百链云图书馆概述 ……………………………………………… 173
　　二、百链云图书馆检索 ……………………………………………… 173
第三节　超星发现——云资源搜索引擎 ………………………… 178
第四节　远程访问图书馆数字资源 ……………………………… 179
　　一、iReader 数字资源远程访问管理系统 ………………………… 179
　　二、申请个人账户 …………………………………………………… 180

第九章　移动图书馆 ………………………………………………… 182
第一节　概述 ……………………………………………………… 183
　　一、移动图书馆的起源和意义 ……………………………………… 183
　　二、国外移动图书馆的发展 ………………………………………… 184
　　三、国内移动图书馆的发展 ………………………………………… 184
第二节　世界移动图书馆 ………………………………………… 185
　　一、美国移动图书馆 ………………………………………………… 185
　　二、日本移动图书馆 ………………………………………………… 188
　　三、韩国移动图书馆 ………………………………………………… 189
第三节　中国移动图书馆 ………………………………………… 190
　　一、国家公共移动图书馆 …………………………………………… 190
　　二、高校移动图书馆 ………………………………………………… 192
第四节　移动图书馆文献检索 …………………………………… 195
　　一、超星移动图书馆文献检索流程 ………………………………… 195
　　二、检索过程 ………………………………………………………… 196

第十章　特种文献检索 ……………………………………………… 201

第一节 专利文献	202
一、概况	202
二、国内检索	208
三、国外检索	214

第二节 科技报告 ········· 217
 一、概况 ········· 217
 二、国内检索 ········· 219
 三、国外检索 ········· 225

第三节 标准文献 ········· 229
 一、概况 ········· 229
 二、国内检索 ········· 230
 三、国外检索 ········· 233

第四节 会议文献 ········· 235
 一、概况 ········· 235
 二、国内检索 ········· 237
 三、国外检索 ········· 241

第五节 学位论文 ········· 243
 一、概况 ········· 243
 二、国内检索 ········· 244
 三、国外检索 ········· 247

第十一章 文献综述撰写 ········· 249
第一节 文献综述的概念、目的和特点 ········· 250
 一、文献综述概念 ········· 250
 二、文献综述目的 ········· 250
 三、文献综述特点 ········· 250
第二节 文献综述的撰写格式 ········· 251
 一、标题 ········· 252
 二、前言 ········· 252
 三、正文 ········· 252
 四、综述例文 ········· 254
第三节 文献综述的撰写步骤 ········· 256

一、确定主题	256
二、检索文献	257
三、总结资料	257
四、拟定提纲	258
五、撰写成文	258
六、修改定稿	258

第四节 综述撰写的注意事项 ············ 259
  一、选题要新，大小适宜 ············ 259
  二、搜集资料避免太旧与不全 ············ 259
  三、避免堆砌材料，缺乏自己观点 ············ 260
  四、忠实原文，避免主观化处理 ············ 260

第二部分　论文写作

第十二章　学位论文写作概述 ············ 263

第一节　学位论文简介 ············ 264
  一、概念 ············ 264
  二、分类 ············ 264
  三、特点 ············ 267

第二节　意义 ············ 268
  一、教育意义 ············ 268
  二、社会意义 ············ 269

第三节　要求 ············ 270
  一、独创性 ············ 270
  二、学术性 ············ 270
  三、规范性 ············ 271
  四、科学性 ············ 271
  五、真实性 ············ 272

第四节　撰写过程 ············ 272
  一、选题 ············ 272
  二、搜集与分析资料 ············ 273
  三、明确论点 ············ 273

四、执笔撰写 …… 273
　　五、修改定稿 …… 274

第十三章　学位论文的选题 …… 275
第一节　选题意义 …… 276
　　一、撰写论文角度 …… 276
　　二、科学研究角度 …… 277
第二节　选题原则 …… 278
　　一、价值原则 …… 278
　　二、专长原则 …… 279
　　三、可行性原则 …… 280
　　四、适宜性原则 …… 280
第三节　选题方法 …… 282
　　一、从学科发展入手 …… 282
　　二、从实际需要出发 …… 283
第四节　选题步骤 …… 284

第十四章　材料准备 …… 287
第一节　材料概述 …… 288
　　一、材料分类 …… 288
　　二、材料作用 …… 290
第二节　搜集材料 …… 290
　　一、搜集原则 …… 291
　　二、搜集方法 …… 292
　　三、注意事项 …… 295
第三节　分析材料 …… 297
　　一、整理材料 …… 297
　　二、选用材料 …… 298

第十五章　研究方法的确定 …… 301
第一节　常用的研究方法 …… 302
　　一、调查法 …… 302
　　二、观察法 …… 302
　　三、实验法 …… 302

四、文献研究法 …………………………………………………… 303
　　五、实证研究法 …………………………………………………… 303
　　六、定性与定量分析法 …………………………………………… 303
　　七、数学方法 ……………………………………………………… 304
　　八、跨学科研究法 ………………………………………………… 304
　　九、其他研究法 …………………………………………………… 304
　第二节　如何确定研究方法 …………………………………………… 306
　　一、根据研究内容的性质选择研究方法 ………………………… 306
　　二、根据研究的目的确定研究方法 ……………………………… 307
　　三、根据研究问题选取多种研究方法 …………………………… 307
　　四、根据研究者个人的偏好和能力选择研究方法 ……………… 308

第十六章　写作要求 …………………………………………………… 309
　第一节　写作布局 ……………………………………………………… 310
　　一、写作构思 ……………………………………………………… 310
　　二、写作提纲 ……………………………………………………… 311
　　三、结构要求 ……………………………………………………… 311
　第二节　写作格式 ……………………………………………………… 312
　　一、前置部分 ……………………………………………………… 313
　　二、正文部分 ……………………………………………………… 315
　　三、结尾部分 ……………………………………………………… 318
　第三节　表述方式 ……………………………………………………… 319
　　一、表现手法 ……………………………………………………… 319
　　二、语言文风 ……………………………………………………… 321

第十七章　评审与答辩 ………………………………………………… 323
　第一节　评审 …………………………………………………………… 324
　第二节　答辩 …………………………………………………………… 324
　　一、概念 …………………………………………………………… 324
　　二、意义和目的 …………………………………………………… 326
　　三、基本程序 ……………………………………………………… 330
　　四、答辩准备 ……………………………………………………… 333

参考文献 ………………………………………………………………… 337

第一部分

文献检索

第一章 概论

 本章概要

根据论文写作的需求,在写作过程中需要学习大量的相关专业知识和搜集大量的文献信息。在了解相关专业术语的基础上,如何正确、快速、有效地获取相关信息,是文献检索的关键。本章主要对文献检索与论文写作的相关概念、发展以及检索方法和步骤进行介绍,为下一步的具体实战奠定基础。

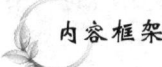 学习目的

◇ 了解文献信息的基础知识

◇ 了解文献检索的产生与发展

◇ 了解文献检索的方法与步骤

内容框架

$$\text{概论}\begin{cases}\text{文献信息}\\\text{检索工具}\end{cases}$$

第一节 文献信息

一、术语

当今社会,经济高速增长、科学技术快速发展、全球化进程不断加快,使社会信息量迅猛增长。知识和信息已成为科技进步和社会发展的主要推动力量,因此,能够有效地获取信息和利用信息才能更好地迎接时代的挑战。

1. 信息

(1) 概念。"信息"(Information)一词的概念最早来自于拉丁语,译为"通知、报道或消息"。目前,对于信息的理解和表述,不同学者有着不同看法。在中国,两千多年前的西汉时期,就有"信"字的出现,并将其作为"消息"来理解。

关于信息的经典定义如下:1948年,美国数学家、信息论的创始人仙农在《通讯的数学理论》中提出:"信息是用来消除随机不定性的东西。"1950年,美国著名数学家、控制论的创始人维纳在《控制论和社会》中提出:"信息就是我们在适应外部世界、并使这种适应反作用于外部世界的过程中,同外部世界进行互相交换的内容和名称。"这种定义在广义上称为信息传递与交换。美国的《韦氏大词典》把信息描述为"在观察中得到的数据、新闻和认识"。

中国的《情报与文献工作词汇基本术语》(GB4894-85)中针对信息的定义是"信息是物质存在的一种方式、形态或运动状态,也是事物的一种普遍属性,一般指数据、信息中所包含的意义,可以使信息中所描述事件的不确定性减少"。

归纳分析以上对信息的定义可以得出:信息是普遍存在于自然界、人类社会和人的思维之中的,同时,信息所传达的内容可以增加人们对客观事物认识的确定性。广义上讲,信息是指客观世界中各种事物的存在方式和它们的运动状态的反映;狭义上讲,信息是指能反映事物存在和运动差异的、能为某种目的带来有用的、可以被理解或被接受的消息、情况等。

（2）信息三要素。信息是事物的有序性的表现，包含三个要素：信源（信息源）、信道和信宿（见图1-1）。信源是指信息的源泉，即信息产生的源头。信道是信息传播的通道，其传播通道包括人际传播和交流、组织传播和交流、大众传播和交流三类。信宿即信息的归宿，也就是信息的接收者。

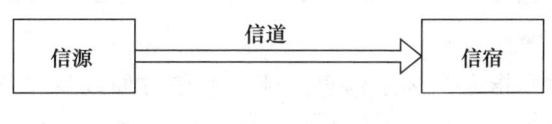

图1-1　信息三要素

信源、信道和信宿是信息作为一个过程而存在的三个基本环节，不能缺乏其中任何一个，否则将无法形成信息。

（3）信息的特征。其一，普遍性及客观性。信息广泛存在于自然界、人类社会乃至人类的思维活动领域中，只要有事物存在，就一定会有信息存在。同时，信息是事物运动的状态和方式，与物质一样都是客观存在的，不以人的意志为转移。

其二，时效性及价值性。时效性是信息的重要特征，是指从发出信息、接收信息到利用信息的时间间隔及其效率。信息的时效性与其价值性是紧密联系的，信息从生成到接收，时间越短，传递速度越快，其效用越大，反之会失去其应有的价值。任何有价值的信息都是在特定的条件下起作用的，离开这些条件，信息将会失去其价值。

其三，共享性。信息通过传递和扩散，能够反复被不同的人使用、共享，信息量不会因传播或者因他人分享而减少。共享是信息不同于物质和能量的最重要特征。

其四，可识别性。信息是可以识别的，不同的信息源有不同的识别方法。

信息的识别 $\begin{cases} 直接识别——通过感官的识别 \\ 间接识别——通过各种测试手段的识别 \end{cases}$

其五，载体依附性（负载型，可存储性）。信息既不是物质，也不是能量，是抽象的，它存在于客观事物中，其传递必须借助一定的载体或媒介才能实现，如语言、文字、声音、图像等，从而为人类所认知。

其六，可加工性。信息是可以加工的，包括：①扩充。无论是在无限还是在有限的空间里，随着时间推移、事物发展的无限变化，信息也将无限扩充。②压缩。对信息进行整理、概括、归纳,可使之精练、浓缩。③转换。信息可以由一种形态转换成另一种形态。

(4) 信息类型。从不同的角度可对信息进行不同分类,从而形成不同的体系或类型,常用的划分方法有以下几种:

其一,按表现形式划分,可分为文字信息、图像信息、数值数据信息和语音信息。

➢ 文字信息。是指人们为了信息交流、通信方便发明了文字,并将其作为一种约定的形象符号。广义上讲,文字还包括各种编码,所有这些文字、符号、代码都可以是信息的表述形式,它们的结构属性,如笔画、字母等的不同组合,分别代表不同的内容。

➢ 图像信息。是指一种视觉信息,比文字直观,易于理解。日常生活中常见的图像信息,如一部电影、一幅美术作品、客观景象等。

➢ 数值数据信息。是指将信息做数字化处理后的形式。从广义上讲,网络中的数据通信、数据处理和数据库等就都是数值数据信息。从狭义上讲,具有一定数值特性的信息可称为"数据",如统计数据、气象数据、测量数据等。

➢ 语音信息。是指人们的语言交流,是一种最早的信息表现形式,是大脑中某种编码形式的信息转换成语言信息的输出,反映了人们的思想、见解和观点。

其二,按信息的加工程度划分,可分为一次信息、二次信息和三次信息。

➢ 一次信息。是指人们研究或创造性活动成果的直接记录,通常是零碎、分散、无序的,有时比较难获取。不论信息存储于何种物质载体,只要是原始资料就是一次信息;公开出版的图书、期刊论文、科技报告、会议文献、学位论文、发明专利等,都属于一次信息。

➢ 二次信息。是指加工整理一次信息后形成的,可用于检索一次信息。二次信息的形成过程是信息从分散、无序到集中、有序化的过程,如目录、文摘、索引等各种书目数据库就是二次信息的核心内容。

➢ 三次信息。是指根据二次信息提供的线索,查找一次信息,并对其进行分析、研究、综合而成的具有较强概括性的浓缩信息。如评论、综述、述评、进展报告等。

其三,按信息对人类社会的作用划分,可分为社会信息、经济信息、科技信息、生活信息。

第一章 概论

> 社会信息。是指包括人口、就业、工资、教育、医疗、社会福利等各种社会方面的信息。

> 经济信息。是指反映经济活动的特征及其变化情况的信息。

> 科技信息。是指科技政策、科技发展、科技成果等科技方面的信息。

> 生活信息。是指人们日常生活方面的各种信息。

其四，按信息整合的特点划分，可分为系统化信息和非系统化信息两类。

> 系统化信息。是指按一定目的或方法将信息系统地汇总、整理、储存、保管起来，以便人们检索和利用的信息。

> 非系统化信息。是指分散于各种载体之上的无序的信息。

2. 知识

（1）知识的概念。《中国大百科全书》对"知识"的表述是"所谓知识，就它反映的内容而言，是客观事物的属性与联系的反映，是客观世界在人脑中的主观印象。就它反映的活动形式而言，有时表现为主体对事物的感性知觉或表象，属于感性知识；有时表现为关于事物的概念或规律，属于理性知识"。

《辞海》中的解释是"知识是人类认识的成果或结晶，是人类在认识和改造自然界的社会实践中获得的对客观事物本质和运动规律的认识"。

从中我们可以得出，知识是人类社会实践经验的总结，是人的主观世界对客观世界的概括和如实反映。在生活、生产和科研等活动中，人类凭借特有的大脑思维功能，对新捕捉到的外界信息进行分析、提炼和综合，重新组合使其系统化，形成新的知识单元。由此可见，知识是信息的一部分，是有序化了的信息。

（2）知识的三种存在形式。一般情况下，称知识的三种存在形式为口头信息源、实物信息源和文献信息源。

> 口头信息源。口头信息源存在于人脑记忆中，人们通过交谈、讨论、报告会等方式进行传播交流。口头信息源具有较高的选择性和针对性，信息的获取速度快，反馈迅速。直接获得口头信息的机会是有限的，很难实行有效的社会监督，其可靠程度不易受到检验，也不能进行信息加工和信息积累，且随着时间的推移而失真或丢失。所以人们在利用口头信息源的过程中，通常会把它记录在纸、磁带、录像带等载体上。

> 实物信息源。实物信息源存在于产品、样机、样品等实物中，人们通过采集、实地参观考察和举办展览等方式加以交流传播。实物信息源往往是直接为

生产服务的信息,具有真实、直观、易检验、易仿制的特点。但实物信息源需要经过复杂的分析研究才能将所需信息"提炼"出来,形成一套文献内容加以利用。

➢ 文献信息源。文献信息源是用文字、图形、符号、声频、视频等手段记录在某种载体上,形成文献,用其进行交流传播,是最便于随时记录知识、阐明思想、广为传播、系统积累、长期保存和直接利用的一种信息源,也是一种重要的信息源,它包括各种类型的文献。

知识的这三种存在形式有时也会共同构成信息源。

(3) 特征。知识具有以下几点特征:

其一,实用性。知识是可以为人们所使用的,即具有实用性。一切知识产生的基础和检验知识的标准是社会实践,科学知识对实践有重大指导作用。

其二,规律性。人们对事物的认识是一个无限的过程,人们获得的知识在一定层面上揭示了事物及其运动过程的规律性。

其三,无穷性。知识是一种资源,经由创造、分享、累积,可以不断发展。因此与其他资源不同,知识是无穷尽的,其他资源会愈用愈少,知识却是愈用愈多,有无限潜能。

其四,渗透性。随着知识门类增多,各种知识可以相互渗透,形成许多新的知识门类及新的科学知识的网状结构体系。

其五,继承性。新知识的产生,离不开原有知识的深化与发展,同时新知识的产生作为基础和前提,将产生更新的知识。知识被记录或被物化为劳动产品后,可以世代相传和利用。

其六,无体性。信息与知识的传播渠道,通常要通过人力资本与技术才能具体呈现,如传统的书面文件、口耳相传、物质实体、组织制度,乃至无边的信息网络都是其传播的重要渠道。

(4) 知识的分类。世界经济合作与发展组织(Organization for Economic Cooperation and Development,OECD)在《以知识为基础的经济》的报告中将知识分为两类。

其一,编码知识。编码知识又称显性知识,指经过人的整理和组织后,可以编码化和度量,并以文字、公式、计算机程序等形式表现出来的知识,它还可以通过正式的、系统化的方式(如出版物、计算机网络等)加以传播,便于其他人学习和掌握。编码知识帮助人们解决:know why——知道为什么;know what——知道是什么。

其二，意会知识。意会知识又称隐性知识，是与人结合在一起的经验性的知识，很难编码化、文字化或公式化，它们在本质上以人为载体，因此难以通过常规的方法收集到它，也难以通过常规的信息工具进行传播。意会知识帮助人们解决：know how——知道怎样做；who know——谁知道如何做。

3. 文献

（1）概念。国际标准化组织《文献情报术语国际标准》（ISO/DIS5217）对文献的解释是"在存储、检索、利用或传递记录信息的过程中，可作为一个单元处理的，在载体内、载体上或依附载体而存储有信息或数据的载体"。

我国国家标准《文献著录总则》这样定义文献："记录有知识的一切载体。"

由此可见，文献具有三个基本要素：含有的知识信息；负载知识信息的物质载体；记录知识信息的符号和技术。文献使用各种标志符号、利用种种信息处理技术记录知识信息，而这些知识信息又依附于载体而存在，因此，这三个要素紧密相连，不可分割，缺少其中任何一个都不能构成文献。

（2）类型。

其一，文献按载体形式可分为书写型、印刷型、缩微型、视听型和电子型。

➢ 书写型。书写型文献主要指古旧文献和未经复印的手稿以及技术档案之类的资料。

➢ 印刷型。以纸张为载体，以印刷的方式制作的文献资料，包括图书、报纸、杂志等。其优点是收藏丰富、用途较广、阅读方便，在传递信息的过程中不受时空限制；缺点是存储密度低、占据空间大，保存费用高。目前，印刷型文献仍是主要的文献类型，具有其他文献类型所不能替代的功能和作用。

➢ 缩微型。通过光电技术设备，以感光材料为载体，以缩微的手段将文献载体中的文字、符号、图像等影印在感光材料上的文献形式，常见的有缩微胶卷和缩微胶片。其优点是体积小、价格低、存储密度高，便于保存；缺点是阅读时需要借助于放大设备，使用不方便。

➢ 视听型。又称音像型或声像型，是以磁记录或光学技术为记录手段而产生的一种文献形式，可以记载感受的声频和视频的知识载体，如录像带、录音带、唱片、光盘等。其优点是直观性强，存储密度高，提供的形象、声音逼真，易于记载难以用文字表达和描绘的形象和声频资料；缺点是成本高，不易检索和更新，使用不方便。

➢ 电子型。即电子出版物，又称机读型文献。是以磁性或塑性材料为载体，以穿孔或电磁、光学字符为记录手段，将信息存储在磁带、磁盘、光盘等媒体中，通过计算机对电子格式的信息进行存取和处理，形成多种类型的电子出版物，包括电子图书、电子期刊、光盘数据库产品或软盘、磁带等产品以及电传文本、电子邮件等。这种文献需要计算机查阅，其优点是存储密度高、信息量大、检索方便、存取速度快、寿命长、易更新；缺点是设备、费用要求高。

其二，按文献加工深度不同可分为零次文献、一次文献、二次文献及三次文献。

➢ 零次文献。是尚未发表或不公开交流的比较原始的资料，如书信、手稿、口头交谈、参加报告会、个人通信、经验交流演讲、实验的原始记录、新闻稿等，是一种零星的、分散的和无规则的信息，具有原始性、新颖性、分散性和非检索性等特征，但不成熟、不公开交流、不易获得。

➢ 一次文献。也称为原始文献，是作者根据自己的研究工作或研究成果撰写的论文、论著、技术说明书等，凡是作者以其本人的科研成果而发表的原始创作，都属于一次文献。因此一次文献具有创造性、原始性和分散性的特点。

➢ 二次文献。是指人们将那些无序的、分散的一次文献收集起来，并按照一定的方法进行整理加工，使之形成系统化的便于人们查找的文献，称其为二次文献。二次文献中的信息是对一次文献信息进行加工和重组而成的，并不是新的信息，它的主要类型有题录、目录、文摘、索引等。二次文献具有系统性、检索性和汇集性的特点。

➢ 三次文献。是选用大量相关文献，经过综合、分析、研究而编写出来的文献。一般是围绕着一个特定的专题，利用二次文献搜索的相关的一次文献，采用系统和科学的方法，对文献的内容进行深度挖掘、整理、加工、编写而形成的，通常我们所知的各种综述、学科年度总结、述评、数据手册、年鉴等都是三次文献。三次文献具有综合性、实用性和针对性的特点。

零次文献和一次文献是最基本的信息源，也是文献信息检索和利用的主要对象；二次文献是将一次文献的信息集中提炼和有序化，它是文献信息积累的工具；三次文献则是把分散的零次文献、一次文献和二次文献按照特定的专题或者专门知识的门类进行综合分析、整理、加工而成的成果，是高度浓缩的文献信息，它既是文献信息检索和利用的对象，又可作为检索文献信息的工具。

其三，按文献出版类型划分。

➤ 图书。是以印刷方式单本刊行的，对已发表的科技成果、生产技术知识和经验进行选择、比较、核对、组织而成的。该类型文献内容成熟、定型，论述系统、全面、可靠，有完整定型的装帧形式的出版物；但图书出版周期较长，知识的新颖性不够。图书可分为专著、丛书、教科书、词典、手册、百科全书等几种类型。

➤ 期刊。是指名称固定、开本一致，汇集了多位作者论文，定期或不定期出版的连续出版物。期刊上刊载的论文大多数是原始文献，包含许多新成果、新技术、新动向。其特点是出版周期短，报道文献速度快，信息含量大，内容新颖，发行及影响面广，是传递科技情报、交流学术思想最基本的文献形式。据估计，从期刊上得到的科技情报占情报来源的65%以上。期刊的重要特征之一是国际标准刊号（ISSN）。

➤ 科技报告。又称研究报告和技术报告，是科技人员围绕某一专题从事研究取得成果以后撰写的正式报告，或者是在研究过程中每个阶段的进展情况的实际记录。其特点是内容详尽、专深、可靠，有具体的篇名、机构名称和统一的连续编号（即报告号），一般单独成册，是一种不可多得的获取最新信息的重要文献信息源。科技报告的种类有技术报告、札记、论文、备忘录、通报等，全世界的科技报告中以美国政府研究报告（PR、AD、NASA、DOE）为主。

➤ 会议文献。指在国内外重要学术会议上发表的论文、报告稿、讲演稿等与会议有关的文献，此类文献学术性强，往往代表某学科领域的最新成就，反映该学科领域的发展趋势。会议文献分为会前文献（论文预印本和论文摘要）和会后文献（会议录），常用的名称有大会、小型会议、讨论会、会议录、单篇论文、汇报等。主要特点是传播信息及时、论题集中、内容新颖、专业性强、质量较高，但其内容与期刊相比可能不太成熟。

➤ 政府出版物。是各国政府部门及其所属的专门机构发表、出版的文件。其内容可分为行政性文件（如法令、法规等）和科技文献（科技报告、科普资料等）两大类，其中科技文献占30%~40%。

➤ 学位论文。是高等学校、科研机构的本科生、研究生为获得学位所撰写的论文。学位论文探讨的问题往往比较专深，具有一定的创造性。根据学位的不同分为学士学位、硕士学位、博士学位论文。学位论文是非卖品，除极少数以科技报告、期刊论文的形式发表外，一般不出版，目前国内已有万方数据公司的学位论文数据库，清华同方的中国优秀博士、硕士学位论文全文数据库等，可供查找学位论文使用。

➢ 专利文献。指专利说明书，即专利局公布出版或归档的所有与专利申请案有关的文件和资料。专利文献的种类有发明专利文献、实用新型专利文献、外观设计专利文献。专利文献的特点：数量庞大、报道快、学科领域广阔、内容新颖、具有实用性和可靠性。由于专利文献的这些特点，它的科技情报价值越来越大，使用率也日益提高，对于工程技术人员，特别是产品工艺设计人员来说，是一种切合实际、启迪思维的重要情报源。

➢ 标准文献。是一种规范性标准化的技术文件，是技术标准、技术规格和技术规则等文献的总称，可分为国际标准、区域性标准、国家标准、行业标准和企业标准。一个国家的标准文献反映着该国的生产工艺水平和技术经济政策，而国际现行标准则代表了当前世界水平。国际标准和工业先进国家的标准常是科研生产活动的重要依据和情报来源。作为一种规章性文献，标准文献具有一定的法律约束力。国际上最重要的两个标准化组织是国际标准化组织（ISO）和国际电工委员会（IEC）。

➢ 产品资料。是国内外生产厂商或经销商为推销产品而印发的企业出版物，用来介绍产品的品种、特点、性能、结构、原理、用途和维修方法、价格等。全世界每年出版的产品样本，据不完全统计有70万~80万种。

➢ 科技档案。是指单位在技术活动中所形成的技术文件、图纸、图片、原始技术记录等资料，包括任务书、协议书、技术指标、审批文件、研究计划、方案、大纲、技术措施、调研材料等，它是生产建设和科研活动中用以积累经验、吸取教训和提高质量的重要文献。科技档案具有保密和内部使用的特点，一般不公开。

➢ 其他文献。

其四，按文献的公开程度分为三种类型。

➢ 白色文献。指正式出版并在社会公开流通的文献，包括图书、报纸、缩微胶卷、光盘等，这类文献通过出版社、书店、邮局等正常渠道发行，面向社会的所有成员，人人均可利用。

➢ 灰色文献。指非公开发行的内部文献或限制流通的文献，如内部刊物、技术报告、会议资料、内部教材等。这类文献出版量小，发行渠道复杂，流通范围有一定的限制，不易收集。

➤ 黑色文献。指非正式出版、发行范围狭窄、内容保密的文献，如考古发现的古老文字、未解密的政府文件、军事情报资料、技术机密资料、个人隐私材料等。绝大部分黑色文献有密级规定，并对读者范围作明确的限制，所以非特定的读者对象基本上无法获取。

（3）文献信息资源的含义。信息资源的概念是随着现代信息技术（特别是计算机技术）和信息资源管理理论的发展和普及而为人们所接受的。

孟广均等在《信息资源管理导论》中提到，"信息源不等于信息资源，信息源是蕴含信息的一切事物，信息资源是可利用的信息的集合，是高质量、高纯度的信息源"。

卢泰宏和孟广均曾在1992年编译的《信息资源管理专集》中将美国学者对"信息资源"的理解概述为：信息资源＝文献信息；信息资源＝数据；信息资源＝多种媒介和形式的信息（包括文字、图像、声音、印刷品、电子信息、数据库）；信息资源＝信息活动中各种要素的总称（包括信息、设备、技术和人等）。

1998年，娄策群、桂学文在《信息经济学通论》一书中指出，从信息资源所描述的对象来看，信息资源由自然信息资源、机器信息资源和社会信息资源组成；从信息资源的载体和存储方式来看，信息资源由天然型信息资源、智力型信息资源、实物型信息资源和文献型信息资源等构成；从信息资源的内容来看，信息资源由政治、法律、军事、经济、管理、科技等信息资源组成；从信息资源的反映面来看，信息资源由宏观信息资源、微观信息资源组成；从信息资源的开发程度来看，信息资源由未开发的信息资源（信息原料）和已开发的信息资源（信息产品）组成。

（4）信息与知识、文献之间的关系。由于信息的内涵和外延是在不断发展和扩大的，并且在扩大的同时不断地渗透到人类社会及科学技术的各个领域当中，在接收自然界和人类社会的大量不同信息之后，人类理解、整理、分析并重新组合这些信息，将其系统化，就形成了知识。

知识是人类大脑将信息进行加工和提炼的成果，是将同类信息不断深化、积累，从而产生新的知识，而新的知识又会转化为新的信息如此循环往复的过程。

知识依附于载体就成为文献，文献是知识信息传递的介质，它是固化了的知识信息。系统化的信息就是知识，知识是信息的一部分，文献是知识的载体。文献不仅是知识传递的主要物质形式，也是吸收利用信息的主要手段。

4. 文献信息检索

（1）概念。文献信息检索是文献检索和信息检索两个概念的统一。文献检索是信息检索的一种类型，是指依据一定的方法、按照一定方式将文献存储在某种载体上，并利用相应的方法或手段从中查找出符合用户特定需要的文献的过程。但查找出来的文献只是关于文献的信息或文献的线索，要真正获取文献中所记录的信息，还需要依据检索取得的文献线索或关于含有意义的信息，去索取和查问文献的原文。信息检索是指依据一定的方法，从已经组织好的有关大量信息集合中查出特定的相关信息的过程。文献信息检索就是指将信息用一定的方式组织和存储起来，并根据用户的需要找出有关信息的过程，即从众多的文献信息源中，迅速而准确地查找出符合特定需要的文献信息或文献线索的过程。

（2）类型。划分文献检索的类型一般有以下几种方法：

其一，按检索设备划分。

➢ 手工检索。也称传统检索，是人们习惯使用的一种传统的检索手段。其检索对象主要是书本式和卡片式的检索工具，包括各种书目、索引、文摘、参考工具书及卡片式目录等。其优点是广泛的适应性和方便性、费用低廉、操作方便、检索时间和范围不受限制。缺点是耗时多、效率低、检索入口少、查找效果一般。

➢ 计算机检索。计算机检索是 20 世纪五六十年代发展起来的现代化的检索手段。它充分利用了现代化的电子计算机技术、光盘技术和网络技术，是以图书馆或网上文献数据库为对象，利用计算机进行脱机或网络检索的检索方法。其优点是文献信息存储量大、检索速度快、效率高，有很强的生命力。缺点是追溯时间受到一定限制，检索费用比较昂贵。

其二，按检索内容划分。

➢ 书目检索。以文献线索为检索内容的文献信息检索，即检索系统存储的是书目、索引、文摘等"二次文献"，它们是文献的外表特征与内容特征的描述。文献信息用户通过检索获得的是与检索课题有关的一系列文献线索，然后再通过阅读决定取舍。

➢ 数据检索。以数值为检索内容的文献信息检索，即检索系统存储的是大量的数据，包括物质熔点、电话号码、统计数据、财务数据等数字数据，也包括图表、化合物分子式和结构式等非数字数据，并提供一定的运算推导能力。这些数据是经过专家测试、评价、筛选过的，文献信息用户可直接引用。

➢ 事实检索。以事项为检索内容的文献信息检索，即检索系统存储的是从原始文献中抽取的事实，并有简单的逻辑判断能力，文献信息用户所获得的是有关某一事物的具体答案。

➢ 音像检索。即以声音和图像为检索内容的信息检索。如使用因特网，可以实现超文本和多媒体形式的网络信息检索。

其三，按收录的范围分类。

➢ 综合性检索工具。指收录多学科、多语种、多体裁文献的检索工具。其特点是涉及范围广、历史悠久、具有权威性，同时可以提供多种查找途径，使用率高、数多。例如，美国的《工程索引》、英国的《科学文摘》以及中国的《全国报刊索引》等。

➢ 专业性检索工具。指收录某一特定专业范围内的各种文献线索或知识的检索工具。其特点是限定某个专业范围，仅供查找该专业文献时参考，揭示文献的深度和广度上有可能比综合性的检索工具强。如《中国国防科技报告通报与索引》《航空文摘》《兵工文摘》《中国化工文摘》等。

➢ 单一性检索工具。指专门报道和指示某一特定专题或特定类型文献的检索工具。这种检索工具的特点是往往不按文献的内容来收集资料，而是按特定的出版形式或其他形式收录。如英国的《专利文摘》、美国的《国际学位论文摘要》等。

其四，按检索方式分类。

➢ 全文检索。即检索系统存储的是整篇文章乃至整本图书的全部文本。检索时可以按照文献信息用户的需求，从中获取有关的章节、段落等信息，并且可以进行各种频率统计和内容分析。随着计算机容量的扩大和检索速度的提高，全文检索的范围也在不断扩大。

➢ 超文本检索。即对每个节点中所存信息以及信息链构成的网络中的信息检索，是对信息在系统中组织方式不同而言。从组织结构来看，超文本的基本组成元素是节点和节点之间的逻辑连接链，每个节点存在的信息及信息链被连接在一起，构成相互交叉的信息网。超文本检索强调的是中心节点之间的语义连接结构，要靠系统提供工具进行图示穿行和节点展示，提供浏览式查询。

➢ 超媒体检索。即对文本、图像、声音等多种媒体信息的检索，是超文本检索的补充。其存储对象超出了文本范畴，融入了静态、动态及声音等多种媒体的信息，信息存储结构也从一维发展成多维，存储空间也在不断扩大。

（3）检索系统构成。无论采用什么手段对何种类型的检索系统进行文献信息检索，其检索系统必须具备四大要素：检索文档、检索设备、系统规则、作用于系统的人。

其一，检索文档。检索文档就是经过序列化处理并附有检索标识的信息集合。例如，手工检索系统使用的检索文档是由卡片式目录、文摘、索引所构成的系统；计算机检索系统使用的是存储在磁性或光性介质上的目录、文摘、索引或全文以及多媒体信息所构成的数据库。

其二，检索设备。检索设备即用以存储信息和检索标识，并实现信息检索标识与用户需求特征的比较、匹配和传送的技术手段，即检索所需的硬件环境。在手工检索系统中指印刷型检索工具，在计算机检索系统中包括各种类型的主机、终端、计算机外围设备和网络通信传输设备。

其三，系统规则。系统规则是用以规范信息采集分析、标引著录、组织管理、检索与传输等过程的各项标准体系，例如检索语言、著录规则、检索系统构成与管理、信息传输与控制标准、输出标准等规则。

其四，作用于系统的人。作用于系统的人包括信息用户，信息采集分析员，信息标引员，系统管理与维护员，检索服务人员等。

（4）意义和作用。

其一，通过文献检索，继承和借鉴前人的文化遗产。文献资料的检索，可以查找到各种历史文献资料，这些前人留下的文化遗产是珍贵的知识宝藏。研究这些文献资料，可以帮助我们更好地深入到问题当中去。

其二，扩充自己的知识领域。通过文献信息检索，可以准确、快速地获取所需文献资料，紧跟国内外科学研究的最新成就、发展动向等，使研究工作效率大幅提升。

其三，提高查找所需文献资料的效率。查找需要的文献会花费大量时间，这就要求人们采用科学有效的方法，迅速、准确、全面找到所需的文献资料，这样才能够避免时间的过度消耗。

其四，帮助管理者做出正确的决策。管理者做出决策之前，都应对决策点拥有足够的相关背景资料，并根据这些资料进行判断预测，同时只有掌握检索技巧，才能最大限度地占有相关资料，了解事情的整体状况，做出更正确合理的决策。

其五，推动智力资源的开发利用。文献资料是知识的载体，知识是智力资源的源泉，因此只有提高知识水平，智力资源的开发才能成为可能。作为当代大学生，应该通过自己的努力使检索能力达到比较熟练的程度，充分发挥文献信息检索的作用。

二、发展

1. 文献检索的产生与发展

文献检索工作是科学与生产活动的重要组成部分，它的逐步形成与发展大致经历了三个阶段：

（1）以个体为单位的自发性研究。中国作为文明古国，由于人类社会不断发展，保存累积了一定数量的文献信息，文献信息检索也就随之产生和发展起来了。在古代，科研工作与文献检索工作是融为一体的，研究者在分散的研究活动中，亲自动手搜集、整理、存储、传播和利用文献资料，从事著述、创作活动。古代图书馆在这一活动中发挥了巨大作用。这一时期文献检索的理论研究成果，大多作为工具书的附属物，以序、跋、凡例、附录等形式表达出来。

公元前15世纪至前14世纪的殷商奴隶社会时期，史官们把记录当时的政治、经济和文化的资料集中保管，以方便查找和使用。他们将文献按照一定次序加以排列，并编制出与之相对应的数码，在这个编排的过程中，逐渐总结出了一套固定的方式并发现了相应的规律，另外编成单据，这就是简单的著录文献的目录产生的经过。

春秋时期文献的积累和保存方法更加多样化，检索工具的编制和利用也有了相应的发展。经过从孔子学派校书的大序、小序，到战国秦汉诸子百家全书的自序和校书的叙录的发展，我国古代目录中提要逐步形成，实际上，那些大序、小序在当时起着提要、目录的作用。

公元前1世纪末，为了满足政治、经济、文化、军事发展的需求，中国第一部系统目录——刘歆的《七略》产生，它是一部综合性的图书分类目录。

公元5~6世纪，阮孝绪的《七录》、王俭的《七志》是当时具有较大影响力的检索工具。公元4~5世纪，曾佑编著的《弘明集目录》和陆澄的《法论目录》等，除包含佛经目录参考之外还包括了论文目录，使目录兼有了索引的作用,这是中国古代索引的雏形。

公元518~1380年,是中国封建社会发展的高峰时期,文献检索有了较大的发展,南宋和元代是文献检索由兴盛繁荣开始衰落的时期,但也出现了如郑樵的《通志·艺文略》和马端临的《文献通考经籍考》等这样的巨著。

(2) 有组织的集体性研究。到了近现代,文献检索发生了质的变化,理论向系统化、规模化的方向发展,最终形成了自己的独立学科——文献信息学。它包括目录学、文献学、版本校勘、图书馆学等。

清朝的《四库全书总目》是中国封建社会最大的一部官办的检索工具,共200卷,著录图书10231种、177003卷,全部目录分经、史、子、集四部,44个门类,还细分为67个子目录,对我国文献检索的发展产生了较大的影响。

五四运动以后新文化运动的发展,不仅带动了书目的发展,索引也有了空前的发展,出现的"引得"(索引)达数十种之多。此期间出现的文献检索解决了报章文献与人们对文献特定需要之间的矛盾,使人们对文献检索的本质有了一定的认识。

新中国成立以后,科学文化事业发展迅速,记录和反映这种发展的相关文献也随之成倍增多。同时,每年我国还会引进大批外文书刊文献。科学技术的发展使得学科越来越多、越分越细,人们需要的文献资料范围变得越来越窄、越来越聚焦。于是,广袤的文献信息海洋与人们狭窄的学科文献信息需求之间的矛盾也愈来愈尖锐。为了解决这一矛盾,就需要先进的文献信息检索方法和理论以及先进的检索工具和现代化的技术设备,这就促进了文献信息检索以前所未有的速度向前发展。20世纪50年代后期,各种书目、文摘、索引不断涌现,出版了相当数量的检索刊物。同时还引进了国外一些主要的检索刊物。

(3) 国家统一组织协调的研究。20世纪60年代后期,美国将电子计算机应用于文献检索,打开了文献信息机械检索的新篇章。美国国家医学图书馆研制成了"医学文献分析与检索系统"(MEDLARS),是将计算机应用于文献检索最早最好的典范,后来发展成为全美国乃至国际上的联机检索系统,直至今天的国际互联网络。

中国20世纪80年代初开始将计算机应用于文献检索试验研究,80年代后期进入实用阶段,90年代以来有了很大的发展,检索手段日益现代化,文献检索的领域进一步拓宽,全文检索迅速发展。过去易被忽视的文献类型,如人物资料、广告、影评、名录等,逐渐成为检索的热点。经济和商业领域的信息检索服务的发展势头已超过科技领域。非文献型数据库和商情数据库的数量和利用率大大提高。

目前，传统的检索工具的订户逐渐减少，而联机检索数据库和光盘数据库的品种和订户增长很快。中国科技文献检索刊物在经历了前期的起起伏伏之后，已逐步进入平稳的发展时期，质量也在不断提高，越来越多的中国读者用其作为查找科技文献的工具。刊库合一的发展策略也正在信息界实施。检索语言有了较大的发展，由之前的多样化向一体化和标准化转变，其兼容性和互换性问题也得到了广泛的重视和深入研究。各种中介语言、一体化语言、词汇兼容互换技术也陆陆续续开始出现，并逐步投入使用，自动标引技术也已进入初步实用阶段。

文献检索的技术设备日益发展。新的输入设备（光学字符识别装置，如语音输入装置）、通信设备（如数据通信网、各种局域网、综合业务数字网）、存储设备（如大容量磁盘、光盘、多媒体存储器）、终端设备（如高速打印终端、图像终端、多媒体终端等）和各种智能接口设备已应用于文献检索领域。信息处理和传播进一步电子化，联机检索与办公自动化系统连成一体，正逐步走向千家万户。

2. 文献资源发展的特点

当今印刷排版技术不断革新以及计算机的发明与信息技术的发展，使各行各业都在发生着前所未有的变化，同样，文献这一传统意义上的文字及其保存形式也同其他人类文明一样，发生了翻天覆地的改变。现代文献已不能简单地定义为"图书资料"，而是一种能够反映时代特征的大容量、高密度、由多维立体空间构成的多信息数据库总汇。因此，从信息的传播形式到容纳空间，从信息的使用价值到其时效性的长短，都与传统文献有着较大的区别，这种文献有着自己独具的一些特点：

（1）文献数量急剧增长。科学技术的迅速发展，各种知识门类越来越丰富，作为传播、存储知识信息的载体，文献的数量随着知识量的增加也在激增。尤其是近年来，原有的学科不断分化，新学科不断涌现，产生了大量有特定研究对象的分支学科、边缘学科、交叉学科、综合性学科。美国文献学家 D. 普赖斯（D. Price）统计了世界范围内期刊在近两个世纪内的增长情况。他以科学期刊的数量为纵轴、以年份为横轴，在坐标图上，将不同年代的科学文献数量，逐点标出，然后以光滑曲线连接各点，从而得出了表示文献增长的曲线图——普赖斯曲线图。表明了科学文献与时间成指数函数增长的规律。

（2）文献信息污染严重。据统计，目前世界范围内，每年各种文献的出版总量约12000万册，平均每天出版文献约32万件。大量文献的出版一方面表明文献信息资源的丰富，但是另一方面，数量浩繁的文献也产生了"信息污染"，使图书信息机构在选择、收集、整理、保存、传递文献方面面临许多新的挑战。在文献信息爆炸的情况下，不管是印刷版的还是电子版的，经常有陈旧的、过时的、错误的，甚至是有害的信息。

（3）出版类型复杂。文献的类型除了传统的印刷型以外，还有各种视听型（录像带、录音带、电影、幻灯）、缩微型（缩微胶片、缩微胶卷、缩微卡片）、电子型（磁带、磁鼓、光盘），并有与印刷型文献相抗衡的趋势。在以后相当长的时期内，将是印刷型文献与其他类型文献的同时并存、互相补充。

（4）文献分布集中又分散。现代科学技术的日益综合与细化，使各学科之间的严格界限日趋淡化，学科之间的相互联系、交叉渗透逐渐增强。这使文献的分布呈现出既集中又分散的现象。由于诸多因素的影响，文献重复发表的现象越来越多，这是现代科学技术综合发展、彼此渗透的反映，即某一专业的大部分文章发表在少量的专业性期刊中，还有一部分则刊登于大量的相关专业期刊中，甚至不相关专业的杂志中。具体表现如下：

其一，同一内容的文献以不同文字发表。据统计，当前世界上每年翻译图书约占图书出版总量的10%；一些重要的核心期刊被译成多种文字在不同国家出版；同一项发明可以向多个国家申请专利，使专利说明书的内容出现严重重复现象。据世界知识产权组织统计，世界各国每年公布的专利说明书的重复率高达65%~70%。

其二，同一内容的文献以不同的形式出版。随着新型载体文献的普及应用，许多文献既有出版印刷版的，又有缩微版、电子版的等。

其三，在激烈的商业竞争中许多畅销书内容雷同，选题重复，再版、改版文献数量不断增多。

（5）信息更新速度加快，文献时效性增强。科学技术的迅速发展，促使知识信息陈旧速率加快，文献的出版落后于科学技术的发展步伐，有些文献还未出版或刚出版就被更新的知识所更替，新的材料、理论、工艺、方法取代旧的而存在。据俄罗斯《发明问题》杂志统计各类文献的平均寿命为：图书10~20年，科技报告10年，学位论文5~7年，期刊3~5年，标准文献5年。

（6）载体及文种不断增加。随着声、光、电、磁等技术和新材料的广泛应用，新型文献载体不断涌现。传统的纸张型文献已失去了一统天下的局面，多种载体文献相互依存、相互补充、共同发展已成为趋势。新型的非纸张型文献如缩微型、机读型、视听型等，增大了信息存储密度，延长了保存时间，加快了信息传递与检索速度，实现了资源共享。同时各种资料表明，全世界出版的文献文种正在不断地增加。过去的科技文献绝大多数用英、法、俄、日、意、中等12种文字出版，现涉及的文种已达70~80种之多。由于文种的增加，造成了读者阅读文献的各种障碍，阻碍了科技情报信息的交流。

（7）交流传播速度加快。由于情报信息载体的磁性化、机读化，特别是电子计算机和通信卫星用于图书情报，以及多媒体和国际互联网络的广泛应用，给文献情报信息的快速传递与交流提供了非常方便的条件。

（8）文献发布滞后性延长。科学论文数量的增加，更多的论文被发表，是科技成果增长的必然结果，但却导致科技论文发表所滞后的时间也随之延长。由于能够发表的论文数目必须严格限制在期刊所能承受的范围之内，所以很多出版社和杂志社拒绝了很多有科学价值的稿件。有些论文从收到稿件到正式发表的时间长达一两年，一般检索刊物再对这些发表的论文加以浓缩后报道出去，在时间上又要延误几个月到一年。鉴于此，国内外科技人员有不少是通过直接参加会议和科学家进行交谈以及通过通信、参观访问、交换手稿等方式来获取最新的信息。

（9）向缩微化、磁性化、电子化方向发展。现代科学技术的发展促使文献迅速发展，也给文献的管理和利用带来很多新问题，为了解决这些问题，很多国家正在设法朝着文献的缩微化、磁性化和电子化发展。文献的缩微化是利用照相原理将文献进行缩微复制，这种文献体积小、成本低、存储容量大，节约藏书空间，而且便于管理和利用，成本低，在当前印刷型价格猛涨、空间紧张的情况下，是一种有发展前途的载体。目前很多国家已大量缩微出版成套的期刊、专利说明书、政府出版物、学位论文。同时，随着计算机、数据传输、数据存储技术的发展及提高，以及价格的不断下降，电子化文献在加快发展，电子期刊、电子书籍、电子词典和电子图书馆的发展方兴未艾，成为当今文献发展的显著特征。

三、语言

1. 概念

检索语言是各种信息组织、存储和检索时所使用的一种语言。无论是传统的手工检索系统，还是现代的计算机检索系统，都是通过一定的检索语言组织起来的，并为检索系统提供一种统一的、标准的用于信息检索的专用语言。也就是说，信息资源在存储过程中，其内部特征和外部特征按照一定的语言来表达，那么检索文献信息的提问也必须按照统一的语言来表达。为了使检索过程快速、准确，检索用户与检索系统需要统一的标志系统。这种在文献信息的存储与检索过程中共同使用、共同理解的统一的标志就是检索语言。它是根据信息检索的需要而创造的人工语言，是经过规范化的人工语言。因其使用的场合不同，检索语言也有不同的称谓。例如，在存储文献的过程中用来标引文献就叫标引语言；用来索引文献信息时，则叫索引语言；在检索文献过程中又称为文献检索语言。

检索语言的几个基本要素：

其一，一套用于构词的专用字符。字符是检索语言的具体表现形式，它可以是经过规范化处理的自然语言，也可以是给予特定含义的一套数码、字母或代码。

其二，数量的基本词汇。基本词汇是指组成一部分类表或词表中的全部检索语言标识的总汇，如分类号码的集合就是分类语言的词汇。分类表、词表等也可以说是检索语言词典，是把自然语言转换成检索用语的工具。

其三，检索语言的语法规则。任何一种文献信息检索语言，都是表达一系列概括文献信息内容的概念及其相互关系的概念标识系统，它们全部都建立在概念逻辑的基础之上。概念逻辑的基本知识有以下几点：①概念的内涵与外延。内涵是它所指事物的本质属性，外延是它所指的一切事物，即概念的使用范围。②内涵与外延成反比关系。内涵越浅，本质属性越少，外延越宽；反之，内涵越深，本质属性越多，外延越窄。③相容关系与不相容关系。相容关系有同一关系、属性关系、交叉关系、整体与部分关系、全面与某一方面关系；不相容关系有并列关系、矛盾关系、对立关系。

文献信息检索语言在表达各种概念及其相互关系时普遍应用了上述概念逻辑

原理，并且有效地利用概念的划分与概括、要领的分析与综合这两种逻辑方法来建立自己的结构体系。

2. 作用及功能

（1）作用。检索语言的作用是标引文献内容、数据和其他信息，把信息的内容特征及其外表特征简明而有效地揭示出来，是连接标引人员和检索人员的思想桥梁，是标引人员和检索人员之间共同遵循的标准语言。具体而言，检索语言所起到的作用如下：

其一，保证不同的信息标引人员描述信息特征的一致性。信息标引人员出于自身的学历、专业、经历、理解、思维方式的不同，在对同一事物进行描述时，会产生不一致性，专用的检索语言力求在最大程度上避免这种不一致性的产生。

其二，保证检索提问词与信息标引的一致性。检索者和标引人员对同一事物的理解是不一致的，检索语言在检索者和标引人员之间架起桥梁，保证检索提问词与标引词的一致性。

其三，保证检索者按不同的信息需求来检索信息时能够获得较高的查全率和查准率。检索者的信息需求类型是多种多样的，获得信息的途径也是多方面的，检索语言应力求将信息检索中的漏检和误检现象控制到最低限度。

（2）功能。文献检索语言的功能与普通语言的功能是相同的，都是用于交流。两者的区别在于，前者应用范围较窄、较专。它专门用于文献或信息的存储和检索过程中、标引人员和检索者之间以及人与计算机之间。具体而言检索语言的功能如下：

其一，描述与表达功能，即描述文献或信息的特征与表达检索需求。

其二，组织与系统功能，即把文献或信息组织成便于检索与利用的有序系统。

其三，控制与管理功能，即对检索词进行规范化的控制与管理。

3. 构成及要求

（1）构成。文献检索语言由检索语言词汇和检索语言语法组成。

检索语言词汇，是指登录在类表、词表中的全部标识。一个标识（分类号、检索词、代码）就是它的一个语词，而分类表、词表则是它的有序组合。

检索语言语法，是指如何创造和运用那些标识（单个标识或几个标识的组合)来正确表达文献内容和情报需要,以有效地实现文献检索的一整套规则。它又分为词法(主要用于分类表、词表、代码表的编制过程)、句法(主要用于文献标引和情报检索过程)。

(2)要求。检索语言是检索专用的人工创造的书面语言,而不是人们普遍使用的普通语言。因此,它除了具备普通语言的特点外,还有以下一些基本要求:

其一,接近自然语言,并由有利于检索者理解和掌握的词汇、词法和句法组成。检索语言是专供检索者查找文献而用的,但检索者不可能都是经过专门训练的,这就要求检索语言来自自然语言。

其二,便于计算机识别处理。计算机只能读出和比较各种代码,告诉检索者比较的结果是否匹配,而不可能找出检索语言中的语意含糊、语义含混和逻辑错误。所以检索语言比自然语言更严格。

其三,能够适应计算机程序分析能力。现在越来越多的索引是由计算机编制的,机编索引程序的分析能力有限,虽然能够从文本中抽取合适的语词或句子,形成检索词和摘要,但却不能创造和修改句子。因此,设计检索语言要与计算机程序分析能力联系起来加以考虑。

其四,充分考虑索引的经济效益。网罗性和专指性是检索语言的重要特性,但是,过分强调网罗性和专指性,就可能降低检索速度和提高编制成本,就要以牺牲检索速度和编制成本为代价,因此,要在这两个方面进行权衡。

其五,能够及时更新。科学技术在不断发展,文献用语和提问用语也是动态变化的,与之相适应,检索语言应及时吸收新概念、新词汇,淘汰过时的概念和词汇。

其六,检索语言中的语词应当有相应的文献和提问作保障。检索语言是供标引和检索使用的,它必须满足标引和检索的实际需求,因此,检索语言中的词语必须是来自文献和提问的。如果检索语言中的语词既不是文献使用的,也不是提问使用的,那么就不适合检索语言。这恰恰是检索语言与各学科领域的概念区别所在,也是不同于自然语言的重要一点。

4. 检索语言的评价

评价检索语言的质量和性能的标准如下:

(1)单义性。单义性是指词和概念必须是一一对应的关系,不允许有一个词对应多个概念或一个概念对应多个词的现象存在。在标引和检索中，由于每个检索词都脱离了原来的上下文语言环境，所以单义性非常重要，否则就会造成混乱。

（2）专指性。专指性是指词揭示文献概念的专深程度，即词与文献主题概念的内涵和外延相吻合或接近的程度，它是检索语言确定一个主题事物、区分不同主题事物以及在不同准确度上描述或表达一个主题事物的能力，也是衡量检索语言性能力的主要指标之一。如果专指性不足，将检出数量较多、内容过泛的文献，降低检准率。为保证专指性，检索词表应具备一定规模，达到一定网罗度。利用检索语言的专指性可进行特性检索和缩检。

（3）泛指性。泛指性是指词概括文献主题或同类事物的能力，也叫概括性。利用检索语言的泛指性可以进行族类检索和扩检。

（4）组配件性。组配件性是指词与词之间相结合表达新概念或复杂概念的能力。检索语言的组配件性可以适应各种检索要求（如特性检索、缩检和扩检），也可以适应学科专业领域的发展变化，还可以适应计算机检索设备的特点。检索词表中的词应当具有适当的先组性，即有一定数量的复合件。

（5）关联性。关联性是指把具有各种关系的词联系起来，全面准确提示各种逻辑关系的能力。词间的逻辑关系可以概括成等同关系、等级关系和相关关系。

（6）兼容性。兼容性是指与其他检索语言互换、互通的能力。如双语种检索语言和多语种检索语言等。

（7）简洁性。一方面，语词（包括分类号）的长短要适当，达到最小冗余；另一方面，语义关系的展示和语法使用规则要简单易懂，便于掌握和处理。

（8）经济性。经济性包括以下几个方面：①选定合适的标引词描述文献主题内容时所付出的时间代价；②选定合适的检索词表达检索提问时所付出的时间代价；③规范表的编制和维护的费用；④改正标引误差所需要的费用；⑤规范表使用的培训费用。

实际上，检索语言在一定意义上是一种存储语言，因为这种语言是由存储者创造的，检索者就有必要掌握检索语言。

5. 种类

（1）分类检索语言。按构成原理可分为体系分类法、组配分类法和混合分类法三大类。目前使用最广泛的是体系分类检索语言。

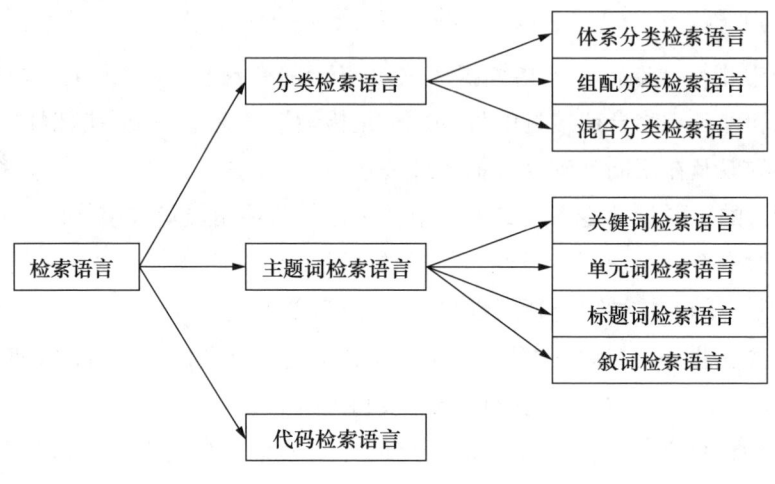

图 1-2 检索语言种类

其一，体系分类检索语言。体系分类检索语言是一种直接体现学科知识分类的等级制概念的标志系统，是通过对概括性文献信息内容特征进行分类的检索语言。

体系分类检索语言广泛用于图书、资料的分类和检索，它是图书情报界使用最普遍的一种检索语言，它的具体体现形式就是图书分类法。世界比较著名的分类法有 IPC、DDC，我国目前比较流行的是《中国图书馆图书分类法》（简称《中图法》）。《中图法》始编于 1971 年，先后出版了四版，是我国图书馆和情报单位普遍使用的一部综合性的分类法；《中图法》是在文科学分类的基础上，结合图书的特性所编制的分类法。是采用汉语拼音字母与阿拉伯数字相结合，用一个字母代表一个大类，以字母顺序反映大类的次序，在字母后用数字作标记。《中图法》主要供大型图书馆图书分类使用。另外为适应不同图书信息机构及不同类型文献分类的需要，它还有几个配套版本：《中国图书资料分类法》《中国图书馆图书分类法（简本）》和《〈中国图书馆图书分类法〉期刊分类表》等。体系分类检索语言是运用概念划分的方法，按知识门类的逻辑次序，从总到分、从一般到具体、从简单到复杂，进行层层划分，从而产生许多不同级别的类目，层层隶属，形成一个严格按学科门类划分和排列的等级制体系。

其二，组配分类检索语言。组配分类检索语言也称为组配分类法，是为了适应现代信息资源标引和检索的需要发展起来的分类法类型。它运用概念可分析和综合的原理，设置若干标准单元的类表，使用时先分析标引对象的主题，根据主题分析的结果，表示该项主题在分析体系中的次序。

其三，混合分类检索语言。混合分类检索语言也称混合分类法，它是介于上述两种分类法之间，既应用概念划分，又应用概念分析和综合的原理而编制的分类法。混合分类法是体系和组配相互融合为一体，因此拥有二者的优点。现在一些比较好的网站如新浪、网易等都是采用这种分类体系。

（2）主题词检索语言。主题词检索语言也称主题词语言，以表达文献信息主题内容特征的主题词汇概念为基础，将概念标志按字顺排列组织起来，经规范化处理形成的一种检索语言。国内外几乎所有的检索系统都提供主题检索途径。根据词语的选词原则、组配方式、规范方法的不同，主题语言又分为关键词检索语言、单位词检索语言、标题词检索语言、叙词检索语言等。

其一，关键词检索语言。关键词检索语言是指从文献信息的题名、摘要或正文中抽取出来能揭示信息内容特征的自由词。除了某些自由词（如冠词、连词、副词、介词等）外，几乎任何具有实际意义的信息单元都能成为关键词。关键词语言是自然语言，用作检索词，查准率高。关键词不受词表控制，适合计算机自动编制各种类型的关键词索引。

其二，单元词检索语言。单元词检索语言是一种基本的、不能再分的单位词，是从文献信息内容特征中抽取出来，经过规范化只表述唯一独立概念的检索语言。常用的单元词语言检索工具有《化学专利单元词索引》和《世界专利索引——规范化主题词表》等。

其三，标题词检索语言。标题词检索语言是用以标明查询文献信息主题概念的规范词。标题词又大多分为主标题词和副标题词。如果采用多级标题，那么副标题词还可细分为第三级、第四级标题。主标题词和副标题词在编制标题词表时已固定组配好。所以又属于先组式检索语言。典型的标题词语言是美国工程信息公司出版的《工程标题词表》。

其四，叙词检索语言。叙词检索语言是以表达文献主题内容的概念单元为基础，经过规范化处理，可以进行逻辑组配的一种主题语言。它的基本性质是概念组配，概念组配是概念的分析和综合，而不是简单依据字面意义进行组词和拆词。叙词检索语言是后组式检索语言，它有一套较完整的参照系统，能显示叙词之间的相互关系。常用的叙词语言检索工具有《汉语主题词表》和《叙词

文献检索与论文写作

表》等。

(3) 代码检索语言。代码检索语言是指对事物的某方面特征，用某种代码系统来表示和排列事物概念，从而提供检索的检索语言。例如，根据化合物的分子式这种代码语言，可以构成分子式索引系统，允许用户从分子式出发，检索相应的化合物及其相关的文献信息。

四、方法

检索方法是实现检索目标所采用的具体操作方法和手段的总称。在检索过程中应根据检索系统的功能及检索者的实际需求，灵活运用各种检索方法，以达到满意的检索效果。常用的检索方法如下：

1. 顺查法

顺查法是一种以检索课题起始年代为起点，按时间顺序由远而近地查找文献的方法。一般用于重大课题和各学科发展史以及新兴学科等方面研究课题的全面检索。在查找前需了解该课题的背景，通过有关的参考工具核实和深入了解该课题的实际性内容和概貌，再选择比较适宜的工具书，从问题发生的年代查起，直到满意为止。其优点是漏检较少，查全率和查准率较高；缺点是耗时费力，工作量大。

2. 倒查法

倒查法与顺查法相反，是一种逆时间顺序由近及远地回溯性查找文献的方法，多用于新课题或老技术新发展的课题，研究这些课题近期的文献比较重要，查找目的是获取近期发表的最新文献信息。其优点是主动性强，先查近期文献学科较成熟、情报量大，效率高又省时；缺点是不如顺查法全面，有用的文献信息可能有漏检现象。

3. 抽查法

抽查法是根据研究课题的特点和需要，根据实际情况而检索其中某一时期文献信息的一种查找方法，多用于写作专题调查报告。其优点：用较少时间获取数量较多、质量较高的文献，提高检索效率；其缺点：要求检索者必须熟悉学科发展历史，或对该课题的学科发展前景有较多的了解和掌握。

4. 追溯法

追溯法又称回溯法，是利用引文索引或综述、述评文献、专著等文后所附的参考书目信息，查找相关文献，获取所需文献信息的检索方法。这种方法查找的信息越早越好，但不需什么检索工具。具体检查法有两种：一种是利用原始文献新附的参考文献追溯检索；另一种是利用专门编制的引文索引进行追溯查找。其优点是在没有检索工具或检索工具不齐全的情况下，也可以查到文献信息，直观方便。其缺点是原文作者引用的参考文献数量有限，且有的引用文献与原文关系较小，参考价值不大。因此，查找文献比较费时，漏检和误检的可能性较大。

5. 分段法

分段法是将常用法、工具法与追溯法交替使用的一种方法，也称循环法或交替法。既利用工具书检索文献又利用文献后边的参考文献进行追溯，两种方法交替使用，直到满足需要为止。这种方法可根据文献和本单位工具书收藏的情况，分期分段交叉运用，既能获得一定时期内的文献，还可节约查找时间。

第二节 检索工具

一、含义

1. 概念

检索工具是人们用于存储、查找和报道各类信息的系统化文字描述工具，是目录、索引、指南等的统称。

检索工具的特点包括详细描述文献的内容特征，外表特征；每条文献记录必须有检索标识；文献条目按一定顺序形成一个有机整体；能够提供多种检索途径。

检索工具的功能包括存储、浓缩、有序化、检索、报道、控制文献信息等几项。

2. 概况

（1）中国工具书出版概况。《中国工具书大辞典》1991年版，收录中国工具书1万余种，截至1986年底，几乎包括1986年以前出版的所有工具书；《中国工具书大辞典》1996年续编，收录1987～1991年中国出版的各类工具书1万余种；除以上的统计外，有文献统计1980～1997年出版工具书26962种，1987年以来几乎保持每年2000种的增长速度。

（2）国外工具书出版概况。《美国工具书年鉴》，1970年初版，逐年报道前一年出版的或重印的工具书，每年约1800种，由此推算美国自20世纪70年代以来共出版各类工具书约57600种。可见国外工具书的数量也是十分可观的。

（3）数据库检索系统产生情况。《中国数据库大全》，1996年出版，收录中国自建可对外服务的，具有一定数据量和使用范围的各种数据库1038个。

Gale Directory of Databases，1999年出版，据其统计，世界为公众提供服务的各类数据库有11339个。

（4）搜索引擎概况。中国内地有搜索引擎近60个，香港特区还有中文搜索引擎20多个，台湾地区有中文搜索引擎70多个，其他的中文搜索引擎20多个，共计中文搜索引擎170多个。常用中外文搜索引擎有20多个，国外已开发的各类搜索引擎200多个。

二、分类

1. 按编制方法划分

（1）目录。是以单独出版物为报道单位（按"本"报道文献），揭示外表特征的检索工具，它不涉及书中的具体文章，一般只记录外部特征，如书名（刊名）、著者、出版项和载体形态等。目录的种类主要有篇名目录、著者目录、分类目录和主题目录等。

（2）题录。是以单篇文献作为报道单位（按"篇"报道文献），揭示文献外表特征的检索工具。题录报道信息的深度比目录大，是用来查找最新文献的重要工具。题录报道周期较短,收录范围广,著录较为简单。著录项目通常有文献号(题录号)、文献篇名、作者及工作单位、原文出处(包括刊名、出版年、卷号、期次、起止页码)等,但没有内容摘要。

(3)文摘。是以单篇文献作为报道单位,揭示外表特征和内容特征的检索工具。读者通过阅读文摘内容就可以很快地掌握文献的基本内容,从而决定文献的取舍,起到筛选文献的作用。文摘的著录项目是在题录基础上增加了内容摘要项。因此,文摘的检索功能较之题录要强一些。每条文摘都是由题录和文摘正文两部分组成。

(4)索引。是揭示具有重要检索意义的内容特征标识或外部特征标识,按照一定顺序排列,并注明文献条目线索的检索工具。索引是一种附属性的检索工具,主要起检索作用,它不但广泛应用于各种类型的文献中,也广泛应用于各种检索工具中。索引常常附于检索工具的后部,但也有的工具本身全部是由索引构成。索引由索引款目和参照系统两大部分构成。索引款目是索引的主要组成部分。每条索引款目通常包括三项:标目、说明语、材料出处或地址。

(5)搜索引擎。是以网页为著录单元,在 Web 中自动搜索信息并将其自动索引到 Web 服务器的检索工具。索引信息包括文档的地址,每个文档中单字出现的频率、位置等。网络搜索引擎很多,如比较著名的英文搜索引擎 Google、Yahoo!、Altavista、Infoseek、Lycos、Gopher 等,中文的搜索引擎如百度、搜狐、网易、新浪、搜狗等。

2. 手工检索工具

(1)书目。即图书目录,是揭示与记录一批相关文献的工具书。它著录文献的基本特征,并按一定顺序编排而成。

(2)字典、词典。是为字词提供音韵、意思解释、例句、用法等的工具书。在西方没有字典的概念,它是中国独有的。字典以收字为主,也会收词。词典或辞典以收词为主,也会收字。为了配合社会发展需求,词典收词数量激增并发展出不同对象、不同行业及不同用途的词典。

(3)百科全书。是概要记述人类某一知识门类或一切知识门类的工具书。不管是在规模还是在内容上,百科全书均比其他类型的工具书规模要大,内容要齐全。百科全书的主要作用是供人们查检必要的知识和事实资料,它几乎包容了各种工具书的成分，囊括了各方面的知识，这也是其完备性所在。

（4）年鉴。年鉴的主要作用是向人们提供一年内全面、真实、系统的事实资料，便于了解事物现状和研究发展趋势。它所收集的材料主要来源于当年的政府公报、国家重要报刊的报道和统计部门的数据。因此，年鉴有较大的总结、统计意义和比较系统的连续参考作用。年鉴大体可分为综合性年鉴和专业性年鉴两大类，前者如百科年鉴、统计年鉴等，后者如经济年鉴、历史年鉴、文艺年鉴、出版年鉴等。

（5）手册。是汇集某一方面经常需要查考的基本知识和数据资料，以供读者手头随时翻检的一种工具书。手册按编撰目的和内容范围，可分为综合性手册和专门性手册两类。综合性手册能为读者提供日常学习、生活的常识，专门性手册则能提供专业知识和资料。

（6）名录。是汇集机构名、人名、地名等专名基本情况和资料的一种工具书。按收录的内容范围大体可分为机构名录、人名录和地名录三类。名录提供了有关机构、人物、地名的基本知识，还能起到指引信息源的作用。

（7）表谱。包括年表、历表和其他专门性表谱，它们多用表格或编年形式，反映各种不同的时间符号或事物的进展，以指示时间概念或谱列历史事实的一种辅助历史科学的工具书。可用来查考历史年代、检查历史大事、换算不同历法年、月、日以及查考人物生平与官职、地理沿革情况等。

（8）图录。包括地图、历史图谱、文物图录、人物图录、艺术图录、科技图谱等。它们主要用图像或附以简要的文字，反映各种事物、文物、人物、艺术、自然博物及科技工艺等形象的图谱性工具书。各种类型的图录，对于历史研究、文艺工作、工艺制作及科学技术研究，都有重要的参考价值。

（9）丛集汇要。包括丛书、总集、汇编、综述等，大多是撰辑型资料书，一般部头较大，取材广泛，内容丰富，资料性强。丛书，又称丛刻、丛刊、丛编、汇刻、合刻，是编辑者根据一定的目的，汇刻有关的著作并冠以总名的一种著作集。

三、排检方法

为了从浩如烟海的文献中查到所需文献的线索，检出必要的知识信息，除了熟悉常用的检索工具的特点和功用外，掌握几种排检方法也是十分必要的。

1. 字序排检法

字序排检法是把汉字按照一定的顺序排列的方法,也称检字法,适用于检字、检词。一些字典、索引及百科全书等多采用这种方法编排。字序排检法又分以下三种:

(1) 字形检字法。字形检字法是根据汉字的形体结构,找出它们在形体上的某些共同点排检汉字的一种方法。这种方法又分为以下三种:

其一,部首法。部首检字法是根据汉字形体结构的特点,按形体相同部分归类、编排汉字的一种方法,其特点在于它将形体复杂而又极不规则的汉字通过字形分析,归纳在几百个部首里,以便按部首查字,这符合汉字结构的特点。只是由于汉字由繁体到简体的变化,部首的位置就随之变化,另外有些汉字结构复杂,部首不好确定,这是其缺陷之处。

其二,笔画法。笔画法按汉字笔画数目的多少为排列次序,笔画少的字在前,多的在后;同笔画数的汉字,再按部首或起笔笔形分先后。笔画法的特点是原理简单,只要会数笔画就可以检字。中文工具书大多采用这种方法编排,即使有些工具书不是以此编排的,但多附有笔画检字索引。但是这种检字法的缺点是:有些汉字的笔画数不易数准,还有新旧字形、印刷体和手写体,繁简体的画数也不相同;汉字数量多,同笔画数的字也多,给检字带来不便。故这种检字法很少单独使用,多与笔形法结合使用。

其三,笔形法。笔形法按照汉字起笔笔形或笔顺确定汉字先后顺序。这种方法虽简单,但不甚适用,因而采用此法编排的工具书较少,多用来辅助排检,常与部首法、笔画法结合使用。

(2) 音序检字法。音序检字法是按照汉字的字音以一定顺序排列汉字的方法。主要有以下几种:

其一,汉语拼音字母法。汉语拼音字母法是按照汉语拼音字母表顺序排列汉字的方法,是目前比较科学的一种检字法。汉语拼音字母26个,其中V一般不用,只用于拼写外来语、少数民族语言和方言。排列时先按字音的第一个字母排,第一个相同再按第二个字母排,依此类推。如果读音相同时,再按声调排。如果读音完全相同,再辅以字形检字法的某一种来排列。这种方法优点:会说普通话的人易掌握,检索速度快、准确率高;不受繁简字体的影响;符合国际上按拼音排检的习惯。但由于汉字不是拼音文字,加之我国方言复杂,读不出正确的字音就难以检索。

其二，注音字母法、韵部法。这两种方法都是我国古代或在汉语拼音方案公布以前所采用的给汉字注音的方法，多用于文史工具书的排检，使用起来不是很方便。

（3）号码检字法。号码检字法是把汉字的各种笔形用数字来表示，再按数字顺序排列汉字的方法。四角号码法是号码检字法的一种，就是用数码标示一个方块汉字的四个角的笔形，以编排汉字先后顺序的检字法。这种方法由来已久，经过改进，有新旧两种取号法。它将汉字的笔形归纳为10种类型，用0~9十个数字表示，然后按每个角的笔形取号，顺序是左上、右上、左下、右下。

2. 分类排检法

分类排检法是把知识单元或文献按照内容性质或学科体系归类排列的方法，这种方法又分为以下两种：

（1）学科体系分类法（参看分类法标识系统和分类索引）。前面标识系统中介绍了"分类标识系统"，而在检索工具的索引中又介绍了"分类索引"，查找时首先弄清工具书所使用的分类法及体系结构。

（2）事物性质分类法。按事物的性质归类能集中性质相同或相近资料，便于查找。由于事物本身的特点和编辑者主观认识的差异，按性质分类也非常难以掌握。

3. 主题排检法（参看主题索引）

主题只能集中文献，不能排列文献，需配合检字法来排检文献。因而学会检字法使用主题索引比较方便。

4. 时序排检法

按事物、事件发生发展的时间顺序排列。这种方法多用于年表、历表、表谱等工具书的编制，如《中国历史年表》等。

5. 地序排检法

按一定的行政区域次序排检文献。用这种方法编排的工具书，有地图方志目录、地方文献书目等，如《中国历史图集》。

四、步骤

1. 检索的程序

(1) 分析研究课题,明确检索目的与要求、时间、范围。在进行课题检索前,首先必须对课题进行认真、细致的分析,明确检索目的与要求,以便检索工作的顺利进行和获得较好的检索效果。具体可从以下几个方面着手:

第一,分析主题内容。通过主题分析,确定检索的主题,以便确定检索途径。

第二,分析课题所涉及的内容及学科范围,以便确定有关检索标识(分类号)及选择合适的检索工具或检索文档。

第三,分析课题所需信息的类型,包括文献媒体、出版类型、所需文献量、年代范围、涉及语种、有关著者、机构等。

第四,确定课题对查新、查准和查全的指标要求。若要了解某学科、理论、课题、工艺过程等最新进展和动态,则要检索最近的文献信息,强调"新"字;若要解决研究中某具体问题,找出技术方案,则要检索有针对性、能解决实际问题的文献信息,强调"准"字;若要撰写综述、述评或专著等,要了解课题、事件的前因后果、历史和发展,则要检索详尽、全面、系统的文献信息,强调"全"字。

(2) 确定检索策略。

其一,选择检索工具或检索系统。选择恰当的检索工具,要根据检索题目的内容、性质来确定。主要从以下几个方面来考虑:①从内容上考虑检索工具报道文献的学科专业范围。对此可利用三次文献,如《国外工具书指南》《工具书指南》《数据库目录》等来了解各检索工具(二次文献)的特点、所报道的学科专业范围、所包括的语种及其所收录的文献类型等。因此,在选择检索工具时,应以专业性检索工具为主,综合性检索工具进行配合、补充。②在技术和手段上,由于计算机检索系统适应多点检索、多属性检索,检索精度高,应首选机检工具,而且应选择合适的文档(数据库),目前许多检索系统如 DIALOG、OCLC 等都提供从学科范畴选择检索工具的功能。如果只有手工检索工具,应选择专业对口、文种熟悉、收录文献齐全、索引体系完善、报道及时、揭示文献信息准确,有一定深度的手工检索工具；如果一种检索工具同时具有机读数据库和印刷型文献两种形式，应以检索数据库为主，这样不仅可以提高检索效率，而且还能提高查准率和查全率。③为了避免检索工具在编辑出版过程中的滞后性，必要时应补充查找若干主要相关期刊的现刊，以防漏检。

其二，确定检索途径或检索点。检索工具确定后，需要确定检索途径。一般的检索工具都根据文献的内容特征和外部特征提供多种检索途径。各检索途径都有各自的特点和长处，选用何种检索途径，应根据课题的要求及所包含的检索标识，检索系统所提供的检索途径来确定。

当检索课题内容涉及面广、文献需求范围宽、泛指性较强时，选用分类途径；当课题内容较窄、文献需求专指性较强时，选用主题途径；当只知道物质分子式时，选用分子式途径；当选用的检索系统提供的检索途径较多时，应综合应用，互相补充，避免单一途径不足造成漏检。

其三，优选检索方法。优选检索方法的目的在于寻求一种快速、准确、全面地获得文献信息的检索效果。

其四，制定、调整检索策略。检索工具、检索途径、检索方法确定后，需要制定一种可执行的方案。计算机检索由于信息提问与文献标志之间的匹配工作是计算机进行的，必须事先拟订周密的检索策略，即检索式。检索式是检索策略的表述，它能将各检索单元之间的逻辑关系、位置关系等用检索系统规定的组配符连接起来，成为计算机可以识别和执行的命令形式，实施有效检索。但这个检索式不是一成不变的，要把检索结果与检索需求不断地进行判断、比较之后，对检索式进行相应的修改和调整。

（3）查找文献线索。在明确检索要求、确定检索系统、选定检索方法后，就可以应用检索工具实施检索，所获得的检索结果称为文献线索。对文献线索的整理、分析、识别是检索过程中极其重要的一个环节，需要做好以下几个方面：

其一，做好检索记录。做好检索记录的目的在于必要时进行有效核对。包括记录好使用检索工具的名称、年、期、文献号（索引号），文献题名（书名）、作者姓名及其工作单位、文献出处等。

其二，关于文献类型的识别。在检索工具中，文摘、题录所记录的文献来源（文献出处）是索取原始文献的关键部分。在检索工具中，文献出处项对摘录的文献类型不加明显区分，需由检索者自己进行辨别。只有识别出文献类型，才能确定该文献可能收藏在何处，查何种馆藏目录，如何借阅和复制。识别文献类型主要依据各种类型文献在检索工具中的著录特征项。

（4）索取原始文献信息。信息检索的最终目的是获取原始文献。当检索到文献线索并识别文献类型以后，即可根据不同的文献类型和语种索取原始文献。传统的原文获取方法是根据检索到的文献线索，再利用馆藏目录查找收藏单位、收藏点，采取借阅或复制等方式获取原始文献。

随着网络技术的飞速发展，全文数据库的兴起，原始文献信息的获取方式多种多样。归纳起来，原始文献的获取方法有如下几种：

其一，向著者索取原始文献。根据文献线索所提供的作者姓名及其工作单位等可直接与作者联系，索取原始文献。

其二，利用馆藏目录、公共查询系统、联合目录获取原始文献。查找本馆信息的可利用馆藏目录。读者需要的文献若是本馆没有收藏的，就需要借助开放的公共在线查询目录（Online Public Access Catalog OPAC）和联合目录实施馆际互借。它有两个功能：一是可以通过联机查找为读者提供馆藏文献的线索；二是OPAC检索系统还可以实现预约服务、读者借阅情况查询、发布图书馆公告、读者留言等一系列功能。

其三，利用网上全文数据库获取原始文献。目前许多全文数据库可以为用户提供直接检索。提供中文期刊全文的数据库如"维普中文科技期刊数据库""中国期刊全文数据库""万方数字化期刊"等；提供中文图书的全文数据库如"书生之家""超星数字图书馆"等。

其四，利用网上全文传递服务检索原始文献。为了满足日益增长的文献需求，文献传递服务应运而生。

其五，利用网上出版社、杂志。网上有许多提供电子期刊的网站。

其六，利用文摘数据库的原文服务。许多文摘数据库虽然不能直接得到原始文献，但是大多著名的文摘类的检索型数据库以提供它们收藏的文献的全文链接，向数据商提出请求获得原始文献。

2. 检索途径

所谓检索途径，是指从某个角度或某个方向进行文献检索。由于各个检索工具揭示的角度不同，也就形成了不同的检索途径。检索文献信息的途径很多，概括起来有五条。

（1）题名检索途径。是根据文献的名称进行文献检索的一种途径。检索工具中的"图书书名目录或索引""期刊刊名目录或索引""篇名目录或索引"等，它们都是按一定方式组织起来的，把文献的书名、刊名、篇名等作为文献存储的标识和检索的出发点。属于题名检索途径的有书名目录（索引）、刊名索引、简名索引、标题名称索引、数据库名称索引等，这些可统称为题名索引。"题名索引"主要在计算机检索系统中应用较多。这种途径在查找图书初期刊物时较为常用，但由于文献篇名较长，检索者难以记忆，再加上按名称字顺编排，易造成相同内容文献过于分散。

（2）著（译）者途径。著者途径是指根据已知文献著者来查找文献的途径，它依据的是著者索引。著者索引采用文献上署名的著者、译者、编者的姓名或团体名称作为查找的依据。检索工具如"著者索引"和"机构索引"，这类索引均按著者姓名拼音顺序排列。由于编辑简单、出版快速、内容集中、使用方便，国外许多检索工具都有这种索引。因为从事科研的个人或团体都各有专长，因而在同一著者的名下，往往集中一批内容有内在联系的论文，在一定程度上能集中同类文献。当检索者已知某著者所研究的课题与自己相近，希望了解此著者过去或最近有何文献发表时，从著者途径查找最方便，既快又准确。但著者途径不能满足全面检索某一课题文献的需求，它只能作为一种辅助途径。

（3）分类途径。分类是按照文献资料所属学科（专业）类别进行检索的途径，所依据的检索工具是分类索引，如利用《中图法》编制的索引。分类途径以概念体系为中心对文献进行分类排检，体现出学科的系统性及事物的关联性，它能把学科内容性质相同的文献集中于同一类下，便于读者从学科体系的角度来检索文献。具有族性检索的功能，能起到鸟瞰全貌、触类旁通的作用。在已知所需文献学科属性下，可通过分类途径来检索文献。

（4）主题途径。主题途径是根据文献主题内容编制主题索引，通过文献资料的主题内容进行检索的途径。主题索引是利用文献资料中抽取的能代表文献内容实质的主题词索引。检索时，只要已知研究课题的主题概念，然后可像查字典一样按字顺逐一查找。主题途径是以检索词作为检索标识，最大优点就是直接性，主题法直接用文字作标题，表达概念难确、灵活，易于理解、熟悉和掌握；而且它把同类主题性质的事物集中起来，突破了分类途径的严格框架限制，尤其能适应现代科学的发展。它及时反映新学科的概念，适合检索比较具体、专深的文献，能较好地满足特性检索需求。但它要求检索者外语和专业知识水平较高，还要求检索者能选出切题的检索词，因为直接关系到检索的质量和效果。

(5) 号码途径。号码途径是利用文献的代码、数字编成的索引来查找文献信息的一种途径。常用的有报告号索引、专刊号索引、合同号索引和标准号索引。特别是一些特种文献像科技报告，都有自己的编号，还有如专利文献、标准文献也有自己的编号，现在各国出版的书、刊也均有自己的号码。这种索引一般按缩写字母顺序加号码的次序由大到小排列。检索时，先按缩写字母，后按号码次序进行。

练习题

1. 常见的信息分类有哪几种？
2. 什么是文献？
3. 常用的检索方法有哪些？
4. 什么是检索工具？常用的检索工具有哪些？
5. 简要叙述文献检索的基本步骤。

第二章
计算机信息检索

 **本章概要**

  随着信息技术的发展，计算机逐渐成为检索的主要工具。本章主要介绍计算机检索的相关概念，主要涉及其发展历程、原理和检索方法。网络数据库检索和互联网检索是常用的计算机检索工具，本章除了对它们论述之外，还对如何选择检索系统进行了说明。OPAC 查询系统主要用于图书馆信息的相关查询，希望读者掌握。

 **学习目的**

  ◇ 了解计算机检索相关概念、发展历程、原理及检索方法
  ◇ 了解检索工具以及如何选择检索系统
  ◇ 了解 OPAC 查询系统

内容框架

$$\text{计算机信息检索}\begin{cases}\text{概述}\\ \text{检索工具}\\ \text{OPAC 查询系统}\end{cases}$$

第二章 计算机信息检索

第一节 概述

一、历程

20世纪50年代初,计算机开始用于信息检索的研究。1954年,美国海军兵器中心(NOTS)建立了世界上第一个计算机信息检索系统。随着时代的发展,科学技术的快速提高,产生了越来越多的文献,文献也开始逐步过时,产生的信息也愈加分散。当今,如何准确、高效地查找、利用文献信息已成为当务之急。但是随着科技的进步,产生的计算机技术、通信技术和存储介质为管理文献信息、查找文献信息提供了便利性和强大的技术支持。

计算机信息检索的主要发展阶段可以分为脱机批处理检索、联机检索、光盘检索、网络化检索等。

20世纪70年代到80年代是联机检索发展最快的时期,由于其具有交互性的特点,逐渐成为当时主流的计算机信息检索方式,产生了许多世界著名的联机检索系统,如美国的DIALOG系统、ORBIT系统、欧洲的ESA/IRS系统等。进入90年代以后,光盘检索以其信息存储容量大、成本低廉、使用方便等优点占据了计算机信息检索的重要地位。而90年代中后期至今,随着互联网的蓬勃发展,以网络数据库和搜索引擎为主导的网络信息检索已成为计算机信息检索的最主要方式。

中国的计算机检索发展历程如下:开始于20世纪70年代;80年代初期和美国DIALOG及ORBIT两大系统进行联机;到1981年7月时,我国计算机用户正式涉及检索服务,计算机的检索终端陆续出现在我国各地的情报局。1990年我国建立北京中关村地区教育与科技示范网,在1994年成功与因特网联结,中国计算机检索已紧跟时代潮流。

二、原理

计算机可以进行信息存储和检索,我们把这个过程称为计算机信息检索。与手工检索相比，计算机信息检索具有检索速度快、检索范围广、检索效率高、处理数量大、涉及内容新、操作过程简单和空间所受限制小等优点。

计算机信息检索主要包括文献的存储和检索两个过程。存储过程是根据系统性质，对收集到的原始文献进行主题分析、标引和著录，并按一定格式输入计算机存储起来，计算机在程序指令的控制下对数据进行处理，形成机读数据库记录和文献特征标识，存储在存储介质（如磁盘或光盘）上，建立数据库的过程。检索过程是用户对检索课题加以分析，明确需要检索的主题概念，然后用信息检索语言来表示主题概念，形成检索标识及检索策略，输入到计算机进行检索。计算机按照用户的要求将检索策略转换成一系列的提问，在专门程序的控制下进行高速运算，把检索标识与系统中文献基本特征的标识进行匹配比较，选出符合要求的信息并输出。

三、方法

计算机信息检索过程实质上是检索提问标识与检索系统中的特征标识匹配的过程。但计算机的匹配与人脑的判断不同，在检索中必须使用一些控制方法，才能让计算机完成更复杂的检索。常用的方法有布尔检索、截词检索和限制检索等。

1. 布尔检索

基本运算形式有三种：第一种是逻辑"与"，表示为 A AND B 或 A * B，逻辑"与"含义是指在检出的文献记录中，必须同时含有所有的检索词。通过逻辑"与"操作可以缩小检索范围，增强检索的专指性，提高查准率。例如，若检索表达式为"管理 AND 质量"，检索途径为主题词，则检索结果的主题词必须同时包含"管理"和"质量"。第二种是逻辑"或"，表示为 A OR B 或 A + B，逻辑"或"含义是指在检出的记录中，至少含有多个检索词中的任意一个。通过逻辑"或"操作可以扩大检索范围，增加命中文献量，减少漏检。例如，若检索表达式为"管理 OR 质量"，检索途径为主题词，则检索结果的主题词包含"管理"或"质量"或者两者都包含的记录都被作为结果输出。第三种是逻辑"非"，表示为 A NOT B 或 A − B，逻辑"非"含义是指在检出的记录中含有运算符前面的检索词，但同时又不能含有其后的词。通过逻辑"非"操作可以缩小检索范围，减少文献输出量，但不一定能减少误检。例如，若检索表达式为"管理 NOT 质量"，检索途径为主题词，则检索结果的主题词只输出包含"管理"的文献而排除掉包含"质量"的记录。

2. 截词检索

是指在检索词的适当位置截段。所谓截词检索，就是一种提高查全率，防止漏检的检索技术，尤其在英文检索中被广泛使用。截词检索有多种不同的方式。按截断位置不同，通常分为后截断、前截断、中间截断、前后截断四种类型。

（1）后截断，是将截词符号放置在检索词的末尾，即截去词的结尾部分，是前方一致检索。如 comput * 可检索到 computer、computers、computing 等。目前使用最多的是后截断方式，前截断、中间截断和前后截断只在极少数数据库中使用。

（2）前截断，是将截词符号放置在检索词的前方，即截去词的前面部分，是后方一致检索。如 * computer 可检索到 minicomputer、microcomputer 等。

（3）中间截断，是将截词符号放置在检索词的中间，即截去词的中间部分，是前后方一致检索。如 f?? t 可检索到 foot、feet 等。

（4）前后截断，是将截词符号放置在检索词的两边，即截去词的前后部分，是中间一致检索。如？comput？可检索到 minicomputer、microcomputers 等。

按截断的字符数来分类，截词符号有两种：有限截断和无限截断。有限截断是指说明具体截去字符的数量，无限截断则不说明具体截去多少个字符。在数据库中，经常将有限截断符称为通配符（wildcard），而将无限截断符称为截词符（truncation）。

各个检索系统对于通配符和截词符有不同的规定，没有统一标准。常用的通配符有"？""#"等，常用的截词符有" * "" $ "等。在有的检索系统中，通配符和截词符可以配合数字使用，用来规定截去字符的数量。

3. 限制检索

是指在检索中，经常需要缩小或约束检索结果，以获得更准确结果。在计算机检索系统中有很多限制检索的方法，常用的有位置检索、字段检索和词组检索等。

位置检索又称邻接检索，在外文文献及文献记录中，语词之间的位置和相对次序不同，所表达的意思可能相去甚远，在两个检索词之间使用位置算符，可以限定检索词之间的间隔距离或检索词以指定的顺序出现，因而可以使结果更准确。

下面以 DIALOG 系统为例，介绍典型的位置算符。

（1）with 用（W）或者（）来表示。由（W）或者（）连接的两个检索词，在记录中的先后位置不能颠倒，并且彼此邻近，其间不允许插入其他词或代码（可允许存在空格、连字符和标点符号）。检索专有名词和词组时必须使用该算符，严格控制词的位置进行精确检索。

（2）n word 用（nW）来表示。（nW）表示在此算符前后的检索词之间最多可插入 n 个词或代码（n=1~9），但两检索词前后顺序不得颠倒。

（3）near 用（N）来表示。由（N）连接的检索词在记录中无须保持先后顺序，但必须彼此邻近，中间不允许插入其他词（可允许存在空格、连字符和标点符号）。

（4）n near 用（nN）来表示。（nN）表示由它连接的检索词顺序可以颠倒，并且两个检索项之间最多可以插入 n 个检索词或代码。

（5）link 用（L）来表示。（L）表示其连接的两个检索词之间有一定的从属关系，后者修饰、限定前者，两者为主从关系。比如主题词表中的主标题词和副标题词就具有从属关系。如果用户在检索系统中同时用主副标题词构成检索项时，就需要用（L）将二者连接。

（6）subfield 用（S）来表示。（S）算符要求两个检索词都出现在同一子字段当中（文摘字段中一个句子就是一个子字段），词序不限。

（7）field 用（F）来表示。（F）算符要求被连接的两个词都出现在同一字段中，词序不限。

字段是计算机记录中用以记录某项特定信息的区间。字段检索是指把检索词限定在某个或某些字段范围内进行检索，只有在记录的相应字段内包含了检索词的才是命中记录。词组检索又称短语检索，是指把一个词组或短语当作一个独立的运算单元，检索时进行严格匹配。

四、步骤

计算机信息检索的一般步骤可分为分析所要检索的课题、选择与课题合适的数据库、确定检索所涉及的检索词、编写检索提问式和分析检索结果。

面对一个课题时，要粗略分析检索课题，确定所需文献的时间或类别等大致范围，甚至可以根据需要列出感兴趣的单位、著者等信息，并预期可能检索到的结果。

1. 确定数据库

由于文献信息的数据库种类繁多，覆盖的专业学科内容差别较大，文献的出版类型也不同，文献收录时间和检索方法也有所差异，故而正确选用合适的数据库是非常关键的步骤。先弄清楚课题的检索要求，然后从以下几个方面确定数据库：

（1）学科范围，任何一个数据库在收录文献信息时总有一定的学科范围，要有针对性。

（2）文献范围，数据库出版商常常以某一类型文献编制数据库，如标准、专利等。

（3）国家和语种，对所需文献信息的国家和语种加以选择确定。

2. 确定检索词

确定检索词时要考虑满足两个要求：首先是课题检索要求，其次是数据库输入要求。在数据库中，文献的记录都以字段形式存在，确定检索词时，要了解各数据库中可供检索的字段。一般来说，关键词或自由词字段检索，对检索词没有什么特别要求，但误检率较高；主题词字段检索，所用检索词是规范化词语，误检率较低，但检索时主题词确定较难，需要较好地掌握主题词表和对检索要求的理解，以达到检索提问标识与文献特征标识相吻合。由于词表规模的限制、新技术词汇的出现以及信息需求的变化发展，必要时可同时用自由词进行检索。为减少漏检，在尽可能多地使用同义词之外，也可采用多个字段同时进行检索。

3. 编写检索提问式步骤

在信息检索中，用户检索提问所用的逻辑表达式，称作检索提问式。一般来说一个课题需用多个检索词表达，并且将这些检索词组合成一定逻辑关系，以完整表达某个检索要求。在编写检索提问式时，其基本要求是准确、合理地运用逻辑运算的方法。对于一些复杂的检索课题有时还需事先制定好检索策略，合理制定检索词输入顺序与逻辑关系。下面以使用关键词为例，简单介绍编写检索提问式可以通过以下几个步骤完成。

（1）切分。切分是指对课题包含的检索词进行最小单元的分割。例如课题"高亚音速飞机的飞行控制"，进行词的最小单元切割后变为"高亚音速飞机"和"飞行控制"两个词。注意：有些词若拆分后会失去原来意思，则不要拆分。如"北京大学"就不要拆分为"北京"和"大学"。例子中的"高亚音速飞机"也属于这种情况。

（2）删除。对于一些过分宽泛词和没有实质意义的连词、虚词，应该予以删除。

例如，"高亚音速飞机的飞行控制"中的"的"和"流体动力学进展"中的"进展"等都不适合作为检索词。

（3）替换。对于表达不清晰或者容易造成检索误差的词予以替换。

例如"绿色包装"中的"绿色"可以替换为"可降解""环保"等表达明确、不容易和其他概念相混淆的词。

（4）补充。这一步是将课题筛选出的词进行同义词、近义词、相关词的补充。这些词加入检索，会避免检索过程中的漏检情况。如计算机、微机、电脑、PC等。英文数据中的这类情况就更常见了，可以使用各种算符进行补充。补充的检索词有两种类型：一类是规范词，这些词需要查询专门的叙词表，从叙词表中选取；另一类是自由词，这类词可以通过查看其他相关论文的表达形式或查询索引来获得。

（5）组合。课题分解成检索词后，把检索词用逻辑算符连接组合成检索式。例如中文检索式（飞机＋飞行器）＊飞行控制。

英文检索式（plane OR airplane OR aeroplane OR flying machine）AND（flight control）。

组合过程中要注意以下几点：把专指性强的主要检索词放在最前面，并且限制在基本索引字段里，这样可以缩短计算机处理时间，那些不重要的检索词出现在任意字段都能正确使用布尔逻辑算符、截词算符、位置算符等检索技术，例如同义词间用"或"（OR）连接；优先运算符的部分用"（）"括起来；英文检索时正确使用截词符或通配符；各种检索系统使用的位置算符多少及格式不同要区别对待；检索式要简单不应复杂。

当检索式输入计算机后，数据库将根据输入的检索标识检出相应的文献。一般数据库会提供多种显示方式显示结果，选择合适的显示方式，了解所检文献的内容，对文献内容的准确性进行审定，然后可对有效检索结果进行打印或存盘，最后退出检索系统即可。

第二节　检索工具

一、网络数据库检索系统

网络数据库检索系统，是指用户利用计算机等终端设备，通过因特网，从网络上的信息检索系统中查找出所需文献信息的计算机检索系统。自20世纪70年代网络数据库检索系统投入商业运营以来，检索技术发展较为系统和完善，并以提供有价值的科学文献信息为主，也已成为科学研究人员为获取文献信息而使用的最广泛的信息检索方式。

1. 网络数据库检索系统的结构

网络数据库检索系统的结构可分为物理结构和逻辑功能。

从物理结构来看，主要包括主机系统、通信系统和终端设备；以逻辑功能来划分，主要有如下六个功能模块：

（1）信息源选择与采集子系统。其作用是根据检索系统的经营策略和服务对象，持续不断地采集各种信息源。数据库类型的差异会造成采集的信息源不同。一般来说，信息源主要来源于有价值的公开出版的文献。

（2）标引子系统。其作用是分析文献的内容特征信息和外部特征信息，按照一定的规则和程序对文献进行标识，作为存储和检索的依据。

（3）建库子系统。建立和维护能直接应用于信息检索的数据库，包括数据的输入、错误检查和处理、格式转化等。

（4）词表管理系统。其功能主要是管理维护系统中已有的主题词表，控制标引用词和检索用词的一致性，提高检索的命中率。

（5）用户接口子系统。其功能主要是负责系统和用户之间的交流，理解用户信息，识别相关的信息输入设备。

（6）检索处理子系统。其主要作用是对用户的检索指令进行处理，以及对用户的检索结果进行返回。

2. 网络数据库检索系统的优缺点

网络数据库检索系统的优点如下：

（1）信息资源丰富且质量较高。网络数据库检索系统的提供商不仅提供信息检索服务，同时也是数据库的生产者，所提供的一般是各学科领域的权威数据和文献信息。尤其是一些大型网络数据库信息服务提供商常常能够提供基本包括全球出版的权威信息数据，因此信息资源非常丰富，质量可靠，而且数据经过严格的挑选、加工处理和组织。

（2）检索速度快、效率高。随着计算机相关领域的快速发展，以及分布式计算和数据库技术的研究进一步深入，网络数据库检索系统的检索速度和效率都有了巨大提高。普通的检索课题均可在几分钟内完成，且能在正确的检索策略下保证查全率和查准率。

（3）检索信息不受时空限制，检索系统提供全天候服务，用户可以随时随地获取所需信息。

（4）信息动态性高。随着竞争的加剧，一些大型网络数据库检索系统加快了内容更新速度。不同信息内容，更新速度有所差异。新闻信息类的内容普遍做到了日更新，期刊文献则做到了周更新、月更新。

虽然网络数据库检索系统具有众多优点，但其使用费用相对较高，用户在使用不同系统之前，需要熟悉系统的检索功能和语言规则以及其他服务功能。

二、互联网信息检索

通过检索工具在互联网上搜集信息资源的检索方式称为互联网信息检索。其检索对象主要是存在于互联网信息空间的各种类型的数字资源。

1. 互联网信息资源特点

互联网信息资源以数字化的形态存在，借助通信网络互联的方式来传递，它与传统的信息媒体和交流渠道相比有很大不同，了解互联网信息资源的特点有利于用户对其的使用。从信息检索的角度讲，其具有以下特点：

（1）资源非常丰富。互联网是一个开放性的全球性信息网络，由于各种机构和个人都可以在网上发布信息，因此具有信息资源极其丰富、分布广、多语种和高度共享等特点。互联网信息资源涵盖人类社会的各个领域，种类繁多，几乎无所不包。

（2）信息格式多样。信息资源通过超链接技术进行组织，而且集成多种媒体格式。信息资源不仅包括常见的文本信息，而且涵盖图形、图像、声音、动画和视频信息等多种媒体格式。

（3）分布式、跨平台。互联网信息资源以分布式数据库的形式存放在不同国家、地区的各种服务器上。各种信息数据库基于的系统不同、平台不同，形成分布式、跨平台的特点。

（4）非线性。利用超文本链接。按知识单元及其关系建立起知识的立体网络结构，完全打破传统的知识线性组织结构的局限，通过各个知识节点把整个互联网上的相关知识链接起来。

（5）信息发布与使用成本低。互联网信息发布所具有的公开性和自由性决定了其是低成本而且非常容易。绝大部分的互联网信息资源可以免费使用，低费用的互联网信息资源有效地刺激了用户的需求，从信息需求的角度也有助于互联网信息资源的有效合理配置。

（6）信息传播扩散速度快。互联网可以在第一时间发布和传播新闻消息。数字信息的可复制性，使互联网信息的扩散速度呈爆炸性增长。

（7）信息共享程度高。由于信息存储形式及数据结构具有通用性、开放性和标准化的特点，在网络环境下，时空得到最大限度的延伸和扩展。互联网信息资源的一大特点是相同种类的信息可以迅速和准确地提供给用户。

（8）信息无序与有序并存。互联网上的信息没有统一的控制规范，信息质量参差不齐，从宏观上看，网上的信息是分散的、无序的和不规范的；而从局部来说，比如某个网站、网页或数据库，信息却是有控制、相对集中、有序和规范化的。

2. 检索互联网信息方式

面对浩如烟海的网络信息，用户一般可通过以下几种方式来检索互联网信息：

（1）浏览（Browsing）。最简单的互联网信息检索方式是直接输入网站（网页）的URL地址去访问网页信息。浏览信息的方式适合那些没有准确而强烈的信息需求目标的上网用户。

（2）网络资源目录（Web Directory）。网络资源目录是网站为了更好地管理互联网上内容丰富的信息而开发的综合性的资源分类目录系统。网络资源目录的检索方式是指开发者将网络资源收集后，以某种分类法对资源进行组织和整理，并和搜索功能集成在一起的信息查询方式。大多数综合性的网络资源目录都包括以下典型的一级类目：新闻、财经、教育、体育、社会、娱乐和互联网等。网络资源目录的主要特点如下：

其一，收集的资源质量较高。这些资源经过信息分类专家的评估、组织和整理后，集中了网络中的大部分优秀资源站点。

其二，用户在检索过程中的检索方法及技巧难度低，要求也低，用户较为容易使用。如若缺少检索目标，用户也可直接浏览查询资源目录，轻松搜索到用户所需资源。

其三，内容数据库的相对规模较小，收录范围可能不够全面，检索到的信息数量有限。同时，由于数据库的维护需要手工完成，随着时间的推移，可能无法及时更新某些已失效的网址。

其四，搜索引擎（Search Engine）。搜索引擎是一种查找网络信息的工具，是对万维网（WWW）站点资源和其他网络资源进行标引和检索的检索系统的统称。搜索引擎业已成为现代人们获取信息的最主要途径。搜索引擎的主要优点是使用非常方便，用户进入门槛低，使用效果也好。在一些搜索引擎网站上，用户在检索框内输入关键词、词组甚至句子实施检索后，搜索引擎在系统的数据库中进行检索后，将检索结果提供给用户。通过搜索引擎进行检索的优点在于使用简单直观，查找信息非常迅速，信息的查全率比较高，能够及时反馈最新信息。但搜索引擎检索结果的范围较大，检索准确性需要逐步提高，目前能满足一般用户的检索需求。

伴随着搜索引擎技术的不断发展，网络资源目录和搜索引擎之间的界限越来越小，绝大多数主流的网络检索工具同时提供搜索引擎的检索功能和资源的分类主题目录。

三、计算机检索系统选择

计算机信息检索具有快速的检索速度、高效的检索效率、广泛的检索范围、新颖的检索内容、大量的检索数据、简单的操作方法和较小的限制空间等优点。计算机信息检索的这些优点克服了传统手工检索的缺陷，从而形成了目前信息检索以计算机信息检索为主，手工检索为辅的局面。

计算机信息检索存在多种检索形式，用户在利用计算机进行检索之前，要先知道各种检索系统的特点，结合自身的信息需求，确定合适的计算机信息检索系统。

1. 信息内容范围

不同的检索系统提供的数据资源各有偏向，用户如果是检索一些专业性很强的科学文献信息，则应该选择网络数据库检索系统。例如美国《化学文摘》（CA）是世界上应用最广泛的检索化学、化工及相关学科文献的重要工具，是世界上三大化学文摘之一，它收录了世界上约150个国家的千余种期刊，近30个国家和2个国际组织的专利文献，以及大量的专利、科技期刊、学位论文、技术报告、会议文章以及图书专著等。

2. 检索性能和功能

网络数据库检索系统经过20多年的高速发展，其检索功能已非常强大，但受限于互联网网络速度。目前广泛使用的在局域网内建立网络数据库镜像站的检索方式，克服了网速限制的缺点。

互联网信息检索的功能不如网络数据库检索系统，原因在于互联网信息检索主要基于搜索引擎，而搜索引擎基本上免费提供给用户使用，又加上数据信息过于庞大，数据的标引精确度不是很高，故而查准率不如网络数据库检索系统。

3. 检索系统的易用性

不同的用户对计算机信息检索的使用也有所不同。普通用户面对功能强大的网络数据库检索系统时，需要一段时间的学习和使用后，方能灵活掌握。互联网信息检索相对容易使用，用户只需使用搜索引擎，就可方便地找到所需信息。

文献检索与论文写作

4. 检索费用

不同的检索系统收费方式有较大差别，甚至同一种检索系统的收费方式也有差别。互联网信息检索的费用较低，用户只需要缴纳通信费用，即可使用搜索引擎提供的免费信息检索服务。网络数据库检索系统的使用费用相对较高，除了通信费用之外，还要支付检索费用。大部分数据库提供商每年向用户收取固定费用，用户可以无限次地使用数据信息。

第三节 OPAC 查询系统

一、概述

公共在线查询目录（Online Public Access Catalogue，OPAC），是一种现代化检索方法，主要是利用计算机终端来查询基于图书馆局域网内的馆藏数据资源，通过联机查找为读者提供馆藏文献的线索。

OPAC 系统可能因集成系统的不同，用户界面也各有不同，但它们遵循的标准却是相同的，实现的功能也基本相同。OPAC 系统一般都具备馆藏文献目录查询、读者信息查询、信息发布、订购征询等功能。不同图书馆可能根据自身情况，增加一些本馆的特殊功能。不同的 OPAC 系统检索项是基本相同，都遵循元数据标准。

二、功能

OPAC 系统一般都具有六个方面的功能，下面进行简要介绍：

1. 藏书查询

书刊馆藏查询，查询范围包括馆藏的中外文图书、中外文期刊、非书资料、中文古籍等，检索途径有题名、作者、分类号、关键词、ISBN/ISSN、出版社、主题词、排架号等。OPAC 系统简明、快捷，更重要的是它的多检索字段、检索策略等为用户提供了方便简洁的检索方式，同时检索界面的检索结果会显示该查询书目的馆藏信息（馆藏地点、数目）、借阅状态（已借出、是否可借）、借书时间、还书时间，使馆藏对读者完全透明，如图 2-1 所示。

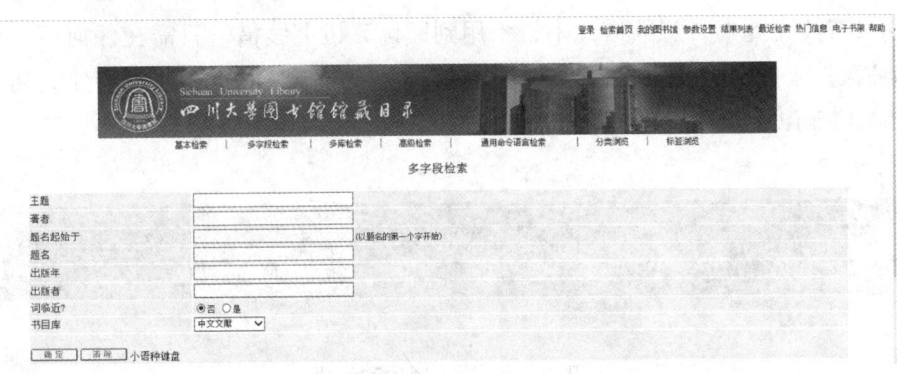

图 2-1 书刊馆藏查询

2. 读者信息查询

点击"读者信息"，输入 ID 和密码登录后，即可看到读者现在的借书状态和借阅历史，以及读者的预约请求和是否欠款的情况，由此方便读者合理安排图书借还，如图 2-2 所示。

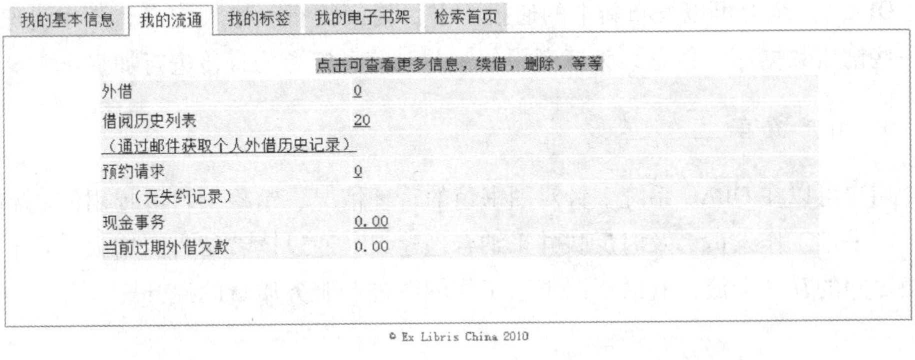

图 2-2 读者信息查询

3. 网上预约和续借

用户在浏览使用 OPAC 系统时，当得到的检索结果显示自己需要的图书状态为已借出时，可以在任何一台计算机上通过网上预约此书。如若该书已经被还，OPAC 系统会为预约用户保留该书，并且通过网上信息告知用户。若读者在归还日期没有读完此书，想续借此书，不用到原计算机上续借，只需在任何一台计算机上通过网上续借该书，减少去图书馆路上的时间，方便读者进行借阅，如图 2-3 所示。

图 2-3　网上预约和续借

4. 新书推荐

读者若发现馆藏里没有相关书目，可以在 OPAC 系统上向图书馆推荐购买此书，图书馆的采购人员则根据反馈的推荐信息，查核信息，核对无误后安排此书的采购，提高馆藏书目质量，避免盲目采购书刊。

5. 信息发布

OPAC 系统上可以发布新书的通报、书目借阅排行、培训信息、学术讲座以及一些试用数据库等信息，为读者服务，并对信息资源的宣传进行加强。

6. 用户留言

用户可以在 OPAC 系统上针对图书馆的管理情况、馆藏书目等提出问题和建议，图书馆工作人员会及时反映并采纳合理建议。通过读者留言，增强读者和图书馆之间的互动交流，有助于图书馆工作的改进、服务质量的提升。

📝 **练习题**

1. 什么是计算机信息检索?
2. 计算机信息检索常用的方法有哪些?
3. 试述计算机信息检索的步骤。
4. 怎样确定合适的计算机信息检索系统?
5. 什么是 OPAC 系统?
6. 简要介绍 OPAC 系统的功能。

第三章
国内大型全文数据库检索

 **本章概要**

  随着社会各方面的发展,人们对文献信息的需求越来越多,而国内的各种中文文献数据库在其中发挥着重要作用,其覆盖面之广、内容之丰富,达到了前所未有的程度,并且还在继续不断地完善与发展。本章以国内比较常用的中文全文数据库为例,介绍各个数据库的主要涵盖范围、特点及具体的检索方法与步骤。

 **学习目的**

  ◇ 了解国内大型全文数据库检索相关概念及发展历程
  ◇ 学会在不同的全文数据库中的检索方法

内容框架

国内大型全文数据库检索 { 中国期刊全文数据库
中文科技期刊数据库(全文版)
万方数据资源系统

第三章　国内大型全文数据库检索

第一节　中国期刊全文数据库

一、数据库简介

中国期刊全文数据库是 CNKI 中最核心也是最常用的一个文献数据库。CNKI 即中国知识基础设施工程（China National Knowledge Infrastructure），是由中国学术期刊（光盘版）电子杂志社、清华同方光盘股份有限公司、光盘国家工程研究中心主办，以实现全社会知识信息资源共享为目标的国家信息化重点工程。它的内容涵盖了我国自然科学、工程技术、人文与社会科学期刊、博硕士论文、报纸、图书、会议论文等公共信息资源。CNKI 主要的数据库有中国期刊全文数据库、中国优秀硕博士学位论文全文数据库、中国重要报纸全文数据库、中国重要会议论文全文数据库、中国医院知识仓库、中国企业知识仓库等。

中国期刊全文数据库（CJFD）是目前世界上最大的连续动态更新的中国期刊全文数据库，它收录了 1994 年至今的 9100 多种期刊，以学术、技术、政策指导、高等科普及教育类为主，同时收录部分基础教育、大众科普、大众文化和文艺作品类刊物，内容覆盖自然科学、工程技术、农业、哲学、医学、人文社会科学等各个领域，全文文献总量 3252 万多篇。产品分为十大专辑，向下分为 168 个专题数据库和近 3600 个子栏目，并且每日更新，每年以 100 多万篇的速度不断增长。各个专辑的具体学科内容如表 3 - 1 所示。

表 3 - 1　中国期刊全文数据库具体学科内容

专辑	具体学科
理工 A	1. 数学；2. 力学；3. 物理；4. 天文；5. 气象；6. 地质；7. 自然地理学与测绘学；8. 海洋；9. 生物；10. 自然科学理论与方法；11. 非线性科学与系统科学；12. 地球物理学；13. 资料科学
理工 B	1. 化学；2. 无机化工；3. 有机化工；4. 燃料化工；5. 一般化学工业；6. 石油、天然气工业；7. 材料工业；8. 矿业工程；9. 金属学及金属工艺；10. 冶金工业；11. 轻工业手工业；12. 一般服务业；13. 安全科学与灾害防治；14. 环境科学与资源利用

续表

专辑	具体学科
理工 C	1. 工业通用技术与设备；2. 机械工业；3. 仪器仪表工业；4. 航空航天科学与工程；5. 武器工业与军事技术；6. 铁路运输；7. 公路与水路运输；8. 汽车工业；9. 船舶工业；10. 水利水电工程；11. 建筑科学与工程；12. 动力工程；13. 核科学技术；14. 新能源；15. 电力工业
农业	1. 农业基础科学；2. 农业工程；3. 农艺学；4. 植物保护；5. 农作物；6. 园艺；7. 林业；8. 畜牧与动物医学；9. 蚕蜂与野生动物保护；10. 水产与渔业
医药卫生	1. 医药卫生方针政策与法律法规研究；2. 医学教育与医学边缘学科；3. 预防医学与卫生学；4. 中医学；5. 中药学；6. 中西医结合；7. 基础医学；8. 临床医学；9. 感染性疾病及传染病；10. 心血管疾病；11. 呼吸系统疾病；12. 消化系统疾病；13. 内分泌腺及全身性疾病；14. 外科学；15. 泌尿科学；16. 妇产科学；17. 儿科学；18. 精神病学；19. 神经病学；20. 肿瘤学；21. 眼科与耳鼻喉科；22. 口腔医学；23. 皮肤病与性病；24. 特种医学；25. 急救医学；26. 军事医学；27. 药学；28. 生物医学工程
文史哲	1. 文艺理论；2. 世界文学；3. 中国文学；4. 中国语言文字；5. 外国语言文字；6. 音乐舞蹈；7. 戏剧电影与电视艺术；8. 美术书法雕塑与摄影；9. 地理；10. 文化；11. 史学理论；12. 世界历史；13. 中国通史；14. 中国民族与地方史志；15. 中国古代史；16. 中国近现代史；17. 考古；18. 人物传记；19. 哲学；20. 逻辑学；21. 伦理学；22. 心理学；23. 美学；24. 宗教
政治、军事与法律	1. 马克思主义；2. 中国共产党；3. 政治学；4. 中国政治与国际政治；5. 思想政治教育；6. 行政学及国家行政管理；7. 政党及群众组织；8. 军事；9. 公安；10. 法理、文史；11. 宪法；12. 行政法及地方法制；13. 民商法；14. 刑法；15. 经济学；16. 诉讼法与司法制度；17. 国际法
教育与社会科学	1. 社会科学理论与方法；2. 社会学及统计学；3. 民族学；4. 人口学与计划生育；5. 人才学与劳动科学；6. 教育理论与教育管理；7. 学前教育；8. 初等教育；9. 中等教育；10. 高等教育；11. 职业教育；12. 成人教育与特殊教育；13. 体育
电子技术与信息科学	1. 无线电电子学；2. 电信技术；3. 计算机硬件技术；4. 计算机软件及技术与应用；5. 互联网技术；6. 自动化技术；7. 新闻与传媒；8. 出版；9. 图书情报与数字图书馆；10. 档案及博物馆
经济与管理	1. 宏观经济管理与可持续发展；2. 经济理论及经济思想史；3. 经济体制改革；4. 经济统计；5. 农业经济；6. 工业经济；7. 交通运输经济；8. 企业经济；9. 旅游；10. 文化经济；11. 信息经济与邮政经济；12. 贸易经济；13. 财政与税收；14. 金融；15. 证券；16. 保险；17. 会计；18. 审计；19. 市场研究与信息；20. 管理学；21. 领导学与决策学；22. 科学研究管理；23. 服务业经济；24. 投资

二、检索方法

1. 登录数据库检索系统

登录数据库检索系统一般有两种方式。一种是登录网址 http：//www.cnki.net，进入 CNKI 首页，再在数据库列表中选择中国期刊全文数据库，点击进入即可。但是因为该数据库为收费检索系统，用户需注册账号与密码，购买使用权，方能进行全文文献的浏览与下载。另一种方式为通过学校图书馆进入检索系统。因为学校图书馆已购买数据库的使用权，在校学生与教师只需要通过 IP 自动登入，不需要注册与登录，也不需要付费，就可以进行文献的浏览与下载操作。图书馆登录知网具体操作如图 3-1、图 3-2、图 3-3 所示。

图 3-1 图书馆登录知网（一）

中国期刊全文数据库提供了初级检索、高级检索、专业检索和期刊导航四种检索方式。进入检索首页后，系统默认的是初级检索的界面，用户可以点击首页界面（见图 3-4）的右上角相应按钮进行切换，选择所需的检索方式。

图 3-2　图书馆登录知网（二）

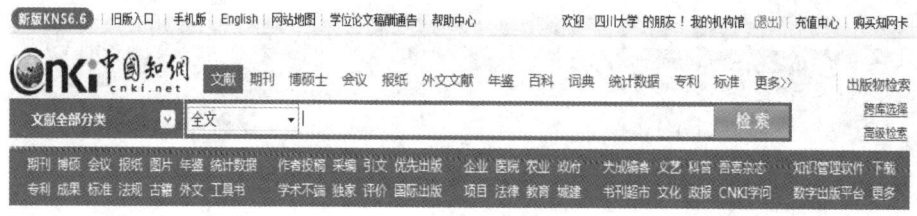

图 3-3　图书馆登录知网（三）

2. 初级检索

初级检索是一种比较简单的检索方式，它的特点是方便、快捷、效率高，为用户提供最大范围的选择空间，但往往结果的冗余比较大。因此对于那些不熟悉多条件组合的用户或者执行命中率要求不高的检索时比较适用。其具体的检索步骤如下：

（1）登录初级检索界面。进入系统默认的页面即为初级检索界面，如图 3-4 所示。

（2）根据自己所需信息的类型，在初级检索页面的检索条上方对信息类型进行选择，选择文献、期刊或会议等选项。

第三章　国内大型全文数据库检索

图 3-4　初级检索界面

（3）选择检索项。在检索项的下拉框里选取要进行检索的字段，字段的种类及具体含义见表 3-2。

表 3-2　字段的种类及具体含义

字段名	具体含义
篇名	选择该字段输入检索词，可检索出论文标题即篇名中含有该词的文章
主题	选择该字段输入检索词，可检索出篇名、关键词、摘要中含有该词的文章
关键词	选择该字段输入检索词，可检索出关键词中含有该词的文章
摘要	选择该字段输入检索词，可检索出摘要中含有该词的文章
作者	选择该字段输入检索词，可检索出作者中含有该名字的文章
单位	是指文章发表时作者的任职单位，选择该字段输入检索词，可检索出作者的任职单位含有该词的文章
参考文献	是指文章后的参考文献，选择该字段输入检索词，可检索出参考文献中含有该词的文章
全文	指文章的正文，选择该字段输入检索词，可检索出正文中含有该词的文章
中图分类号	指《中国图书馆分类法》上各种分类号，选择该字段输入检索词，可检索出所有该分类号下的文章

续表

字段名	具体含义
文献来源	指期刊或其他信息刊登的来源,选择该字段输入检索词,可检索出某类期刊下所有的文章

当需要多个检索项的时候,可以通过点击"逻辑"下方的图标分别添加或是减少一个检索行。检索项之间可使用逻辑运算符进行项间组合,以提高检索命中率。

(4)输入检索词。输入检索词后,会出现很多与检索词相关的信息类别,根据需要选择所需要的信息检索主题词汇。初步输入检索词"决策"后如图3-5所示。如果所需内容属于"决策理论"范围,那么直接在衍生检索结果中选择该项。

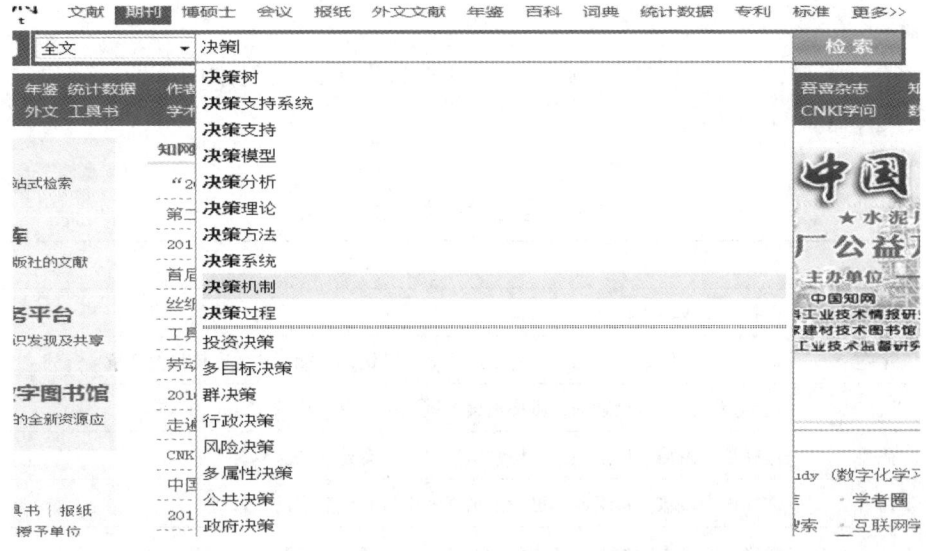

图3-5 检索字段

(5)确定词频。词频是指检索词在相应检索项中出现的频次。词频默认为空,即至少出现1次,当选择下拉框中的数字2至9,则表示至少出现相应的次数。例如,词频为5,表示至少出现5次,以此类推。

(6)确定时间范围。总范围为1911年至今。用户根据自己的需要设定所要检索的刊物的时间范围。

(7) 确定更新范围。全部选项有全部数据、最近一周、最近一月、最近三个月和最近半年。用户根据自己检索要求的更新程度选择相应的更新区间范围。

(8) 确定期刊来源的范围。共有四个选项：全部、EI 来源期刊、SCI 来源期刊和核心期刊。

(9) 选择匹配方式。有精确与模糊两种方式。选择精确表示检索结果完全等同或包含检索词；选择精确表示检索结果包含检索词或者检索词中的词素。只有选择精确时才可以使用"中英文"扩展功能。

(10) 选择检索结果的显示方式。主要包括排序与记录数。排序是指检索结果的排列方式，主要有时间、无、相关度三个选项。"时间"表示检索结果按入库时间逆序排列，即数据更新日期越新的排列越靠前；"无"表示检索结果按入库时间顺序排列；"相关度"表示检索结果以检索词在检索字段内容中出现的次数从大到小排列。记录数是指检索结果中每页显示的命中文献的篇数，有 10、20、30、40、50，系统默认为 20 条。

(11) 进行检索。在其他操作完成后，点击"检索"，系统就能检索出所需的文献。上述一系列操作如图 3-4 所示。

(12) 进行二次检索。第一次检索结果显示页面如图 3-6 所示。这时检索结果还有很大的冗余。为进一步筛选出有效的文献，只需要重新选择检索项并输入检索词，在"在结果中检索"前的方框打"√"，点击"检索"，就可以进行二次检索，具体如图 3-6 所示。

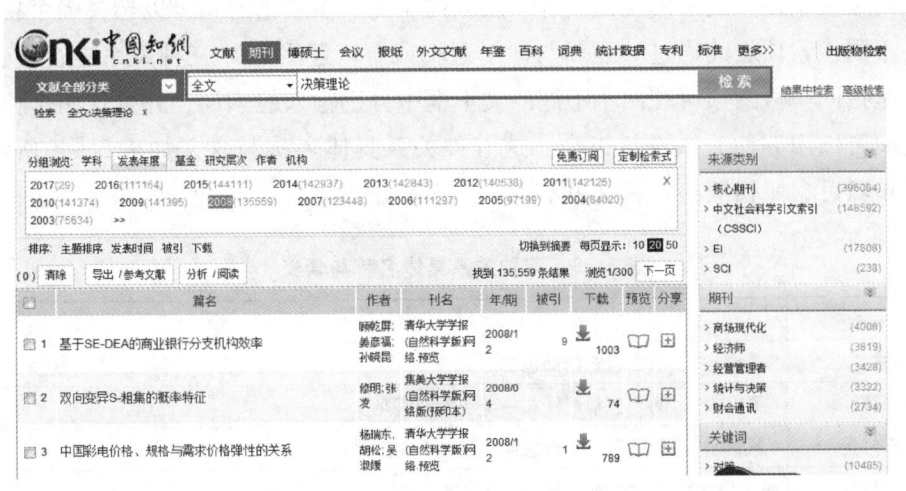

图 3-6　检索结果界面

3. 高级检索

高级检索可以进行一个及一个以上的检索表达式的逻辑组合检索。相对于初级检索，高级检索命中率更高，它的界面与初级检索的页面比较相似，只是增加了两行逻辑检索行，如图3-7所示。

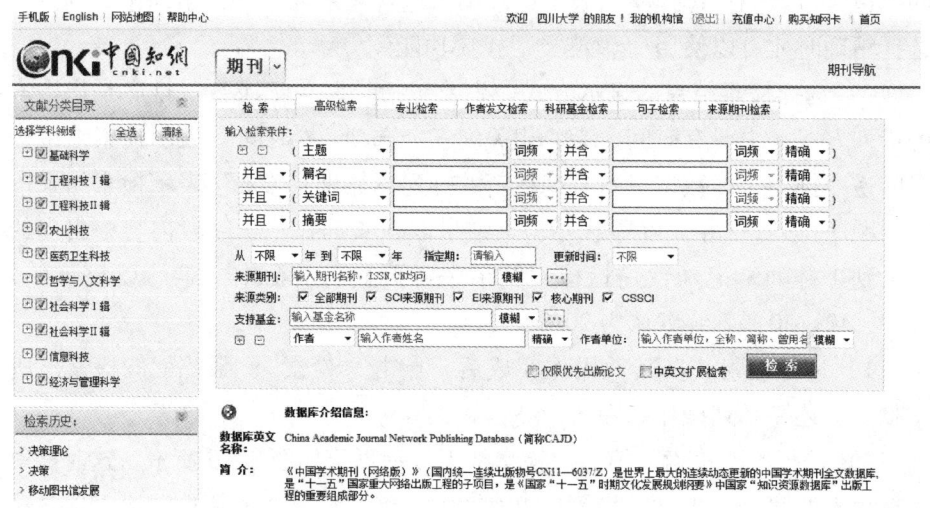

图3-7 高级检索

高级检索最大的不同就是具有多项双词功能。多项指的是可以选择多个检索项，不同检索项之间通过"逻辑与""逻辑或""逻辑非"三种关系进行组合。双词是指同一检索项可在两个不同的文本框中分别输入检索词，并且这两个检索词之间可以用五种关系进行组合。这五种关系具体名称与含义如表3-3所示。其他步骤可参照初级检索，这里不再一一详细介绍。

表3-3 五种关系具体名称与含义

关系	含义
并且	"逻辑与"，两个检索词都包含
或者	"逻辑或"，两个检索词任意一个包含即满足
不包含	"逻辑非"，包含第一个检索词而不包含第二个检索词
同句	两个检索词同时出现在两个标点符号之间
同段	两个检索词同时出现在5句话之内

4. 专业检索

专业检索是指用户根据自己的需求，运用系统的检索语法编制逻辑组合表达式来进行检索的一种方法。点击检索首页右上方的"专业检索"，切换到专业检索界面，如图3-8所示。具体检索步骤如下：

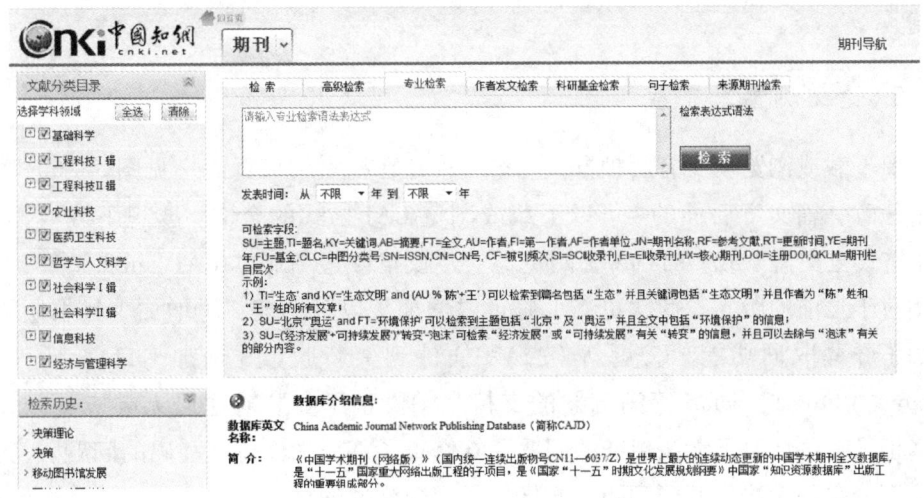

图3-8 专业检索

（1）确定检索范围，与初级检索类似。

（2）输入检索表达式。检索表达式由逻辑运算符、可检索字段和专业检索语法表的操作符组成。

逻辑运算符主要有"and""or""not"三种。"and"表示集合的交运算，即$A \cap B$，同时满足A、B两个条件；"or"表示集合的并运算，即$A \cup B$，A、B任一个满足即可；"not"表示集合的互斥，即$A-B$，满足A但是不满足B。三个运算符的优先级相同，要想改变顺序用英文半角括号"（）"括起。

可检索字段可以是相关文献等的题名（篇名）或相关主题、特殊关键词、摘要、作者＆英文作者（作者）、资料的第一责任人（第一作者）、发表机构（单位）、发表时间、中文刊名＆英文刊名（刊名）、引文（参考文献）、全文、基金、刊号等，具体含义见表3-2。专业检索语法表见操作系统中的"检索指南"。

需要注意的是,所有的符号和英文字母以及专业检索语法表的操作符都必须是英文半角符号,并且逻辑运算符前后必须空一格,当前后文字用括号括起时例外。在明白各部分含义之后,输入正确检索式,例如要查找关于汶川大地震的文章,只需输入题名 = "汶川特大地震"。

(3)选择时间、期刊来源的范围以及结果的显示方式,与初级检索类似,再点击"检索"。在一次搜索的基础上,也可勾选"在结果中检索",进行二次检索。

5. 论文浏览及下载

要下载或浏览全文有两种方式。第一种是在检索结果页面(见图 3-6)中,点击任意一篇文章后面的可以下载或浏览 CAJ 格式的全文。要想下载或浏览 CAJ 格式全文需下载 CAJViewer 阅览器,建议下载最新版本 CAJViewer 7.20,因为相对于之前的版本,此次更新、修正或增加了以下功能:①增加工具书版本,添加了屏幕取词功能。②更新 CAJAX 插件到最新版。③增加 CAJAX 插件对 Firefox、Chrome、Safari 等浏览器的支持。④修正了安装时注册无响应的问题。⑤修正了有些情况下无法启动的问题。⑥修正了部分文件打开乱码的问题。⑦修正了部分文件无法打开的问题。⑧优化了部分文件的显示效果。

第二种是点击篇名进入知网页面,知网页面中包含有中英文篇名、作者中英文名、作者单位、文献出处、中英文关键词、中英文摘要、基金、DOL、引证文献、同被引文献、读者推荐文章及相似文献等。用户可以点击页面上方的"下载阅读 CAJ 格式全文"和"下载阅读 PDF 格式全文"分别下载文献。

第二节 中文科技期刊数据库(全文版)

一、简介

中文科技期刊数据库源于重庆维普资讯有限公司 1989 年创建的"中文科技期刊篇名数据库",其全文和题录文摘版一一对应,经过 13 年的推广使用和完善，全面解决了文摘版收录量巨大但索取原文烦琐的问题。全文版的推出受到国内广泛赞誉，同时成为国内各省市高校文献保障系统的重要组成部分。

中文科技期刊数据库收录了中国境内历年出版的中文期刊 12000 余种，全文 3000 余万篇，引文 4000 余万条，分三个版本（全文版、文摘版、引文版）和 8 个专辑（社会科学、自然科学、工程技术、农业科学、医药卫生、经济管理、教育科学、图书情报）定期出版发行。中文科技期刊数据库已经成为文献保障系统的重要组成部分，是科技工作者进行科技查新和科技查证的必备数据库。

二、检索方法

通过点击图书馆主页"电子资源"下面的"中文报刊全文"，进入数据库列表，选择"中文科技期刊数据库"点击进入，其首页如图 3-9 所示。

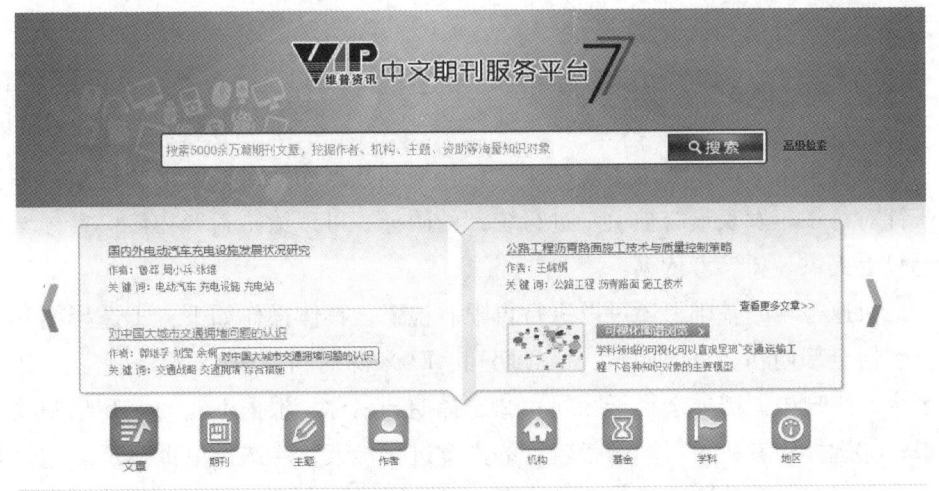

图 3-9　维普首页

该数据库可进行三种不同的检索途径：快速检索、高级检索和期刊导航，用户可以根据自己的需求选择不同的检索方式。

1. 快速检索

首页默认的检索方式即为快速检索，用户只需要选择所需的字段，然后输入相应检索词以及确定匹配方式,点击检索即可。检索结果页面如图 3 – 10 所示。

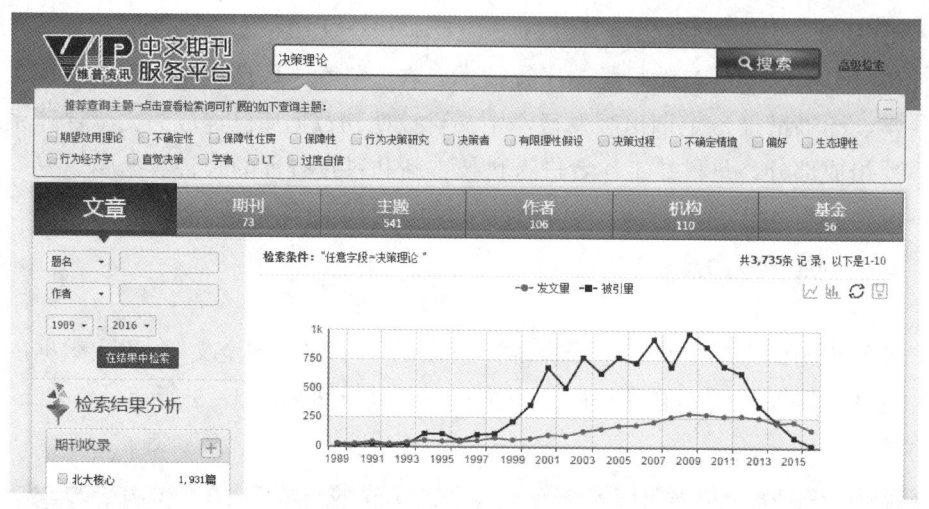

图 3 – 10 快速检索

根据检索结果可以看出,现在中文科技期刊数据库针对检索词的检索结果有一张针对每一年发表量与被引量进行统计的图标,可以给检索者在该信息领域发展趋势上提供一项参考依据。

在快速检索的基础上还可以进行再限制检索,具体操作如下:①选择期刊范围,包括全部期刊、重要期刊、核心期刊、EI 来源期刊、SCI 来源期刊等从 1989 年至今,用户根据需要选择子区间;②选择期刊名称,根据不同的期刊限制检索结果;③选择作者,对不同作者名下的文章进行检索;④选择单页显示的记录条数,有 20 与 50 两种选项;⑤选择检索入口并输入检索词;⑥可以通过数据库根据检索词所自动提供的衍生关键检索词进行选择;⑦确定再限制检索的方式。根据页面对于不同方向的分类,使用者可以根据自己的需求对检索结果进行分类,提高检索的精确度与准确度。

选择重新检索,即新的检索内容与原先的检索无任何关系;选择在结果中检索,即相当于逻辑"与",检索结果需同时包括第一次检索输入的检索词与第二次输入的检索词;选择在结果中添加,相当于逻辑"或",检索结果至少包含两次输入检索词中的任意一个;选择在结果中去除,相当于逻辑"非",检

第三章 国内大型全文数据库检索

索结果需包含第一次检索输入的检索词，同时不包含第二次检索输入的检索词。

2. 高级检索

点击首页上的"高级检索"，最多同时可以对三个字段进行逻辑组合检索。除了基本的功能之外，也提供了同义词、同名/合著作者、分类表、更新时间和期刊导航等辅助功能。同时还提供了扩展检索条件，用户可根据需要对时间条件、专业限制进行条件限制，以缩小检索范围，大大提高了检索准确率。向导式检索操作严格按照自上而下的顺序。进入检索界面如图 3-11 所示。高级检索的具体操作方法有如下两种：

（1）向导式检索，如图 3-11、图 3-12 所示。

图 3-11　向导式检索（一）

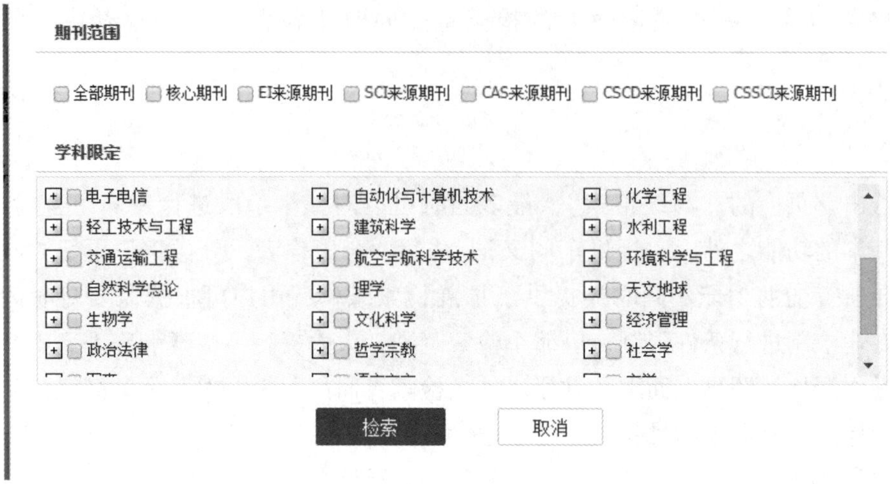

图 3-12　向导式检索（二）

（2）直接输入检索式检索的界面如图 3-13 所示，用户可在检索条件的文本框中输入字段代码、逻辑运算符和检索词组成正确的检索式，再点击扩展检索条件进行限制后，点击检索即可。其具体操作规则与传统检索中的输入检索式检索类似。

图 3-13　高级检索之检索式检索

检索的结果页面如图 3-14 所示，用户可以直接点击 下载全文 。当需要下载多篇文章时，可以先在所需的文献前打"√"，然后点击上方的" 导出 "即可选择复制或者下载打印，即弹出页面如图 3-15 所示。只要选择需要下载的内容形式，点击"导出"即可。

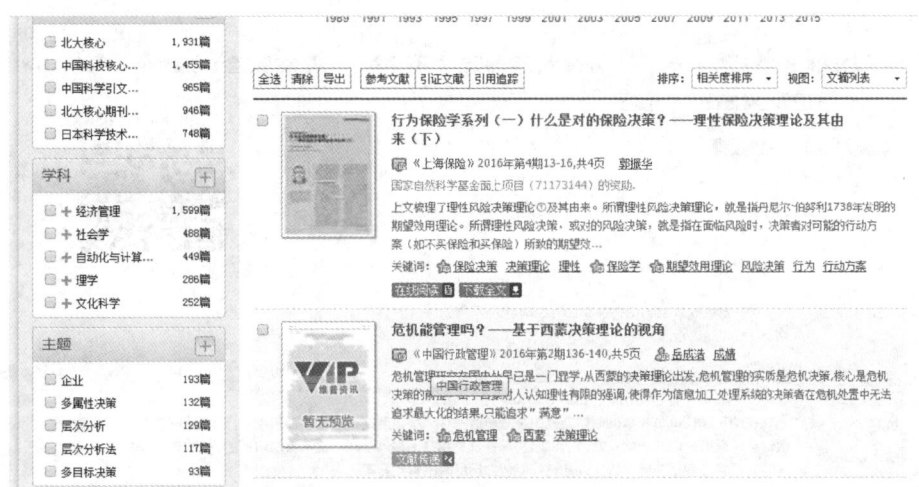

图 3-14 检索结果

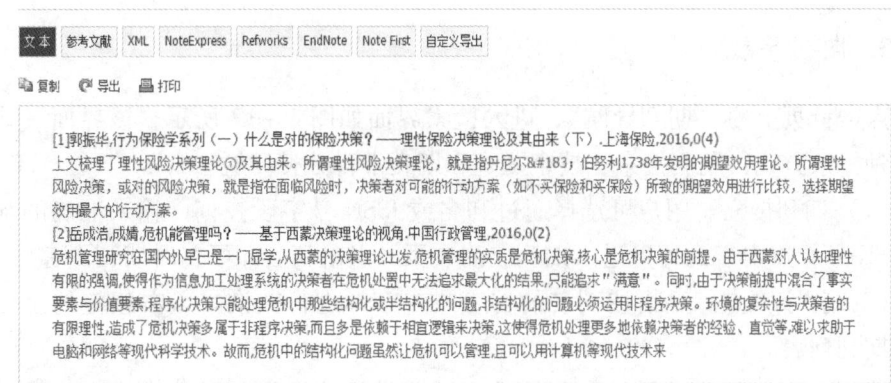

图 3-15 导出界面

当点击概要显示页面文献题名时,可以进入相应文献的细阅页面。页面上包含该文献发表的期刊名称、期刊号以及年卷期;文章中英文摘要、关键词、分类号、相关文献等。用户也可以下载全文或者选择在线阅读的方式完成信息阅览,还可以进行期刊、作者、作者单位、相关主题和相关文献等的快捷检索,如图3-16所示。

图3-16 文献概要界面

3. 期刊导航

点击首页上的"期刊导航",进入检索界面如图3-17所示,该界面一共提供三种检索方式:期刊搜索、按字顺查和期刊学科分类导航。

(1)期刊搜索。用户可选择通过刊名或ISSN号字段查询,输入准确的刊名或ISSN号,点击查询即可进入期刊名列表页,点击刊名即可查看期刊内容。

(2)按字顺查。是指按刊名的首字或首字母进行查询。点击相应的字母即进入期刊列表。

(3)期刊学科分类导航和传统检索的分类导航类似。用户可选择"核心期刊"或"核心期刊和相关期刊",然后点击相应的学科,即可列出该学科下的所有期刊刊名。

第三章 国内大型全文数据库检索

图 3－17　分类导航

三、检索结果处理

检索的结果页面如图 3－18 所示，用户可以直接点击 下载全文 来下载全文或

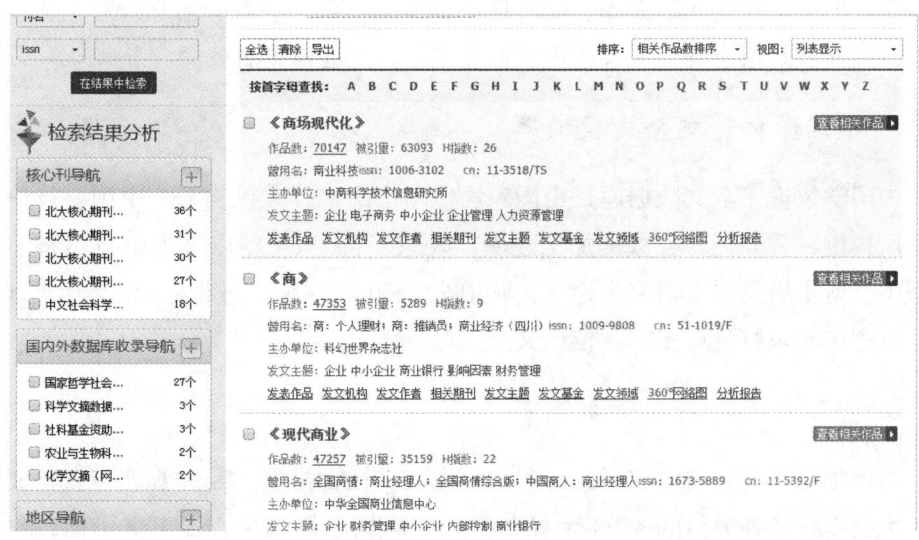

图 3－18　检索结果

者选择"在线阅读"模式对检索信息完成浏览。当需要下载多篇文章时,可以先在所需的文献前打"√",然后点击上方的"导出",即可选择复制或者下载打印,即弹出如图3-15所示页面。只要选择需要下载的内容形式,点击"导出"即可。

第三节 万方数据资源系统

一、简介

万方数据资源系统是北京万方数据股份有限公司于1997年8月,以中国科技信息研究所全部信息资源为基础建立的,以科技信息为主,涵盖经济、金融、社会、人文等各方面信息的基于网络的大型综合信息资源服务系统。目前,全新改版的万方数据资源系统主要包括中国学位论文全文数据库、中国数字化期刊子系统、中国学术会议论文全文数据库、中国标准文献数据库、中国法律法规全文数据库、中国专利全文数据库、科技信息子系统、商务信息子系统、外文文献数据库,面向不同用户群,为各种用户群提供全方位的信息服务。

1. 中国学位论文全文数据库

中国学位论文全文数据库是由国家法定学位论文收藏机构——中国科技信息研究所提供,并委托万方数据加工建库,收录了自1980年以来中国自然科学领域博士、博士后及硕士研究生论文,其中全文60余万篇,每年稳定新增15万余篇,是中国收录数量最多的学位论文全文库。

2. 中国数字化期刊子系统

目前集纳了理、工、农、医、哲学、人文、社会科学、经济管理与教科文艺等8大类100多个类目的5500余种各学科领域核心期刊,实现全文上网,论文引文关联检索和指标统计。从2001年开始,数字化期刊已经囊括我国所有科技统计源期刊和重要社科类核心期刊,成为中国网上期刊的第一大门户。

3. 中国学术会议论文全文数据库

该库是国内最具权威性的学术会议论文全文数据库，收录了 1998～2004 年国家一级学会在国内组织召开的全国性学术会议近 7000 个会议，45 万余篇会议论文全文，是目前国内收录会议数量最多、学科覆盖最广的数据库，是掌握国内学术会议动态必不可少的权威资源。

4. 中国标准文献数据库

标准是在一定地域或行业内统一的技术要求。本库收录了国内外的大量标准，包括中国国家发布的全部标准、某些行业的行业标准以及电气和电子工程师技术标准；收录了国际标准数据库，美国、英国、德国等的国家标准，以及国际电工标准；还收录了某些国家的行业标准，如美国保险商实验所数据库、美国专业协会标准数据库、美国材料实验协会数据库、日本工业标准数据库等。

5. 中国法律法规全文数据库

中国法律法规全文数据库包括自 1949 年新中国成立以来全国人大及其常委会颁布的法律、条例及其他法律性文件；国务院制定的各项行政法规，各地地方性法规和地方政府规章；最高人民法院和最高人民检察院颁布的案例及相关机构依据判案实例做出的案例分析，司法解释，各种法律文书，各级人民法院的裁判文书；国务院各机构、中央及其机构制定的各项规章、制度等；工商行政管理局和有关单位提供的示范合同式样和非官方合同范本以及外国与其他地区所发布的法律全文内容、国际条约与国际惯例等全文内容。

6. 中国专利全文数据库

中国专利全文数据库收录从 1985 年至今受理的全部发明专利、实用新型专利、外观设计专利数据信息，包含专利公开（公告）日、公开（公告）号、主分类号、分类号、申请（专利）号、申请日、优先权等数据项。

7. 科技信息子系统

科技信息子系统是中国唯一完整的科技信息群。它汇集中国学位论文文摘、会议论文文摘、科技成果、专利技术、标准法规、各类科技文献、科技机构、科技名人等近百个数据库,其上千万的海量信息资源为广大科研单位、公共图书馆、科技工作者、高校师生提供了最丰富、最权威的科技信息。

8. 商务信息子系统

商务信息子系统凭借数十年的商务信息采集经验,面向企业用户推出工商资讯、经贸信息、咨询服务、商贸活动等多项服务内容;其主要产品中国企业、公司及产品数据库(CECDB)至今已收录96个行业16万家企业的详尽信息,成为中国最具权威性的企业综合信息库。

9. 外文文献数据库

外文文献数据库主要包括外文期刊和外文会议论文。"外文期刊"主要收录了1995年以来世界各国出版的12000多种重要学术期刊;"外文会议论文"主要收录了1985年以来世界各主要学会、协会和出版机构出版的学术会议论文,部分文献均有少量回溯。每年增加论文百万余篇。由于各个数据库的检索方法有很多是类似的,所以下面就以学位论文写作中比较常用的中国学位论文全文数据库为例介绍具体的检索方法。

二、检索方法

中国学位论文全文数据库的检索方法如下:

1. 登录检索界面

以四川大学图书馆镜像站为例,点击数据库导航,再点击常用数据库,然后点击万方学位论文全文数据库进入检索首页,如图3-19所示。

2. 选择检索方式

该页面一共提供两种检索方式:快速检索和高级检索。
高级检索界面在首页检索栏的右方,新版高级检索(见图3-20)的具体检索步骤如下:
(1)限定论文类型。可以选择期刊、文献、专利或中文会议等类型。
(2)限定检索的细化方法,高级检索或专业检索。

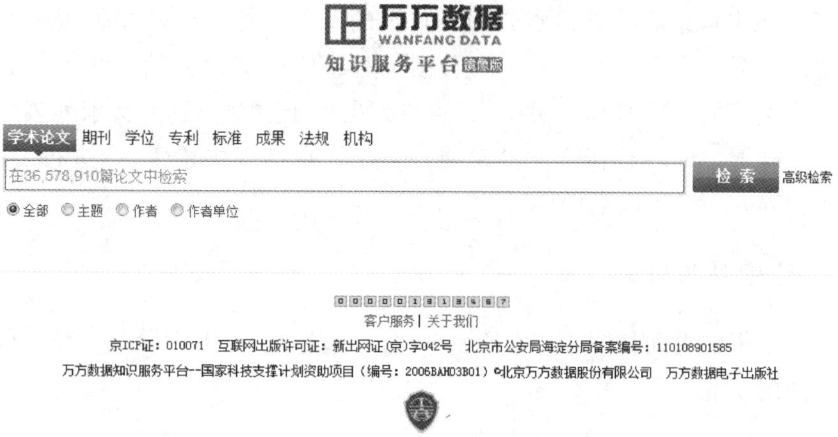

第三章 国内大型全文数据库检索

图 3-19 万方学位论文全文数据库

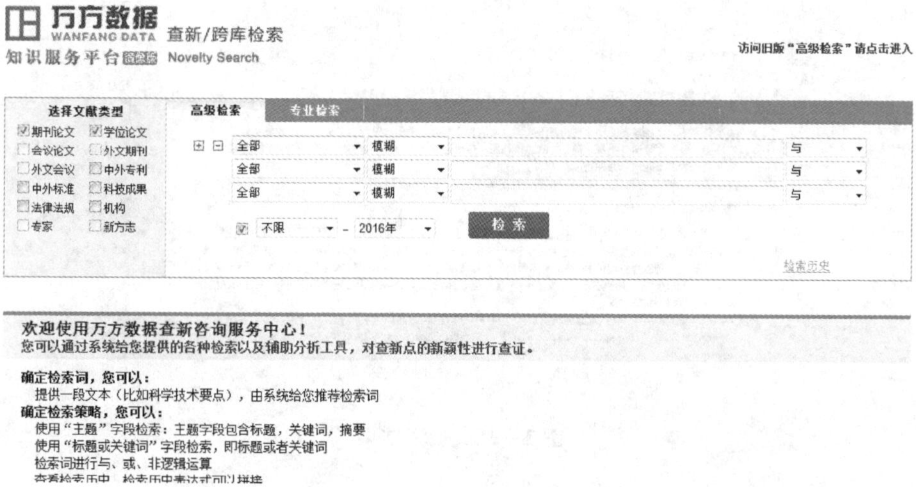

图 3-20 新版万方高级检索页面

(3) 选择检索入口。检索入口一共有论文标题、作者、作者专业、导师姓名、授予学位、授予单位、授予学位时间（年）、分类号、关键词、摘要、全部字段。

(4) 输入检索词，确定匹配方式。如果有多个检索行，各检索行之间用逻辑"非""或""与"连接起来，最多支持三个检索行间的逻辑组合，也可一起选用"精确"或"模糊"并行检索。

· 77 ·

(5) 点击检索。分类检索界面在首页的下方,各个学科按照《中国图书馆分类法》分类,点击各个学科,可直接浏览相应类别的文献。例如点击"期刊论文"大类下的"管理科学总论",直接列出关于这个类别的文献列表。在一次检索的基础上,可以重新输入检索词,勾选"在结果中检索",进行二次检索,进一步删除冗余,提高命中率。

3. 检索结果处理

检索结果的页面如图 3-21 所示,用户可以分别点击查看全文和下载全文来实现相应的功能。

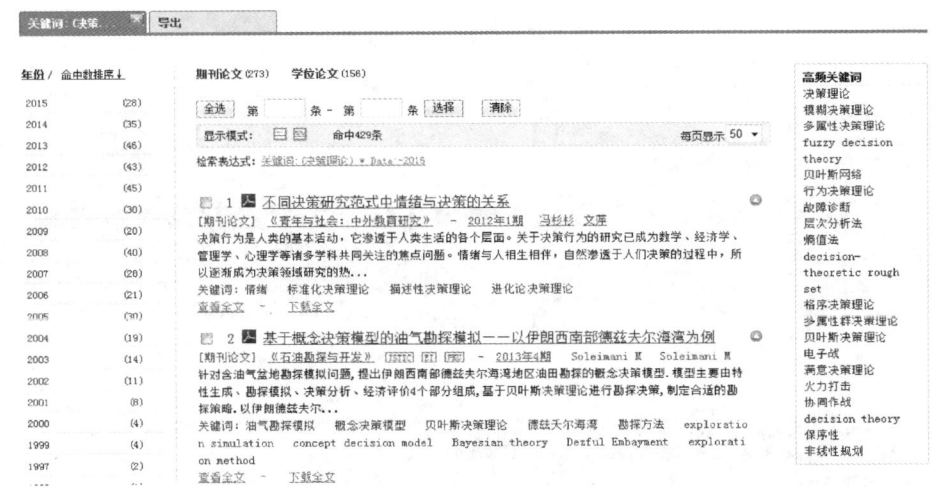

图 3-21 检索结果

练习题

1. 列出 3~5 个目前比较常用的数据库。
2. 说明在"知网"专业检索方法中所用到的逻辑运算符的具体含义。
3. 简单对比在中文科技期刊数据库检索方法中,快速检索和高级检索的异同点。
4. 在电脑上练习"知网"数据库中高级检索的步骤。

第四章
国外大型综合检索系统

 本章概要

国外的文献信息检索服务经过一个多世纪的发展，在各学科领域已经形成一些综合的和全面的检索工具，在国际上有着很高的声誉和权威性。本章将介绍三种国内外常用的文摘型检索工具。

📖 **学习目的**

◇ 了解国外大型综合检索系统的相关概念、发展历程等基本情况
◇ 学习在不同国外数据库中的检索方法

 内容框架

国外大型综合检索系统 { 美国《工程索引》(EI)
美国《科学引文索引》(SCI)
英国《科学文摘》(SA)

文献检索与论文写作

第一节 美国《工程索引》(EI)

一、简介

美国《工程索引》(The Engineering Index, EI) 于 1884 年 10 月创刊，是由美国工程信息公司 (Engineering Information Inc.) 主办的著名工程技术类综合性检索工具，与美国科学情报研究所 1963 年创办的《科学引文索引》(Science Citation Index, SCI)、美国科学情报学会 1978 年创办的《科技会议录索引》(Index to Science & Technical Proceedings, ISTP) 并列为全世界最著名的三大数据库。

《工程索引》每月出版 1 期，1.3 万至 1.4 万条；每期附有主题索引与作者索引；每年还另外出版年卷本和年度索引，年度索引还增加了作者单位索引。出版形式有印刷版（期刊形式）、电子版（磁带）及缩微胶片。EI 选用世界上工程技术类几十个国家和地区 15 个语种的 3500 余种期刊和 1000 余种会议录、科技报告、标准、图书等出版物。年报道文献量 16 万余条。收录文献具有综合性强、资料来源广、地理覆盖面广、报道量大、报道质量高、权威性强等特点。

《工程索引》收录报道的范围广泛。它收录了世界工程技术领域的所有重要文献，涉及的学科包括应用物理、光学技术、航空航天、土木、机械、计算机、控制、石油化工、动力能源、汽车船舶、采矿冶金、材料、动力、电工、电子、自动控制、矿冶、金属工艺、机械制造、水利等。

《工程索引》报道文献的数量大，覆盖面广。它的来源出版物主要是期刊以及会议文献，另外也报道一些科技报告、专著等，引用了美国、英国、德国、日本、法国、俄罗斯等 48 个国家 15 种文字共 2400 多种科技期刊、文献会议、政府出版物、科技报告及科技图书、年鉴、标准等特种出版物。《工程索引》摘录的范围以英文、德文、法文的资料占多数，英文资料占 50% 以上。从文献类型来讲，《工程索引》不收录专利文献、科技报告、学位论文，政府出版物也很少。

《工程索引》文摘质量高，逻辑性强，名为索引，实际上是一种文摘刊物。文摘比较简洁，一般是一两百字的指示性文摘。其历史悠久，不仅是世界上最早报道工程技术领域文献的著名检索工具,而且也是当前世界上一种鉴定、评价科学研究人员、工程技术人员论文学术成果的权威性工具。

二、结构

书本型《工程索引》每年以月刊和年刊的形式出版,年刊是月刊的累计版。

1. 月刊

月刊由正文(文摘)、著者索引、主题索引三部分组成。正文编排依据工程信息公司出版的《工程标题词表》(以下简称《词表》)中的标题词字顺排序。著者索引按著者姓名字顺排序,名在先姓在后。主题索引中的主题词由《词表》中的标题词和论文题目及文摘中出现的关键词组成,按字顺排列。在主题词下给出文摘号。

2. 年刊

年刊由说明部分、正文、主题索引、著者索引、出版物一览表、会议表组成。正文排列与月刊相同,按《词表》字顺排序。说明部分包括使用指南(A Guide for Using the Engineering Index Monthly)。使用指南介绍《工程索引》的出版情况、内容编排、著录格式及使用方法和缩略语表(Acronyms,即出现在工程信息公司出版物里的组织机构名称缩写(Initials and Abbreviation of Organization Names))。

《工程索引》还有单独出版的附本——工程出版物索引(Publications Indexed for Engineering,PIE),是《工程索引》所收录的出版物总汇编。分有编码出版物、非编码出版物和会议出版物。它主要收录那些被《工程索引》摘用的期刊、定期会议出版物、年鉴手册、各部门机构的报告等出版物,可供从出版物缩写名称查找其全称。同时在出版物全称的右侧编列有一组出版物名称代码,由六位字母和数字组成,以供电子计算机排检使用。"非编码出版物索引"列出当年《工程索引》所引用的不包括会议录的没有编码的出版物,如专题论文、报告、图书及其他出版物,即仅收录那些零星的、不定期的、无固定文献来源的出版物,这些出版物均未给出代码(或者在《工程索引》引用时还没有出版代码)。

三、印刷版索引

《工程索引》的索引包括著者索引、主题索引、作者单位索引、工程出版物索引、会议出版物索引、文摘号对照索引。

1. 著者索引（Author Index）

该索引以文献著者作为检索词。每个著者款目由著者姓名和地址栏组成，按作者姓名的英文字顺排列，后附文摘号，可查阅英文文摘资料。

2. 主题索引（Subject Index）

《工程索引》于1978年开始新增加了该索引，并收录了大量的非规范化词汇，扩大了主题索引的检索入口。主题索引按照主题词字顺排列，其后为文摘条目的文摘号。

3. 作者单位索引（Author Affiliation Index）

该索引于1974年开始增设，按著者工作单位名称的字顺排序，其后附有文摘号。

4. 工程出版物索引（Publications Indexed for Engineering，PIE）

该索引是帮助读者查找EI所引用的出版物全称。它由七个部分组成：按缩写编排的有代码出版物、按代码编排的出版物、新增代码出版物、改变代码的出版物、交叉参照的有代码出版物、除会议文献外的无代码出版物和摘录引用的会议出版物。

5. 会议出版物索引（Conference Publications Index）

该索引按本年度《工程索引》中摘录的会议录、学术报告、论文和其他会议出版物的名称字顺进行排列。

6. 文摘号对照索引（Number Translation Index）

该索引于1980年增设，列出了月刊的文摘号和它对应于年卷本中的文摘号。

四、网络检索

1. 简介

《工程索引》网络版包括两种形式，一种是于20世纪70年代就已经产生的电子版数据库 EI Compendex，另一种是于 20 世纪 90 年代由美国工程信息公司发行的以 World Wide Web 为基础的数据库 EI Compendex Web。它的特点是包含了更多文献，数据更新更及时。该数据库从 40 多个国家 26 种语言 5000 种文献源中精选出高质量的科技文章予以报道。

美国工程信息公司自 1995 年以来，推出了综合性项目——工程信息村（Engineering Information Village），并于 1998 年在清华大学图书馆建立了 EI 中国镜像站，2000 年底，又推出功能强大的工程信息村 2（Engineering Information Village – 2）新版本。该数据库以核心数据库 EI Compendex Web 衍生出一批子数据库，并提供与世界范围内大量数据库的连接，在世界范围内收集、筛选、组织工程类的网络信息资源。

EI Compendex 数据库是目前全球最全面的工程检索二次文献数据库，它收录了超过 7000000 篇论文的参考文摘。这些论文出自 5000 多种工程类期刊、会议论文集和技术报告。该数据库涉及生物工程、化学和工艺工程、农业工程和食品技术、控制工程、计算机和数据处理、电子和通信、土木工程、机械工程、汽车工程、材料工程等以及这些领域的子学科与其他主要的工程领域。EI Compendex Web 数据库检索界面见图 4 – 1。

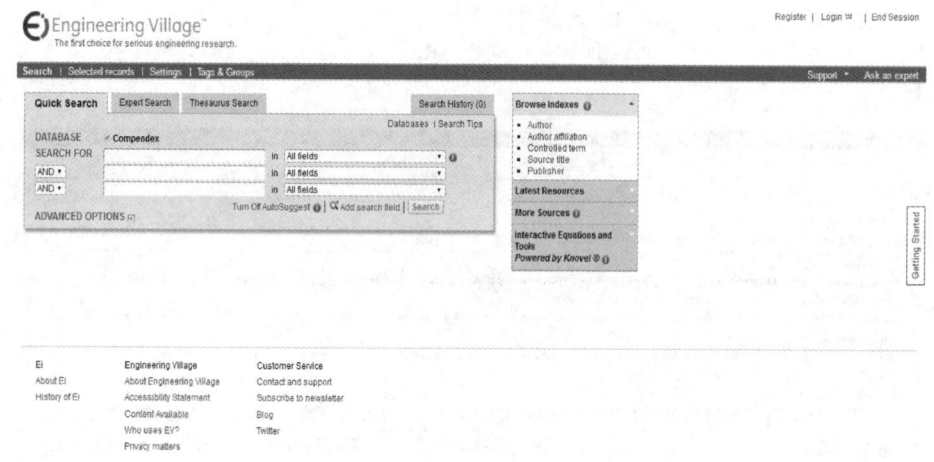

图 4 – 1　EI Compendex Web 数据库检索界面

EI Compendex Web 的检索结果界面如图 4-2 所示，本次结果共命中 33763 条记录。每条检索结果包括题名、作者、作者单位、出版物来源、出版年、卷、期、页码、文摘链接、详细记录链接等。

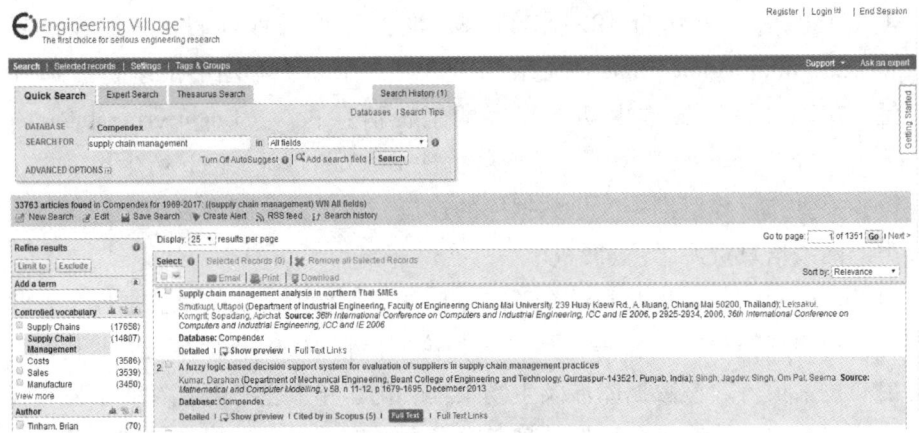

图 4-2　EI Compendex Web 数据库检索结果列表页面

单击结果列表页面中的文摘链接，进入相应题目的文摘页面，它记录了文献详细著录信息与文摘，如图 4-3 所示。

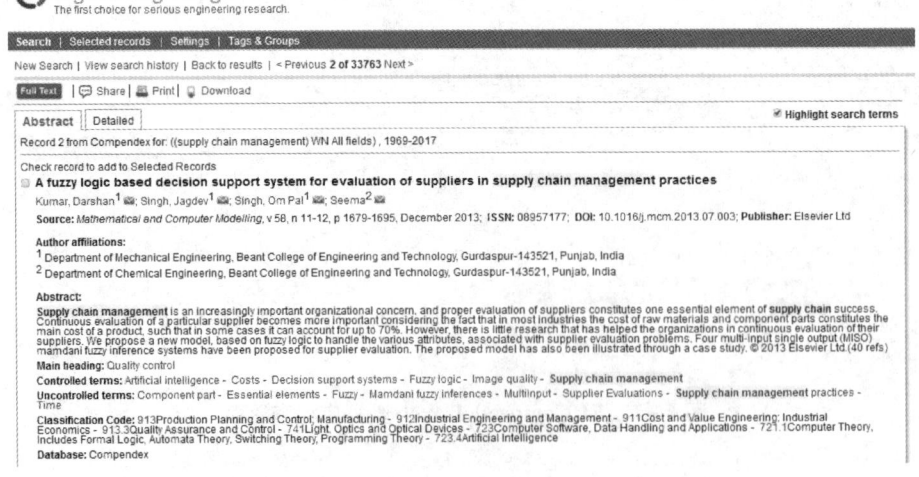

图 4-3　EI Compendex Web 数据库检索结果文摘页面

2. EI Compendex 的检索方法

为了适应不同层次用户的需求，EI Cmpendex Web 提供了三种检索方式：快速检索（Quick Search）、专家检索（Experts Search）、叙词检索（Thesaurus Search）。

（1）快速检索（Quick Search）。快速检索是 EI Compendex Web 的默认检索方式，数据库首页即为快速检索页面。快速检索页面上的三个检索输入框，允许用户从下拉式菜单中选择要检索的各项（见图 4-4）；快速检索只能实现三个字段的组配检索，超过三个字段则需要使用专家检索方式。

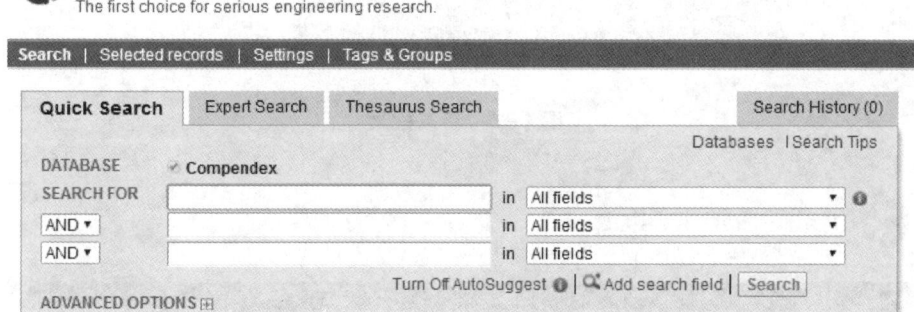

图 4-4 快速检索

（2）专家检索（Experts Search）。专家检索与快速检索相比能提供更强大和灵活的功能，它只有一个独立的检索输入框，允许该用户使用逻辑算符同时在多个字段中进行检索，检索出的文献将严格与输入的检索词匹配（见图 4-5）。

（3）叙词检索（Thesaurus Search）。叙词检索仅提供一个检索词输入框，用于检索某一主题的文献，检索词需为叙词，检索词之间以进行逻辑组配（见图 4-6）。叙词表是 EI 所有叙词的集合，可以用来确定检索词。

3. 规则

（1）逻辑算符共有 and（与）、or（或）、not（非）。

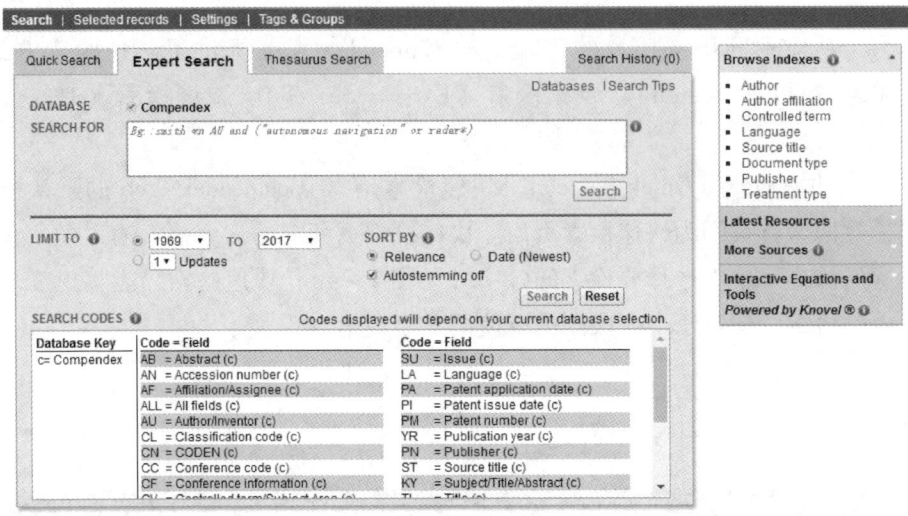

图 4-5 专家检索

图 4-6 叙词检索

AND，逻辑与关系。例如，输入 Television AND Satellite，将检索出有关"电视机和卫星"的文章。

Same，布尔运算符 Same 检索某些词出现在同一句子里，但没有次序上的限定。例如，输入 Computer SAME Car 将检索出有关"计算机和汽车"出现在同一句子里的文献。

OR，逻辑或关系。例如，输入 Computer or Car，将检索出有关"计算机或汽车"的文献。

NOT，可以用布尔运算符 NOT 删除包含某些词的文献。例如，输入"Computer not car"，将检索出有关"Computer"的文章，但不包含"Car"。

（2）截词。*代替任意多个字符；优先级算符：（ ）括号可用来改变运算顺序；词组必须置于双引号或者大括号中，例如"computer science"或者{computer science}。

第二节 美国《科学引文索引》(SCI)

一、简介

1. 概况

《科学引文索引》(Science Citation Index，SCI) 1961 年创刊，是由美国费城科学情报研究所（Institute for Scientific Information，ISI）编辑出版的一种综合性科技引文检索刊物。

所谓引文，就是一篇论文后所附的参考文献。所谓引文索引就是从被引论文去检索引用论文的索引。

SCI 于 1961 年开始编制索引，1963 年编成出版，摘录了 1961 年出版的重要期刊 613 种，来源文献 113318 篇，引文 137 万条。1966 年改为季刊，1979 年起改为双月刊。每年另外出版年度累积索引，每隔 5 年、10 年分别出版 5 年和 10 年的累积索引。SCI 还有磁带、光盘版、联机数据库和网络版数据库。国内图书情报部门常见的是双月刊本。

2. 报道范围

SCI 是当今世界很有影响的一种大型的综合性文献检索工具，它重点收录的学科主要有应用科学、临床医学、物理、化学、农学、生物学、兽医学、工程技术、行为科学等基础学科和交叉科学的文献。

收录文献类型主要是期刊文献，另外还有专著、丛书、会议录、论文集、专利文献、图书等。

SCI 报道的范围十分广泛，涉及学科近 100 个，收录期刊有 3200 多种，期刊来源国家有 40 多个，每年报道的文献有 50 多万篇。SCI 所选择的期刊都被认为是引用频率最高而且是高质量的期刊。

3. 检索途径

引文索引的基本原理：被引论文按著者排列，在被引论文著者之下按年代列举引用过该著者的全部论文及引用者。它可以回答某著者写的某篇文章，曾被哪些人的论文所引用，这些论文刊载在何种刊物。利用引文索引可以了解某一研究课题的发展过程，了解某一概念是否被引用，某一技术方法是否被改进，某一研究机构的学术成就和最新研究动向等。

（1）利用来源索引（Source Index），通过已知著者的姓名查找他所发表的文献。

（2）来源团体索引（Corporate Index），通过著者单位所在地和名称查找该单位著者所发表的文献。

（3）利用轮排主题索引（Permuterm Subject Index），通过课题关键词查找使用这些词的著者姓名，再从这些著者姓名转查来源索引得到课题相关的原始文献。

（4）利用引文索引（Citation Index），引文索引是将全部引文作者（即出现在来源文献的脚注和参考文献目录中的作者）作为索引标目，按作者姓氏字顺排列的索引。

4. 特点

（1）有利于了解某位著者或某一机构发表论文的数量及其影响情况。SCI 收录的期刊均是学术价值较高影响较大的国际科技期刊。因此，一个国家和地区乃至个人的学术论文被 SCI 收录和引用的数量多少，则是其科研水平、科研实力和科研论文质量高低的重要评价指标。同时也可反映出一个国家或地区或单位的科学活动在世界上的地位和比重。

（2）有利于了解世界范围内某一学科的研究动态。SCI 收录世界各国自然科学领域所有最新研究成果，反映学科最新研究水平。

(3) 有利于了解研究热点及某篇论文的被引用情况。SCI 可以使我们清楚地了解某项研究成果的继承与发展全貌。就某篇论文而言，被引用的次数越多说明该论文受关注的程度越高，其学术影响力越大。

据估计，在期刊论文中，大约 90% 的论文都有引用书目。每篇论文所用到引用的参考文献平均约为 15 篇，其中约有 12 篇来自定期刊物。论文之间的这种相互引证的关系使论文彼此联系起来构成一个论文网，从而向读者提供一种独特的检索途径。SCI 即是根据这个原理编制而成的索引体系，它改变了传统的检索系统从著者、分类、主题等角度来提供检索的方法。

如果文献 A 引用或者参考了文献 B，则称文献 B 是文献 A 的"引文"（Citation）或"参考文献"（Reference），而文献 A 是文献 B 的来源文献（Source Items 或 Source Document）。某作者在他的文献中引用了其他作者的若干篇文献，这些作者又引用了另外若干作者的文献，这样就将作者和文献通过引用和被引用组织起来。在此作者下，列出了他所写的文献和他引用的文献及被引用文献的作者，据此，文献之间就形成了引用和被引用关系，这就是引文索引。引文索引法查找文献即是采用循环法，从一篇较早的论文开始，寻找所有引用此篇论文的文章，再以这些引用论文作为新的检索起点，寻找引用这些论文的文章。这样就像滚雪球一样，可以获得越来越多的文献。

5. 体系

SCI 的编排体系、著录与其他检索工具不同，它的编排是以被引用文献的著者姓名字母顺序排列。SCI 自 1997 年后改为双月刊，同时，每年还定期出版年度累积索引和五年累积索引。SCI 双月刊，每期出版分为 A、B、C、D、E 五个分册，其中 A、B、C 三个分册为引文索引（Citation Index）；D 分册为来源索引（Source Index）；E 分册为轮排主题索引（Permuterm Subject Index）。

（1）引文索引。引文索引是从被引用文献检索指向引用文献的工具。该引文索引包含着三种索引：著者引文索引、无姓名引文索引和专利引文索引。

著者引文索引（Author Citation Index），它按照被引文献的第一著者姓名字顺排列，同一著者的各篇文章按其发表时间的先后顺序排列。

无姓名引文索引（Citation Index Anonymous），该索引指当被引用的论文作者姓名不详时，就将文章单独排列为"无姓名引文索引"。此索引一般是按照引文文献所刊载出版物缩写名称排列。

专利引文索引（Patent Citation Index），该索引是用引文专利号代替引文著者姓名，此索引编排往往是按照被引用专利的顺序进行排列。

（2）来源索引。该索引是根据引用著者姓名查找引文篇名和著者详细地址的检索工具。

（3）轮排主题索引。该索引是从1967年开始编排的，是按所选论文篇名中关键词的顺序、轮流排到检索入口作为检索项目。标题中每一个重要的单词都和标题中出现的其他重要词进行配对使用。其中之一作为主要词，其余的就作为配合词排在它的下面，并如此轮排。

6. 检索方法

（1）引文检索法。是指以文献被引者（包括被引著者、被引期刊或被引主题）为检索词来查找引用文献的科学查询方法。该方法的检索步骤如下：

第一步，以该作者的姓名字顺查引文索引，可查到该作者被引用文献的出处以及引用作者及来源文献的出处。

第二步，以引用作者的姓名字顺查来源索引，可查到来源文献的篇名、合著者、出处及第一作者单位和地址。

（2）团体检索法。是指以某个机构名称为检索词来查找该机构最近发表文献、科研动态或产品发展方向。该方法的检索步骤如下：

第一步，已知机构名称，但不清楚该机构所在地，先查团体索引的机构部分，查到该机构所在国家和城市。

第二步，在团体索引的地区部分按字顺查该机构所在国家，再查地区名及城市名，其下列出各级机构被SCI收录文献的作者和出处。

第三步，按作者姓名字顺查来源索引，了解来源文献的详细信息。

（3）著者检索法。是指以已知文献著者的名称查找文献来了解目前有关这个研究领域研究工作的状况。该方法的检索步骤如下：

第一步，根据被引用者姓名，查阅"引文索引"，获得被引用者在当期SSCI报道的期间内被所有引用著者的引用情况。

第二步，按照第一步查得的引用著者姓名字顺查"来源索引"。

（4）关键词检索法是指以课题内容确定的关键词按字顺查来了解某个研究领域或研究课题被SCI收录的相关文献。该方法的检索步骤如下：

第一步，根据课题内容确定关键词，按字顺查轮排主题索引，由主标题词和副标题词可查到一系列相关文献的作者。

第二步,按作者姓名字顺查来源索引,可查到与该课题有关的所有来源文献的详细信息。

(5)循环检索法。是指利用一般的检索途径,又利用原始文献后所附的参考文献回溯查找来检索与某篇"经典"论文有关的一系列文献。该方法的检索步骤如下:

第一步,以该论文的作者姓名字顺查引文索引,再通过来源索引了解引用该论文的来源文献的详细信息。

第二步,以来源文献的作者为起点,查近期SCI的引文索引,了解这些来源作者的文献被他人引用情况,再转查来源索引。

第三步,重复上述步骤,可查到一系列与经典论文有关的文献,而且文献越查越新。

二、网络版

1. 简介

ISI公司于1997年推出了SCI的网络版数据库Web of Science检索系统中的Science Citation Index Expanded,充分利用World Wide Web网罗天下的强大威力,其信息资料更加翔实,收录期刊更多,检索功能更加强大,更新更加及时,一经推出即获得了用户的普遍好评。Science Citation Index Expanded收录的重要期刊6381种,记录包括论文、引文(参考文献)、书、会议论文、专利以及其他各种类型的文献。Science Citation Index Expanded是一个多学科的综合性数据库,其所涵盖的学科超过100个,主要涉及农业、生物环境科学、工程技术应用科学、医学、生命科学、物理学、化学、行为科学等领域。SCI的网络版与光盘版相比有以下特点:

(1) Science Citation Index Expanded的信息资料更加翔实,比SCI光盘版增加2100种。

(2) Science Citation Index Expanded充分地利用了网络的便利性,功能更加强大,彻底改变了传统的文献检索方式,运用通用的因特网浏览器界面,全新的因特网超文本格式,所有的信息都是相互关联的,只需按鼠标,即可获取想要的信息资料。

（3）Science Citation Index Expanded 更新更加及时，数据库每周新增 19000 条记录，确保及时反映研究动态。

Web of Science 的检索主界面如图 4-7 所示。

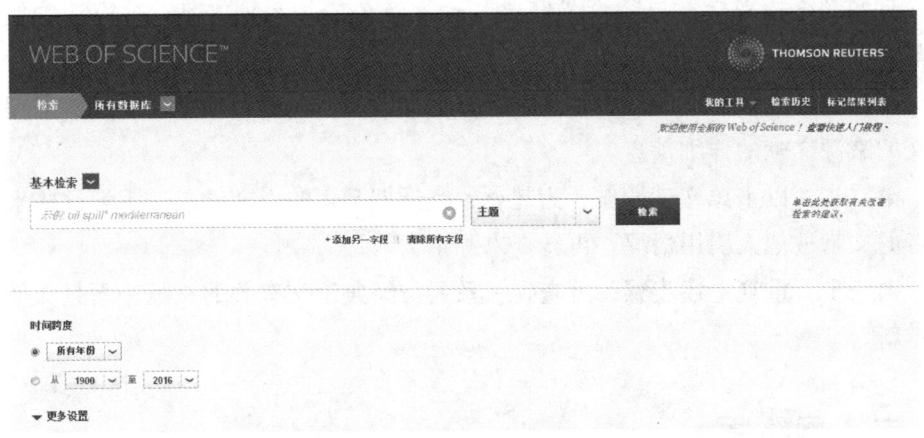

图 4-7　Web of Science 检索界面

Web of Science 的检索结果页面如图 4-8 所示，它显示了该次检索所用检索式、每条记录的概要信息、全文链接、精练检索结果、检索结果分析链接、排序方式和检索结果输出选项等。

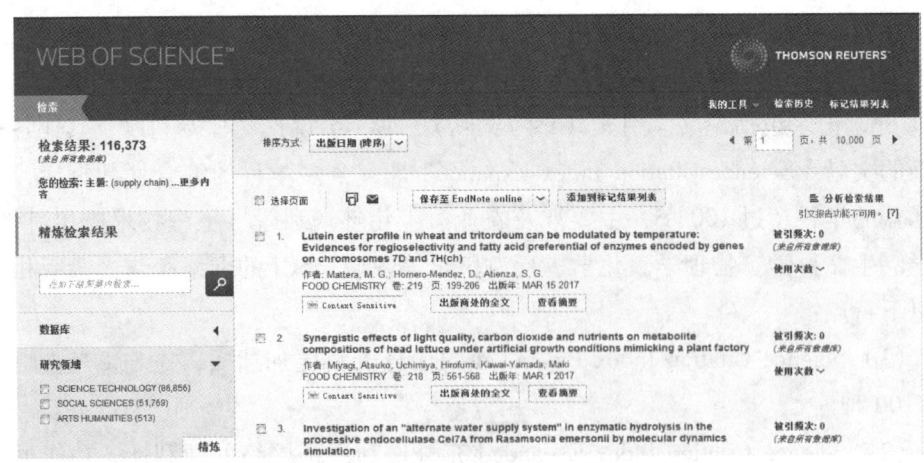

图 4-8　Web of Science 检索结果页面

2. 三种检索方式

Web of Science 有基本检索（Basic Search）、被引参考文献检索（Cited Reference Search）和高级检索（Advanced Search）三种检索方式。即使 Web of Science 可以使用简体中文作为界面语言，但是检索内容必须使用英文。

（1）基本检索（Basic Search）。基本检索界面是一个检索对话框，系统默认三个检索框，若需更多可自行添加（见图 4-9）。检索框右边下拉菜单根据查询需要可提供主题、标题、作者、作者标识号、编者、团体作者、出版物名称、DOI、出版年、地址、机构扩展、会议、文献类型等信息展开检索，并得到需要了解的信息。

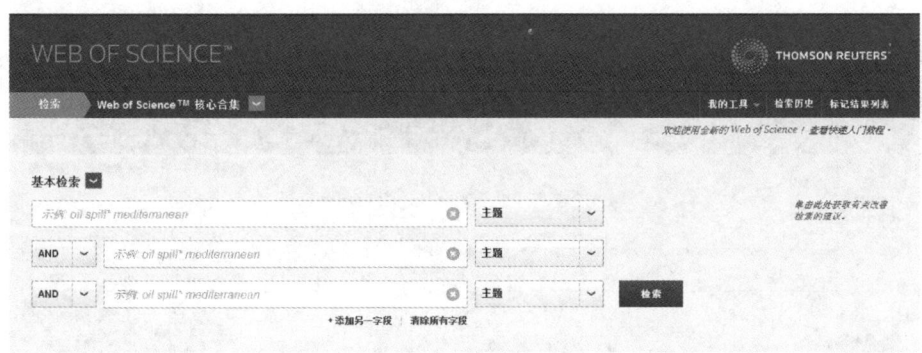

图 4-9　基本检索

（2）被引参考文献检索（Cited Reference Search）。被引参考文献检索是 Web of Science 所特有的检索途径。目的要解决传统主题检索方式固有的缺陷（主题词选取不易，主题字段标引不易、滞后、理解不同，少数的主题词无法反映全文的内容）。被引参考文献检索将一篇文献（或是论文、会议录文献、著作、专利、技术报告等）作为检索对象，直接检索引用了该文献的文献。被引参考文献检索提供被引作者、被引著作、被引年份三个检索字段（见图 4-10）。

（3）高级检索（Advanced Search）。高级检索界面提供一个命令输入框，是运用普通检索和检索策略进行的组合检索。高级检索采用的是命令检索方式，可在命令行检索框中输入完整的检索策略进行文本检索（见图 4-11）。

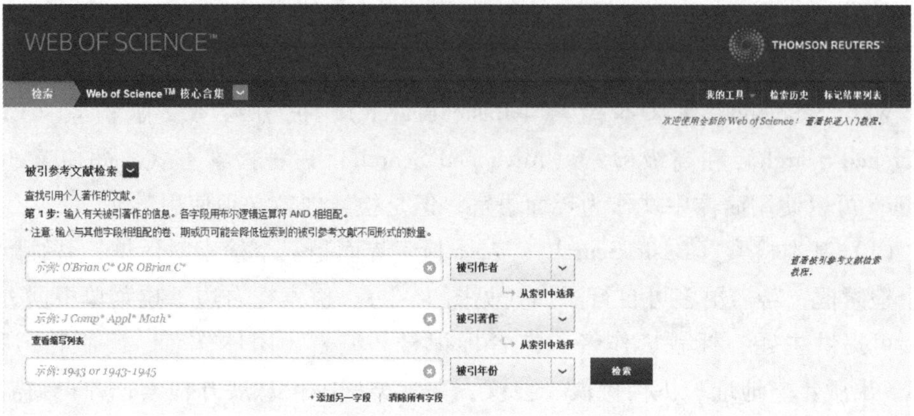

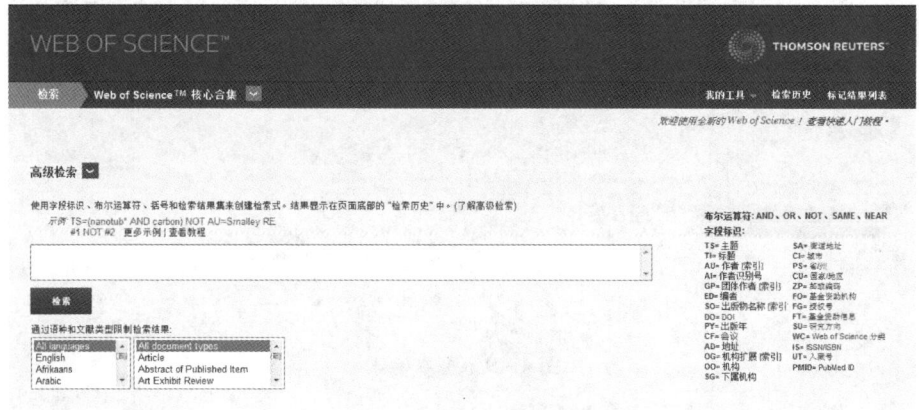

图 4-10 被引参考文献检索

图 4-11 高级检索

三、期刊分区检索

1. 简介

期刊引用报告（Journal Citation Reports，JCR）是美国科学情报研究所编制出版的一部评价期刊的重要工具。JCR 的主要功能是找到某一学科领域学术影响最大、被引用次数最多、最热门的期刊，分析了解期刊文献自引情况，鉴别、评论期刊，比较期刊的选稿习惯等。其具体算法：影响因子＝该刊前两年发表论文在统计当年被引用的总次数/该刊前两年发表论文总数。根据影响因子的计算规则，一般认为在高影响因子期刊上发表的论文其国际影响力相对较高，这对于大多数论文来说是相对科学的。

随着 SCI 在国内的普遍使用，高影响因子期刊的论文刊发量逐渐成为学术评价的关注重点。但是，由于不同学科之间的 SCI 期刊很难进行比较和评价，一种刊物的影响因子每年也有变动。在 Journal Ranking 确定的 176 个学科领域中，以当年的影响因子为基础，每个学科分类按照期刊当年的影响因子高低，平均分为 Q1、Q2、Q3 和 Q4 四个区，Q 表示 Quartile in Category。前 25% 为该类 Q1 区，26%~50% 为 Q2 区，51%~75% 为 Q3 区，其余为 Q4 区。

2. 期刊分区检索过程

登录 Journal Citation Reports 数据库，以四川大学图书馆为例。进入四川大学图书馆外文数据库，点击 ISI（WOK）—JCR 进入。Journal Citation Reports 检索界面如图 4 – 12 所示。

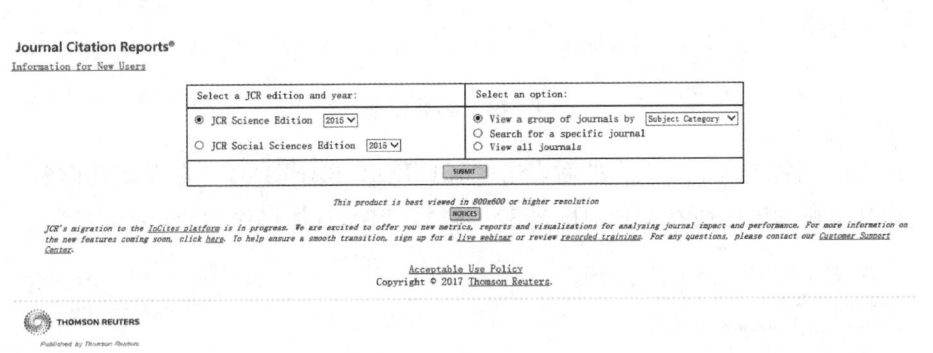

图 4 – 12 ISI（WOK）—Journal Citation Reports 检索界面

以"Management Science"期刊为例，在检索界面选择"JCR Social Edition"以及年份，然后选择"Search for a Specific Journal"，点击"SUBMIT"进入。之后选择"Full Journal Title"，输入期刊全名后点击"Search"。界面如图 4 – 13 所示。

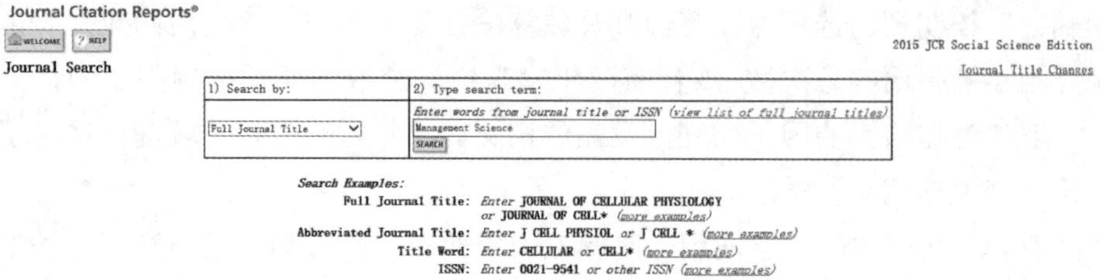

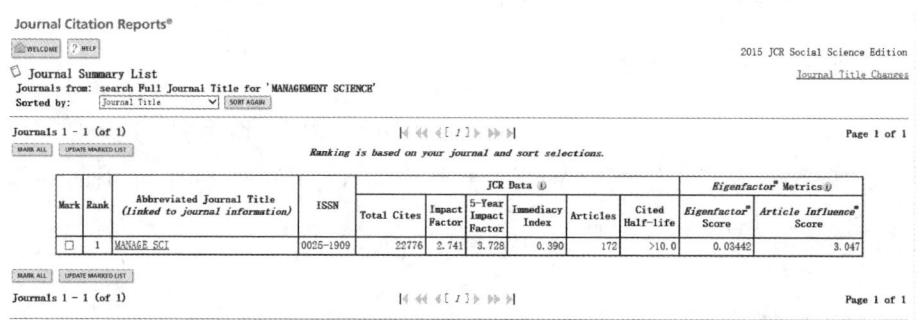

图 4-13 ISI（WOK）—Journal Citation Reports 期刊选择页面

检索结果如图 4-14 所示，"Management Science" 期刊 2015 年的影响因子为 2.741。

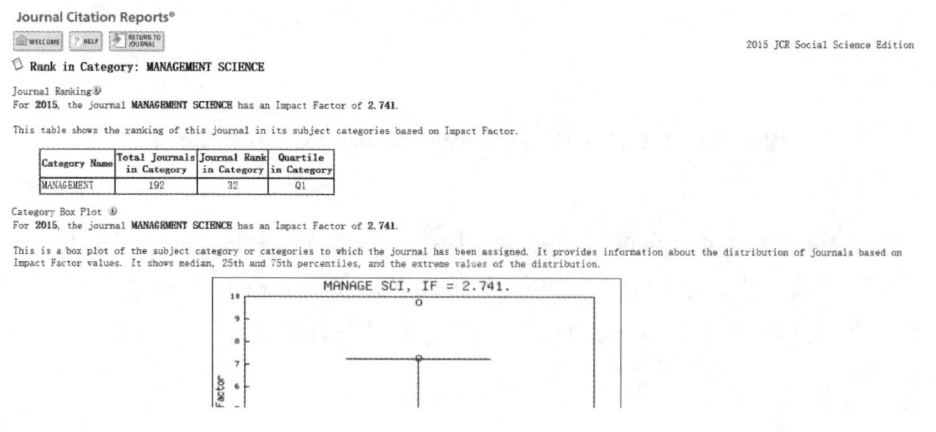

图 4-14 影响因子

点击期刊名进入下一页，然后点击"JOURNAL RANKING"查看期刊排名。该期刊在其学科领域的所有期刊中排名 32，属 Q1 区。具体操作如图 4-15 所示。

图 4-15 期刊排名与分区

第四章　国外大型综合检索系统

第三节　英国《科学文摘》(SA)

一、简介

《科学文摘》(Science Abstracts, SA)创刊于1898年,是由国际物理学会与工程信息部(International Information Services for the Physics and Engineering Communities, INSPEC)编辑出版,供查阅有关物理、电工、电子学、计算机和控制方面的检索性学科文献。其原名为《科学文摘:物理与电工》,1903年起改用现名。

《科学文摘》收录的资料涉及世界上50多个国家、4200多种期刊,其中约400种重要的期刊文献全部收录,1000多个会议的论文集,另外还有技术报告、学位论文、图书等,1977年前还收录了英美专利文献。目前,年报道量约30万条,是常用的多学科专业性检索工具。

《科学文摘》分为四辑:

A辑(Science Abstracts Series A),物理文摘(Physics Abstracts, PA),半月刊。内容包括总论、基本粒子与场物理、核物理、原子与分子物理、唯象论的古典领域(包括电磁学、声学、光学、热学、力学等)、流体、等离子体和放电、凝聚物理、结构、热与机械性质、凝聚物质、电子结构、电、磁性和光学性质,跨学科的物理学及科学与技术有关领域、地球物理、天文学与天体物理学。

B辑(Science Abstracts Series B),电气与电子文摘(Electrical and Electronics Abstracts, EEA),月刊。内容包括一般论题、工程数学与材料科学、电路理论与电路、磁性材料和器材、超导材料和器件、光学材料与应用、电光学与电子学、通信、仪表与特殊应用、动力系统与应用。

C辑(Science Abstracts Series C),计算机与控制文摘(Computer and Control Abstracts, CCA)。内容包括一般论题、系统与控制理论、控制工艺学、数值分析与理论、计算机论题、计算机硬件、计算机应用。

D辑(Science Abstracts Series D),信息技术文摘(Information Technology

Science Abstracts，IT），为从 1983 年起增加的内容。

《科学文摘》的四个分辑报道内容不同，但组织结构、索引体系和使用方法都是一致的，是一个整体。

《科学文摘》各辑除印刷版外，还出版有缩微版、磁带版和光盘版。

二、印刷版的使用方法

《科学文摘》的检索途径主要有四种，即分类途径、主题途径、著者途径和名称途径。

1. 分类途径

SA 使用的分类法体系比较新，分类标引深度大，类目之间的参见注释多而详细，是查现期文献的有效途径。其各辑文摘部分都是按学科体系编排的，各辑每期首页均刊有"分类目次表"，详细列出了各级分类号、类目名称及其所在页码。在检索时，选定分类目次中的相应类号，并循序查找所给的页码，即可查得所需文摘款目。步骤如下：①分析课题，可按所查课题的内容与要求及学科归属直接利用"分类目次表"查出所属类目和页码。②按查得的起始页码、类号、类目查阅文摘正文。③根据文摘出处，查看"引用期刊目录"，经过还原处理后，查馆藏目录，索取原始文件。

2. 主题途径

SA 用一种规范化的叙词语言来标引文献、编制主题索引，方便通过主题途径查找文献。步骤如下：①分析研究课题，提取关键词为主题词；②用 INSPEC 叙词表进行核对，确定主题词；③利用主题索引，查找到文献线索——文献标题和文摘号；④扩大检索范围，利用相关主题词进一步查找；⑤根据文摘号查阅文摘，找到课题所需的文摘款目；⑥根据文献出处利用馆藏目录索取原始文献。

3. 著者途径和名称途径

SA 的期文摘本和累计索引本均有著者索引、团体著者索引、参考书目索引、图书索引、会议文献索引。检索者可以利用著者索引直接索引所需文献，比较简便。步骤如下：①已知著者姓名、书名、文献题名、研究机构名称、会议名称等直接索引得到文摘号；②从文摘正文中，利用"引用期刊一览表"，还原期刊全名；③根据原文出处索取全文。

三、INSPEC 数据库

1. INSPEC 简介

与印刷版的《科学文摘》相对应的网络版即 INSPEC 数据库，其文献内容包括纸质 SA 中的 A、B、C 辑全部内容，现在由英国工程技术协会（IEE）出版，是目前全球在物理和工程领域中最全面的二次文献数据库之一。回溯至 1898 年，INSPEC 数据库有近 820 万条文献，并且以每年 40 万条新文献的速度增加，收录有关物理科学、电子与电机工程学、计算机与控制工程学、信息技术、生产与制造工程学、光学、材料科学、海洋学、核能工程、交通运输、地理、生物医学工程、生物物理学和航天航空等领域科学与技术期刊、会议记录和其他文献等。

2. 特点

《科学文摘》历史悠久，收录的文献品质高，文献数据量大，文献类型齐全，语种多，数据规范性好，分类及索引系统完备。网络版数据库与印刷版相比，具有更多检索字段，并将三大重点学科集为一体，检索更灵活方便。

INSPEC 数据库既可以用于检索研究课题，也可以帮助用户了解当今研究现状、新产品信息、技术发展预测、企业竞争情报等。

INSPEC 数据库提供了控制词表、叙词和主题分类，这可以帮助用户识别某个概念，搜索到通过自由词检索无法获得的文献，按照需要缩小或扩大检索范围等。

3. 检索方法

INSPEC 在 ISI 的平台上主要提供两种检索界面，即基本检索（Basic Search）和高级检索（Advanced Search）。

（1）基本检索。基本检索能够进行直接快速的检索，其界面允许读者可同时使用多个字段进行检索（见图 4－16）。其中检索字段包括 Topic、Author、Source Title、Address、Controled Index、Classification 和 Identifying Codes，并提供了 Languages、Documents Types 和 Treatment Types 三种检索限定。

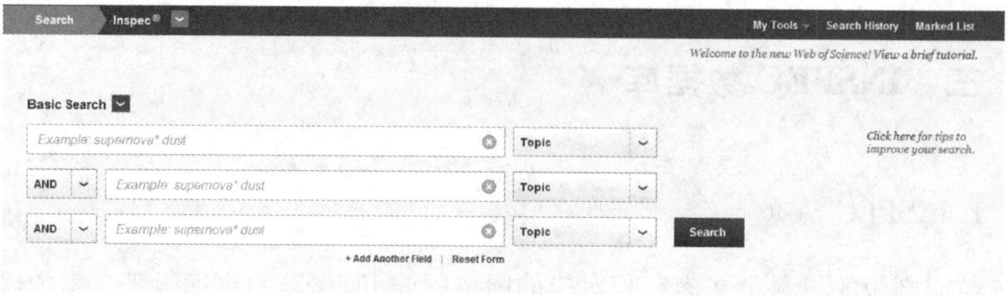

图 4-16　基本检索

（2）高级检索。高级检索提供灵活的检索功能，它允许读者运用创造更复杂的检索方式。它只有一个检索框，需要用户编写检索式，也可进行逻辑组配检索（见图 4-17）。例如要检索一个作者的姓名时，先输入"AU ="，然后输入姓、逗号和空格，再输入名字的首字母及后缀（如果有后缀）。

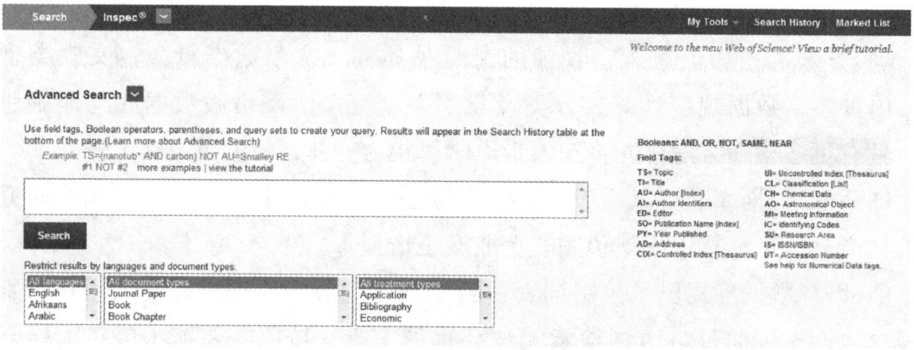

图 4-17　高级检索

4. 检索结果处理（Working with Search Results）

如果要在检索结果记录中再进行进一步的分析，可利用在检索结果中的结果分析工具"Analyze Results"（见图 4-18）。当点击 Analyze Results，将弹出"Inspec Results Analysis"的对话框，用户可根据作者、分类代码、受控词、文件类型、语言、期刊标题、处理类型等再进行第二次检索。

第四章 国外大型综合检索系统

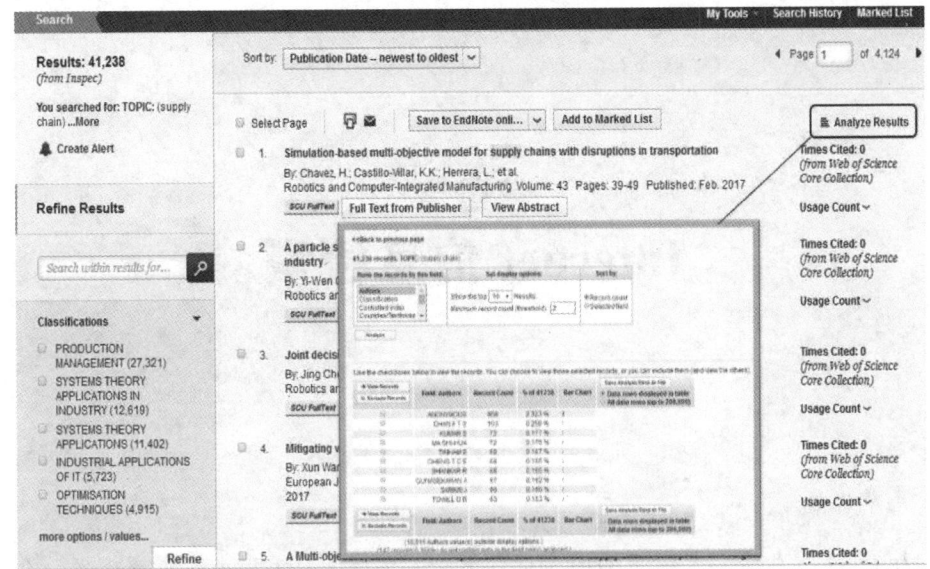

图 4-18 检索结果处理

练习题

1. 说明在 EI 数据库中所用到的逻辑运算符的具体含义。
2. 请查找四川大学 2015 年被 EI 收录的文献，要求准确并尽可能全面。
3. 简单对比在 SCI 数据库检索方法中，普通检索、被引参考文献检索和高级检索的异同点。
4. 在 SCI 数据库中检索近五年关于物联网与云计算方面的综述文章。
5. 在电脑上练习 INSPEC 数据库的检索方法与检索结果处理。

· 101 ·

第五章
Internet 信息检索

 **本章概要**

  Internet 信息检索是常用的检索途径之一。本章从 Internet 的发展出发，介绍了 Internet 的概念、类型以及学科信息门户等相关检索知识，而搜索引擎是用户最常用的检索工具，本章也对其进行了相关说明。除此之外，选择了几个常用搜索引擎推荐给用户使用，并附上了它们常用的相关使用技巧。

 **学习目的**

  ◇ 了解 Internet 的概念、类型以及学科信息门户等相关检索知识
  ◇ 了解常见搜索引擎，并掌握搜索引擎方法

内容框架

$$\text{Internet 信息检索} \begin{cases} \text{概述} \\ \text{搜索引擎} \end{cases}$$

第五章 Internet 信息检索

第一节 概述

一、Internet 的发展

Internet 最早起源于美国国防部高级研究计划署（DARPA）的前身阿帕网（ARPNET），该网于 1969 年投入使用。ARPNET 被认为是现代计算机网络诞生的标志。美国国家科学基金会（NSF）在 1985 年开始建立国家科学基金会网（NSFNET）。NSF 规划建立了 15 个超级计算机中心及国家教育科研网，用于支持科研和教育的全国性规模的计算机网 NSFNET，并以此为基础，实现同其他网的连接。NSFNET 成为 Internet 上主要用于科研和教育的主干部分，代替了阿帕网（ARPNET）的骨干地位。

1989 年 ARPNET 改名为 Internet 并向公众开放。1991 年科学家 Tim Berners-Lee 开发出了万维网（World Wide Web），1993 年伊利诺伊大学的学生 Mark Andresen 等人开发出了 Netscape Navigator 软件，此后互联网开始全面普及。1995 年，NSFNET 停止运作，而 Internet 则由商业机构全面接管。随着商业网络和大量商业公司涌入 Internet，网上商业应用取得了高速发展，同时也使 Internet 能为用户提供更多的服务，使 Internet 迅速普及和发展起来。

1990 年中国开始建立北京中关村地区教育与科技示范网，1994 年 4 月 20 日，中国国家计算与网络设施（NCFC）64K 国际专线开通，通过美国 Sprint 公司连入美国 NSFNET，标志着中国成为世界互联网大家庭中的一员。1995 年以后，中国互联网开始商业应用，迎来了一个蓬勃发展的时代。

经过十多年的高速发展，2009 年 7 月 16 日，中国互联网网络信息中心（CNNIC）在北京发布《第二十四次中国互联网络发展状况统计报告》。报告显示，截至 2009 年上半年，我国网民规模已达 3.38 亿，稳居全球首位。其中，使用手机上网的网民也已达到 1.55 亿，约占我国网民的一半（46%）。

随着信息技术的不断进步和 Internet 的迅猛发展，网络已经从根本上改变了人类信息的生产、流通、分配和利用模式，为人类创造了最先进快捷的信息传播和交流方式。Internet 上的大量信息资源，涉及自然科学、人文科学、社会科学的各个专业，包括教育科研、医疗机构、政府企业等各种机构，覆盖政治经济、文化教育、娱乐体育的各个领域，对社会各行业的发展和人类的生活产生了深远影响。

二、概念

Internet 是指由成千上万使用公用语言互相通信的计算机连接而成的全球网络，又称计算机网络或互联网。互联网目前是世界上最大的信息库，业已成为全球范围内传播和交流各种信息的首要渠道。下面简要介绍互联网检索过程中的一些重要概念：

其一，TCP/IP（Transfer Control Protocol/Internet Protocol）是将互联网中各种不同体系结构的计算机和网络连接起来，并使它们进行信息交换的网络通信协议。TCP/IP 采用层级结构，自上而下分为应用层、传输层、互连网络层和网络接口层，每一层都实现特定的功能。TCP/IP 支持众多的硬件平台并兼容各种软件应用，把各种信息资源通过计算机网络连接起来。正是得益于 TCP/IP 的这种特性，才使互联网在全世界范围内迅速普及，并拥有全球性的非常丰富的信息资源。

其二，WWW（World Wide Web）即万维网，是互联网的多媒体信息查询工具。采用的是客户、服务器结构，其作用是整理和储存各种 WWW 资源，并应客户端软件的请求，把客户所需的资源传送到 Windows Vista、Windows Xp 或 Linux 等平台上。万维网代表着互联网信息的主流，它操作简单、功能强大。随着技术的发展，目前互联网上绝大多数的信息资源以万维网的形式存在。

其三，超文本传输协议（HyperText Transfer Protocol，HTTP）是浏览器和万维网服务器之间相互通信的协议。HTTP 是用于从万维网服务器传输文本到本地浏览器的传送协议，可以使浏览器更加高效，使网络传输减少。它不仅保证计算机正确、快速地传输超文本文档，还可以确定传输文档中的哪一部分以及哪部分内容首先显示（文本先于图形）等。

其四，统一资源定位系统（Uniform Resource Locator，URL）即网址，是一个用以标识互联网信息资源所在地址的字符串，是在互联网的万维网服务程序上用于指定信息位置的表示方法，它制定了如 HTTP 或 FTP 等互联网协议，是唯一能够识别互联网上具体的计算机、目录或文件位置的命名约定。例如，百度的URL地址就是 http：//www.baidu.com，通过这个地址就可以访问百度了。

其五，超文本标注语言（HyperText Markup Language，HTML）是一种描述语言，大多数的网页信息都是由 HTML 来描述的，称为超文本。超文本采用非线性结构，基本思想是按联想跳跃式结构搜索和浏览信息，以提高用户获取知识和信息的效率。超文本文档基本上由信息文本、格式代码和指向其他文档的衔接组成。

互联网使用的超文本链接（Link）技术给信息的组织方式带来了革命性的变化，内容的组织不再按传统的线性规划，而是可以通过衔接随意跳转到其他内容。用户无须知道信息存储的具体位置，只需要勤点鼠标，按自己的兴趣浏览查看事先安排好的衔接内容。正是由于超文本和超级衔接技术，互联网上的信息可以有机地联系在一起，用户可以通过衔接查看互联网上的任何公开资源。

三、类型

从文献检索的角度来划分，可将 Internet 信息分成以下几种类型：

1. 网上图书信息

（1）图书出版商提供的书目信息。国内外多数出版社通过自己的网站，通过互联网发布其出版物的内容简介、目录、作者、出版时间、价格等。

（2）图书馆、文献情报中心提供的联机图书馆馆藏目录，有些联机目录不仅提供数目及摘要，还提供其他的信息资源。

（3）数字图书馆提供的电子图书。数字图书馆包含了数字化生存时代人类的发展，具有重要的文化基础设施。通过这些数字图书馆，图书资料就可以方便进入人们的生活。

（4）通过网上书店获取图书信息。现在网上书店林立，不但提供一般的书目信息，不少还提供图书的摘要、目次等信息，对了解图书相当方便。

（5）其他网络机构提供的图书信息。互联网上有很多非营利性服务网站，提供图书查询和下载，如北极星书库（www.ebook007.com）等。

2. 网上电子期刊

网上电子期刊主要包括两种类型：一种是与印刷版同时发行的电子期刊，另一种是仅在网上发行的电子期刊。网络电子期刊的主要渠道包括：①期刊检索服务，主要由出版商和文摘索引服务商提供；②网络数据库信息服务商提供的服务；③文献情报部门或学术性机构提供的服务；④网络版期刊提供的服务；⑤电子杂志。

3. 网上专利信息

（1）专利管理机构网站提供的信息，该网站可提供详细、权威、多元、新颖的专利信息。例如，可以在互联网上免费使用美国、日本、加拿大等国的专利管理机构的数据库。

（2）联机检索系统中涉及的专利数据库。比较知名的联机检索系统中都包含与网上专利有关的数据库，如 DIALOG 系统等。

（3）数据库出版机构提供的信息。主要有英国 IEE 公司（INSPEC）、德文特公司。

（4）通过网上专利免费服务机构来获取专利信息。

4. 网上数据库信息

现如今的网络数据库一般以商业性数据库为主，使用此类数据库需要付费购买或用户授权。网络数据库主要包括全文型、文摘型、题录型和多媒体型等。对于有价值的免费数据库的获取方式，可以在互联网上直接获取，也可在高校图书馆、公共图书馆的导航系统中找到获取方式。

5. 网上其他科技信息

除了上述信息以外，网上还有学位论文、科研论文、会议信息、技术标注、统计数据、科技新闻、电子论坛等，这些资源的实用性都不错。

6. 网上软件信息资源

互联网是一个巨大的软件信息资源库，不论是系统软件还是办公软件，不论是工具软件还是娱乐软件，几乎应有尽有。不仅如此，许多相关软件还有使用说明和教程。

7. 网上其他实用资源

互联网是一个包罗众多资源的多媒体信息资源宝库，不管是音乐、图片还是电影、视频等信息，都是应有尽有，取之不尽。形形色色的 BBS，各种各样的博客，通晓古今的维基百科等构成了巨大的信息互动平台。这些资源极大地满足了用户对信息的需求。

四、学科信息门户

学科信息门户（Subject Information Gateway）也称学科门户，是针对特定学科或某一主题领域，按照一定的资源选择和评价标准，规范的资源描述和组织体系，对具有一定学术价值的网络资源进行搜索、描述和组织，并提供浏览、检索、导航等增值服务的专门性信息门户。

为了方便用户的查找，下面列出一些常用的网络资源学科导航以及学科信息门户。

1. 国内学科导航和信息门户

（1）香港科技大学图书馆的学术资源导航（http：//library.ust.hk/res/beyond）。香港科技大学图书馆的学术资源导航共分为商业与管理、人文社科、工程、自然科学等 14 类网络资源，内容丰富。

（2）中国高等教育文献保障系统重点学科导航（http：//www.calis.edu.cn/）。"重点学科网络数据库资源导航数据库"是国家"211 工程"中国高等教育文献保障系统"十五"重点建设项目之一。该项目以教育部正式颁发的学科分类系统作为构建导航库的学科分类基础，建设一个集中服务的全球网络资源导航数据库，提供重要学术网站的导航和免费学术资源的导航。

（3）方略知识系统重点学科导航（http：//leisun.firstlight.cn）。方略知识系统重点学科导航是由专业的数据库公司制作的学科导航，相比高校的学科导航，其更专业、系统、技术更完善、时效性更强。它把所有内容分成了自然科学、农业科学、医药、工程与技术以及人文与社会科学 5 个大学科门类，囊括了几乎所有学科的网上 17966 个可用的学术站点。

（4）北京大学图书馆重点学科导航（http：//www.lib.pku.edu.cn）。此学科导航包括哲学、图书馆学、情报学、历史学、工商管理、数学和环境科学等学科。

（5）经济管理（http：//www.marketingman.net）。Marketingman 是由 Google

文献检索与论文写作

提供技术支持的一个营销研究专业网站。网络营销研究专业网站提供网上营销新观察,专注于网络营销理论与网络营销方法。

2. 国外学科导航和信息门户

(1) 美国加州图书馆的 LII (http://www.lii.org) 是国外最早的网络学术资源导航,由美国加州图书馆创建并由伯克利数字图书馆 Sunsite 维护,其内容包括商业金融、政治法律、艺术人文、教育、体育、新闻媒体等 14 个大类上百个子类的学科导航。

(2) Intute (http://www.intute.ac.uk) 是由英国的 7 所大学联合创建的拥有自然科学(科学与技术)、艺术人文、社会科学、健康和生命科学(包括农业、医学等)4 个大学科信息门户的一个综合性信息网站。用户可以根据自己所需分别选取不同的信息门户进去进行查找,每个信息门户都对网络资源进行了严格的信息筛选,并按学科进行规律排序,同时提供了检索、新闻组浏览等功能,是一个非常好的专业学科门户群网站。

3. 网上免费期刊检索

(1) High Wire Press (http://highwire.stanford.edu/)。斯坦福大学 High Wire Press 是著名的学术出版商,目前是全世界三个最大的、能够联机提供免费学术论文全文的出版商之一。High Wire Press 提供免费检索的期刊有 181 种,主要包括物理、生物、社会学和医学领域的核心期刊,其中有 71 种可以得到全文。High Wire Press 网站以三种方式提供免费论文:一是期刊所有论文全文免费;二是在试用期内期刊所有论文全文免费;三是在一定期限前的过刊论文全文免费。各个期刊期限不同,短的 2~6 个月,长的 1~2 年。目前有 139 种期刊过刊免费,其中不少是很有水平的期刊或核心期刊。

(2) Elsevier Science (http://www.sciencedirect.com)。Elsevier Science 是著名的出版商,从 1997 年开始建立基于 Web 的数字化出版平台——Science Direct,此平台把 Elsevier Science 的近 2000 种期刊全文上传,每一种期刊都可免费进行全文检索和浏览目次、文摘,全文订购者可联网索取全文。类似的出版商还有 Pringer、John-Wiley、Blackwell、ACS 等。

(3) JSTAGE (Japan Science and Technology Information Aggregator Electronic) (http://www.jstage.jst.go.jp)。JSTAGE 提供有关日本科技的 342 种期刊、100

第五章 Internet 信息检索

种会议论文集以及 7 类报告供读者免费使用。

(4) 外文期刊目次信息网（http：//uncweb.carl.org）。这是免费检索近期外文文献信息的数据库，该库有 1800 种期刊，可较容易地利用关键词、姓名和杂志名检索文章的题录和文摘。

(5) 美国机械工程师协会（ASME）17 种电子期刊（http：//www.asme.org）。美国机械工程师协会（ASME）17 种电子期刊可以免费使用。

(6) EEVL（http：//www.eevl.ac.uk/index.htm）。100 个工程电子期刊的列表，均可以获得全文。

以上网站提供了一些外文免费期刊，还有一些外文免费期刊分散于其他网站之中，读者如有需要，可以通过搜索引擎进行搜索。

第二节　搜索引擎

一、概念

随着互联网信息的快速增长，网上具有众多种类的信息，用户很难在众多的网络信息中查找到自己所需的信息。而搜索引擎正好解决这一难题，是为满足用户信息检索需求而出现的工具。

早期的搜索引擎是把互联网中的网址收集起来，按资源的主题类型分成不同的目录，再层层分类。用户根据资源分类目录一层层进入，就能最后找到自己所需信息。但此种方法只适用于互联网早期发展时信息量不多的情况。随着互联网信息量的急剧膨胀，开始出现真正意义的搜索引擎，这些搜索引擎了解网站上每一页的开始，随后搜索互联网上的所有超级链接，把代表超级链接的所有词汇放入一个数据库中，此即现代搜索引擎的原型。

搜索引擎是一种查找网络信息的工具，它在互联网上主动搜索 Web 服务器信息并将其自动索引，其索引内容存储于可供查询的大型数据库中。当用户在网站上输入关键字查询时，该网站会列出包含该关键字信息的所有网址，并提供所有网站链接。

按照信息搜集方法和服务提供方式一般可将搜索引擎分为三大类,具体如下。

1. 全文搜索引擎

国外具有代表性的全文搜索引擎有 Google,而国内著名的全文搜索引擎则有百度、搜狗等。它们的共同特点是依靠从互联网上合并提取不同网站信息而建立的数据库中,从而检索与用户查询条件匹配的相关记录,然后按一定的排列顺序将结果返回给用户,所以才称它们为真正的搜索引擎。全文搜索引擎按搜索结果来源又可分为两种,一种是具有自己的检索程序,能够自己建立网页数据库,直接从自身的数据库调用搜索结果,如 Google、百度和搜狗,而另一种则是租用或者购买其他搜索引擎的数据库,搜索结果按自定的格式进行排列,如 Lycos 引擎。

全文搜索引擎的优点是可以处理大量信息、及时更新信息、无须人工进行干预,但是搜索结果返回的信息过多,用户就必须找到合适的筛选方式进行所需资源的筛选。

2. 目录式搜索引擎

该搜索引擎是互联网早期的搜索引擎形式,现在仍然占有重要地位。目录索引中最具代表性的是"Yahoo!"(雅虎),而国内的"搜狐""网易"也是目录式搜索引擎。目录式搜索引擎,用户完全可以不用进行关键词查询,仅仅是按目录分类的网站链接列表来找到需要的信息。这类搜索引擎以人工或半自动方式从网站上搜集信息,待编辑员查看相关信息之后,人工方式集成信息摘要,并将信息放在之前已经定归纳好的分类框架中。对于人工智能,其优点是搜索及查找的信息准确、导航速度快、质量高,而缺点则是需要耗费人力、需要大量维护信息、搜集的信息量少、不能及时更新信息。

目前全文搜索引擎也正有和目录式搜索引擎相互融合的趋势,原来简单的全文搜索引擎到现在也包含目录式搜索,例如"Google"搜索,而目录式搜索引擎"Yahoo!"则通过与"Google"等搜索引擎相互合作来扩大自己引擎的搜索范围。

3. 元搜索引擎

元搜索引擎,也称多元搜索引擎,此类搜索引擎没有自己的数据库,依靠集成多个独立搜索引擎运行,著名的元搜索引擎有 Itools、DogPile 等。元搜索引擎包括并行处理式和串行处理式。并行处理式元搜索引擎将用户的查询请求同时转达给它调用链接的多个独立型搜索引擎进行查询处理,而串行处理式搜索引擎依次则将用户的查询请求转送给它调用链接的每一个独立型搜索引擎进行查询处理。

不同的元搜索引擎采用不同方式向多个独立搜索引擎递交用户的查询请求,并对返回的结果剔除重复内容、重新排序等处理后,把处理结果作为自己的检索结果返回给查找用户。从用户角度来说,利用元搜索引擎的优点是可以同时获得多个独立搜索引擎的结果,因此返回的信息量更大、更全。但由于元搜索引擎在信息来源和技术方面都存在一定的限制,因此元搜索引擎对检索结果的控制能力较低。

二、原理

搜索引擎的检索原理是当用户提交查询时,搜索引擎并不是立刻在网络上搜索,而是提前搜集大量网页,以一种特定的方式把网页存放于系统服务器中,此时的搜索只是在系统内部进行。当用户觉得返回结果中的某一项很可能就是其所需要的,用户即可点击 URL 查看网页。若网页内容已经更新或者网址发生变化,而搜索引擎中的服务器内容未更新,则用户得不到新的内容或找不到相应的链接。

用户用词或短语来表达信息需求,希望网页中含有该词或该短语中的词。若用户输入的是词,搜索引擎会直接把包括相应词的内容直接搜索出来,若用户输入的是一段短语,系统则会对短语进行切词或分词,去掉禁用词,而后形成一个用于匹配的查询词表,该词表与搜索引擎服务器中的资源进行匹配,最后系统会按相关度的大小顺序把结果相应地排列出来。

搜索引擎正是依照这一原理完成任务,搜索引擎的主要任务包括以下三个方面:

1. 信息搜集

各搜索引擎都派出绰号为蜘蛛(Spider)或机器人(Robot)的"网页搜索软件"在各网页中爬行,访问网络中公开区域的每一个站点并记录其网址,将它们带回搜索引擎,从而创建出一个详尽的网络目录。由于网络文档的不断变化,机器人也不断地把以前已经分类组织的目录更新。

2. 信息处理

将"网页搜索软件"带回的信息进行分类整理,建立搜索引擎数据库,并定时更新数据库内容。在进行信息分类整理阶段,不同的搜索引擎的搜索结果不同,其中表现在数量和质量上。有的搜索引擎像全文搜索引擎一样,会记录网页每一页的文本内容,并把记录点归类到数据库中;而另一些搜索引擎只记录网页的地址、文章名称、重要的词汇和特色段落。因此会产生数据库非常大的搜索引擎和数据库相对较小的搜索引擎。当然,最重要的是数据库的内容必须经常更新、重建,以保持与信息世界的同步发展。

3. 信息查询

每一个搜索引擎都必须具有一个方便良好的信息查询界面,而信息查询界面一般包括分类目录查询和关键词查询两种方式。分类目录查询主要以资源结构作为主要线索,把网上的信息资源内容按层次进行分类,因此,用户可以按照线性结构的标准,逐层逐类检索需要信息;关键词查询是网上用户具有查询"引擎",这种"引擎"是已建立的网络资源索引数据库提供的,查询方式是网上用户把需要查找的短语、关键词输入关键词的查询框中,并点击查询框旁边的"搜索"键,网上搜索引擎就会根据我们所输入的提问,在网络资源索引数据库中查找与关键词或短语对应的词语,并通过一系列必要的逻辑运算,最后给出我们输入短语或关键字查询的命中结果,其结果表现均为超文本衔接形式。网上用户只要点击搜索引擎提供的超文本链接,就可以立刻访问到我们需要的相关信息。

三、常用搜索引擎

1. Google(http://www.google.cn)

Google 是斯坦福大学的 Larry Page 和 Sergey Brin 于 1998 年 9 月开发的搜索引擎,以搜索精度高、速度快成为最受欢迎的搜索引擎,被公认为全球最大、最优

第五章　Internet 信息检索

秀的支持多语种的搜索引擎，提供网页、图片、视频等多种资源查询，包括中文简体、繁体、英语等 35 个国家和地区的语言的资源。Google 搜索引擎的简体中文主页如图 5－1 所示。

图 5－1　Google 的简体中文主页

（1）检索技巧。检索技巧如下：

其一，类目检索。利用 Google 提供的目录，可以根据主题来缩小搜索范围。在某个类别的网页中可以快速找到所需的网页。

其二，检索词检索。支持基本的布尔逻辑检索。"与""非""或"这三种搜索语法 Google 分别用""（空格）、"－"（减号，英文字符）和"OR"（必须大写）表示。支持短语检索。在 Google 中，可以通过添加英文双引号来精确搜索短语。双引号中的词语（比如"as it"）在查询到的文档中将作为一个整体出现。这一技巧在查找名言警句或专有名词时所起作用较大。某些字符可以作为短语连接符。Google 有时将"－""\""＝""…"等标点符号识别为短语连接符。支持位置搜索。site 检索是指把结果限制在某个网站或者网站频道，或者是某个域名之内。"检索词 site：××××.com"，如"文献信息检索 site：scu. edu. cn"即在四川大学的网站范围内查找有关"文献信息检索"的信息。而"inurl"（表示检索词应该在网址中）、"intitle"（表示检索词应该在网页标题中）、"filetype"在 Google 中都有应用，方式与"site"一样。

（2）Google 的特色功能。

· 113 ·

其一，网页快照。网页快照是 Google 缓存在服务器上的网页。网页快照的功能主要是为了方便用户在查找原网页遇到问题时，快速显示上次查找时保存的网页，明确检索关键词，节省时间。

其二，"手气不错"。在检索框中输入关键词，点击"手气不错"按钮，将自动进入 Google 查询到的第一个网页，完全看不到其他检索结果。

其三，"学术搜索"。学术搜索提供了可广泛搜索学术文献的简单方法。Google 学术搜索的每个搜索结果都代表一组学术研究成果，其中可能包含一篇或多篇相关文章甚至是同一篇文章的多个版本。每一搜索结果都提供了文章标题、作者以及出版信息等编目信息。一组编目数据，都与整组文章相关联，而 Google 会尽最大努力推举最具代表性的一篇。这些编目数据来自于该组文章中的信息以及其他学术著作对这些文章的引用情况。如在检索框中输入"文献信息检索"进行搜索，得到的结果如图 5-2 所示。

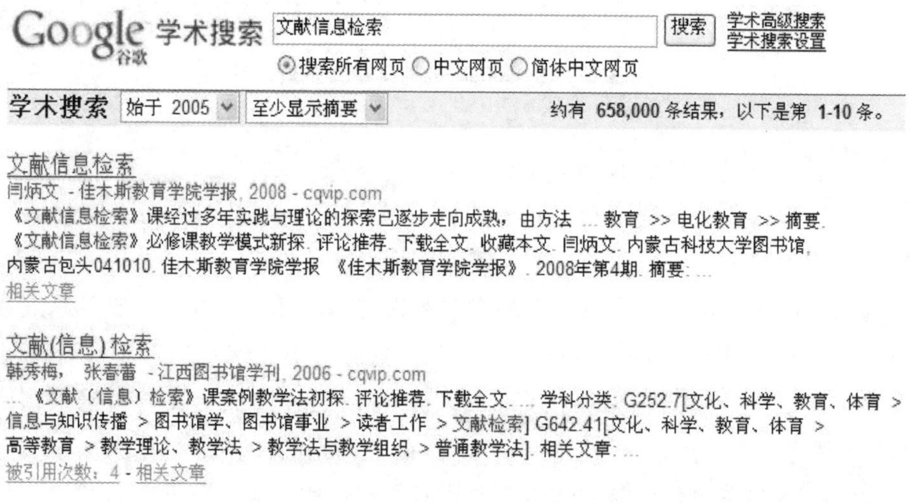

图 5-2　学术搜索的结果页面

其四，"图书搜索"。图书搜索可以使用户搜索图书全文，查找到感兴趣的图书，并了解何处可选阅或借阅它们。使用 Google 图书搜索查找图书也只需在其页面上输入要查找的关键词，点击"搜索图书"即可。

其他特色功能。例如，地图查询、翻译、图片、美国专利文献全文检索、货币换算、天气查询和股票查询等特色搜索。

2. 百度（http：//www.baidu.com）

百度的取名源自于辛弃疾的《青玉案》"众里寻他千百度"的诗句，也象征着百度对中文信息检索技术执着的追求。百度是目前全球规模最大的中文搜索引擎，也是目前我国互联网用户用得最多的一个搜索引擎，由李彦宏和徐勇1999年底成立于美国硅谷，现今，服务器一般设在中国各地和美国，百度的搜索范围很广，占领大部分区域，主要遍布中国内地、中国港澳台、新加坡等一些华语地区以及北美、日本和欧洲的部分站点。百度主要倾听用户的基本需求，来挖掘和满足中国网民的基本需求，秉承"用户体验至上"的理念，除基本的网页搜索外，还提供新闻、音乐、图片、文库、地图、视频等多样化的搜索服务（如图5-3所示），开创了以贴吧、知道、百科、网盘、论坛为代表的搜索社区服务（如图5-4所示），将网民的聪明智慧融入了百度搜索，为网民提供便利。"百度一下"想必对我们如今已不再陌生，人们查找信息第一反应就是百度一下。百度的首页如图5-5所示。

图5-3　百度的搜索服务

（1）检索技巧。常用检索技巧如下：

其一，布尔逻辑检索。自动使用逻辑与查询，检索词之间留空格，百度会默认为表示逻辑"与"，而"｜"表示逻辑"或"，"－"表示逻辑"非"。减号与前一个检索词之间必须有空格。

图5-4 百度的社区服务

图5-5 百度的首页

其二,精确检索。用双引号或书名号表示精确运算。百度把双引号里面的内容作为完整的词进行检索,这点与 Google 类似。书名号则是百度独有的一个特殊查询语法,例如,查找电影"画皮",添加书名号后,《画皮》的搜索结果就都是关于电影方面的。

其三,位置检索。这点与 Google 的相关功能基本相同。

(2)百度的特色功能。百度还有以下特色功能:

其一,"相关搜索"。搜索结果不满意,往往是因为输入的查询词不是很准确。此时用户可以通过百度提供的其他用户搜索过的相关搜索词语来参考自己输入的查询词,以提高搜索结果的准确度。

其二,"二次检索"。可以在前一次检索的结果中再次检索,通过不断缩小范围，直至范围最小，不能再次检索，来得到最小、最准确的结果集。

其三，"专业文档搜索"。许多有价值的资料，在互联网上并非都是普通网页，而是以 Word、PowerPoint、PDF 等格式存在。百度支持对 Office 文档（包括 Word、Excel、PowerPoint）、Adobe PDF 文档、RTF 文档进行全文搜索，要搜索此类文档，可以直接通过百度文档搜索界面进行搜索。

其四，"其他特色功能"。百度还提供国学、错别字提示、列车时刻表查询、航班查询、计算器和度量衡转换等特色搜索，用户可以通过点击百度的"帮助"来查看更多服务。

3. Yahoo!（http：//cn.yahoo.com）

Yahoo! 是最早提供互联网搜索引擎服务的服务商之一，1994 年 4 月斯坦福大学的杨致远和 David Filo 共同创办了雅虎，通过著名的雅虎目录为用户提供导航服务。目前，雅虎拥有涵盖 190 多亿网页的强大数据库，并在世界各地相继建立了 24 个国际站点，除了中文搜索之外，雅虎搜索凭借其遍布全球的网站渠道，可以支持中国用户完成包括英文在内的 38 种语言搜索。

雅虎基本搜索引擎技术与一般搜索引擎相同，即在检索框中输入关键词，然后点击搜索即可。

4. 搜狗（http：//www.sogou.com）

搜狗是搜狐公司于 2004 年 8 月推出的完全自主技术开发的全球首个第三代互动式中文搜索引擎，是一个具有独立域名的专业搜索网站。搜狗以一种人工智能的新算法，分析和理解用户可能的查询意图，对不同的搜索结果进行分类，对相同的搜索结果进行聚类，在用户查询和搜索引擎返回结果的人机交互过程中，引导用户更快速、准确定位自己所关注的内容。其主页如图 5-6 所示。搜狗主要搜索功能，如图 5-7 所示。

除了以上列举出的常用搜索引擎外，中国搜索（如图 5-8 所示）、天网搜索（如图 5-9 所示）等也是比较常用的搜索引擎，其他一些综合性的学术搜索引擎也非常的实用。比如 Scirus（http：//www.scirus.com）是一个互联网上最全的科学专用搜索引擎，涉及学科领域广泛，可搜索专利、技术报告和期刊全文等，覆盖的学科范围包括农业与生物学、天文学、生物科学、化学化工、计算机科学、地球与行星科学、经济、金融与管理科学、工程、能源与技术、环境科学、语言学，法学，生命科学，材料科学，数学，医学，神经系统科学，药理学，物理学，心理学，社会与行为科学，社会学等。

图 5-6 搜狗搜索主页

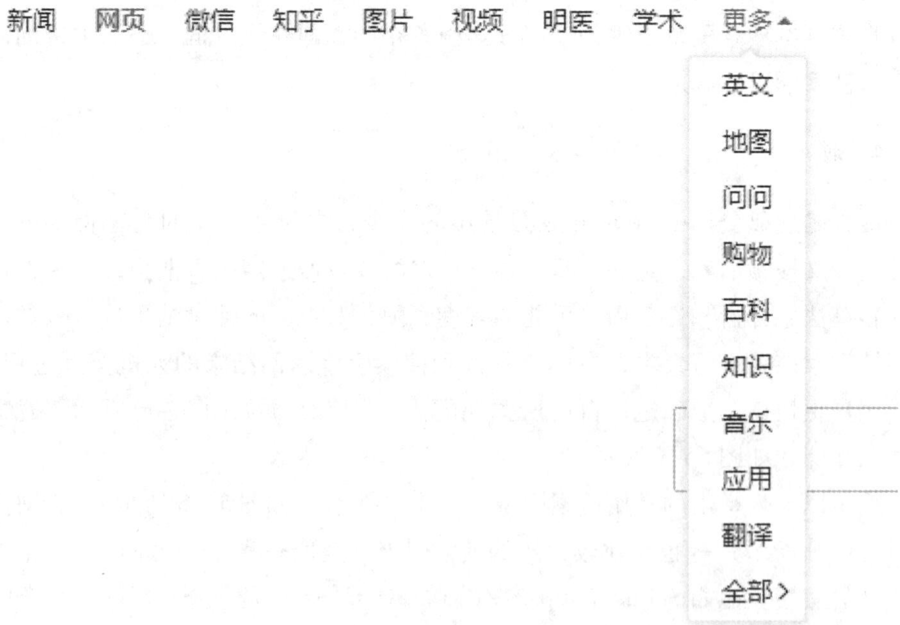

图 5-7 搜狗搜索功能

图 5-8　中国搜索主页

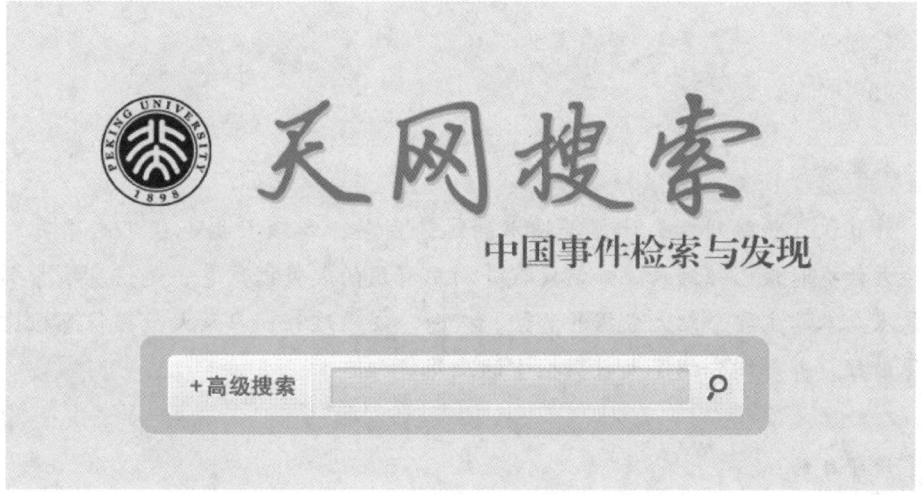

图 5-9　天网搜索主页

练习题

1. 互联网信息类型有哪几种？请详细介绍。
2. 试述常用的网络资源学科导航以及学科信息门户。
3. 什么是搜索引擎？
4. 试述搜索引擎的检索原理。
5. 试述搜索引擎的主要任务。
6. 常用搜索引擎有哪些？

第六章
大数据信息检索

 **本章概要**

  计算机、物联网、云计算等技术的迅速发展，各项数据也在不断累积与增长，大数据时代已经到来。如何处理并利用有用的大数据信息，是信息检索关注的焦点。本章主要介绍大数据的背景、概念、发展过程，以及大数据信息检索的具体过程，并详细介绍了大数据检索的应用。

 **学习目的**

◇ 了解大数据信息检索的基本信息
◇ 了解大数据信息检索的具体过程
◇ 了解大数据检索的实际应用

内容框架

大数据信息检索 { 大数据概述
大数据背景下的信息检索
大数据背景下的新兴科技行业信息检索
大数据检索的应用

第六章 大数据信息检索

第一节 大数据概述

一、背景

随着互联网产业和信息技术的不断发展壮大,人类在日常生产生活中产生了海量数据,而且这个数据量正在以指数级的速度增长。基本每两年就能翻一番,这个数据量是惊人的,也是前所未有的。在未来相当长的一段时间里,这个数据产生的速度只会增加不会减少。

资料显示,2011 年,全球数据规模为 1.8ZB,相当于 575 亿个 32GB iPad 的存储量,将这些 iPad 加起来可以在中国修建两座万里长城。预计到 2020 年,全球数据的产生量将达到 40ZB,若将这些数据全部存入 BD 光盘,这些光盘的重量相当于 424 艘尼米兹号航母重量总和。2010 年我国新存储的数据量为 250PB,到 2012 年数据存储量达 364EB,约为日本的 60%、北美的 7%。

中国的淘宝网每分钟的交易量达到千笔以上,日成交量千万笔,单日能产生超过 50TB(1TB 等于 10024GB)的数据量,存储量 40PB(1PB 等于 1024TB)。百度公司目前数据总量接近 1000PB,存储网页数量接近 1 万亿页,每天大约要处理 60 亿次搜索请求,几十 PB 数据。

数据量的不断增长,大量新数据源的出现则导致了非结构化、半结构化数据爆发式的增长,数据的结构日趋复杂。信息数据的单位已经步入 ZB 时代。然而这些由我们创造的数据早已经远远超越了目前人力所能处理的范畴。如何真正利用这些数据财富,进行有效的管理、挖掘和使用,是我们面对的主要问题,正因如此,其也逐渐成为一个新的研究领域,大数据的概念应运而生。

二、概念

大数据一词,最早出现于 20 世纪 90 年代,当时的数据仓库之父 Bill Inmon 经常提及 Big Data。

2011年5月，在以"云计算相遇大数据"为主题的EMC World 2011会议中，EMC抛出了Big Data概念。所以，很多人认为，2011年是大数据元年。大数据还没有统一的标准定义，大多数人认可的定义有三个。

百度给出的定义："大数据"是一个体量特别大，数据类别特别大的数据集，无法在一定时间范围内用常规软件工具进行捕捉、管理和处理的数据集合，是需要新处理模式才能具有更强的决策力、洞察发现力和流程优化能力的海量、高增长率和多样化的信息资产。

大数据有4V特点：数据体量（Volume）大、数据类别（Variety）大、数据处理速度（Velocity）快、数据真实性（Veracity）高。

互联网周刊的定义："大数据"的概念不能简单地概括为大量的数据集合（TB）和处理海量数据的技术，或者所谓的4V之类的简单概念，而是涵盖了在海量数据的基础上人们可以做的诸多事情，而这些事情在小量数据的基础上是没有实现的条件的。换句话说，大数据让我们以一种之前从未有过的方式，通过对大规模的数据进行分析，挖掘其中蕴含的宝藏，从而转化为有价值的可见服务和产品或深刻的洞见，最终形成变革之力。

相关的研究机构则认为："大数据"是具有洞察发现力、更强的决策力和流程优化能力的大规模、多样化和高增长率的信息资产，不过要想挖掘这些"宝藏"，传统的数据处理模式是无法实现的，而是需要新的数据处理模式。从数据的类别上看，"大数据"是指无法使用传统流程和工具进行处理和分析的信息。它定义了那些大规模、超出正常处理范围、迫使用户采用非传统处理方法的数据集。

国家信息中心专家委员会主任宁家骏表示：大数据是指无法在一定时间内使用传统数据库软件工具对其内容进行抓取、管理和处理的数据集。大数据不仅仅是大，还有它的复杂性和沙里淘金的重要性。

三、发展

计算机、物联网、社交网络等新兴服务促使人类社会的数据种类和规模正以前所未有的速度增长，大数据时代正式到来。数据从简单的处理对象开始转变为一种基础性资源，如何更好地管理和利用大数据已经成为普遍关注的话题。大数据的规模效应给数据存储、管理以及数据分析带来了极大的挑战，数据管理方式和信息检索模式的变革正在酝酿和发生。它正在改变这个世界和颠覆我们的传统思维。

大数据是信息通信技术发展积累至今,按照自身技术发展逻辑,从提高生产效率向更高级智能阶段的自然生长。无处不在的信息感知和采集终端为我们采集了海量的数据,而以云计算为代表的计算技术的不断进步,为我们提供了强大的计算能力,这就围绕个人以及组织的行为构建起了一个与物质世界相平行的数字世界。

大数据虽然孕育于信息通信技术的日渐普遍和成熟,但它对社会经济生活产生的影响绝不限于技术层面,更本质上,它为我们认识世界提供了一种全新的方法,即决策行为将日益基于数据分析做出,而不是像过去更多凭借经验和直觉做出。大数据检索技术应运而生。

事实上,大数据的影响并不仅仅限于信息通信产业,而是正在"吞噬"和重构很多传统行业,广泛运用数据分析手段管理和优化运营的公司其实质都是一个数据公司。麦当劳、肯德基以及苹果公司等旗舰专卖店的位置都是建立在数据分析基础之上的精准选址。而在零售业中,数据分析的技术与手段更是得到广泛的应用,传统企业如沃尔玛通过数据挖掘重塑并优化供应链,新崛起的电商如卓越、亚马逊、淘宝等则通过对海量数据的掌握和分析,为用户提供更加专业化和个性化的服务。

最让人吃惊的例子是,社交媒体监测平台 DataSift 监测了 Facebook(脸谱)IPO 当天 Twitter 上的情感倾向与 Facebook 股价波动的关联。在 Facebook 开盘前 Twitter 上的情感逐渐转向负面,25 分钟之后 Facebook 的股价便开始下跌。而当 Twitter 上的情感转向正面时,Facebook 股价在 8 分钟之后也开始了回弹。最终当股市接近收盘、Twitter 上的情感转向负面时,10 分钟后 Facebook 的股价又开始下跌。最终的结论是 Twitter 上每一次情感倾向的转向都会影响 Facebook 股价的波动。

这只是基于社交网络产生的大数据"预见未来"的众多案例之一,此外还有谷歌通过网民搜索行为预测流感爆发等例子。不仅在商业方面,大数据在社会建设方面的作为同样令人惊叹,智能电网、智慧交通、智慧医疗、智慧环保、智慧城市等的蓬勃兴起,都与大数据技术与应用的发展息息相关。

"大数据"可能带来的巨大价值正渐渐被人们认可,它通过技术的创新与发展以及数据的全面感知、收集、分析、共享,为人们提供了一种全新的认识世界的方法。更多地基于事实与数据做出决策,这样的思维方式,可以预见,将推动一些习惯于靠"差不多"运行的社会发生巨大变革。

第二节 大数据背景下的信息检索

一、信息检索存在的问题

大数据的意义不在于如何获取海量数据,而是需要从海量数据中筛选、检索出满足用户需要、对用户有价值的信息,并从这些数据信息中萃取精华而得出科学的结论。目前信息检索尚存在以下问题:

1. 覆盖范围小

国内外信息检索工具众多,但每一个搜索引擎均只能检索到部分网络资源,平均检索水平在30%~50%。如比较先进的搜索引擎谷歌、雅虎、百度等,它们的信息搜集和索引建立均不尽相同,检索覆盖范围也不同。这就要求用户在信息检索时尽量不要只选择单一数据库或搜索引擎,在信息分析时,对引出结论的数据源要多方验证,这样得到的信息才比较全面与准确。

2. 匹配算法混乱

在信息检索时用户首先需要根据自己的需求提出检索表达词,然后系统利用分类、关键词、规则等过滤用户需求,转化为内部语言,为不同的表达方式匹配算法,进而得到用户所需的题名、关键词、作者、摘要、期刊、基金等信息。但是由于使用检索工具的不同,系统内匹配信息也有所差别,同时用户表达式的不同也会造成检索匹配结果出现差别。

3. 个性化与智能化信息匹配不够

就信息检索用户而言,非专业信息检索用户数目众多,由于检索词提炼等检索技术存在不足,得到的检索结果精确度与关联度也不如预期。尤其在海量数据、数据异构、动态分布的当下，对于检索水平不强、检索需求表达不明确的用户而言，他们更希望检索工具能够理解用户的提问。目前信息检索在个性化与专业化方面存在欠缺。

4. 检索模式效率低下

现有的信息检索系统多采用集中穿行检索方式，在检索过程中如果某一节点出现错误，对整个检索过程都会产生影响，检索效率低下。同时这也是造成检索覆盖范围小的原因之一。

二、大数据背景下信息检索变革

在信息检索领域，大数据的发展提高了相关检索浏览器的深网挖掘技术，这使谷歌、雅虎、百度等检索工具的使用门槛变得更低。此外，微信、微博、论坛等社交工具层出不穷，人们获取信息的渠道越发纷繁复杂，信息获取量呈井喷态势。所以，在大数据时代，信息检索的对象范围很难界定，处理内容复杂多样。除了期刊文献、会议文献、科技报告、标准文献等专业数据库信息资源，在某一研究领域的其他相关信息源都应该纳入检索对象范围，大数据引发了信息检索思维模式的变革。

大数据在数据存储、收集、分析与检索方面与传统数据的处理方式不同。云计算采用的分布式检索方式使得检索范围扩大，检索效率也得到显著提高。大数据是通过对海量数据的整理和分析后，根据数据中的规律为未来的发展做出预测，发现数据蕴含的深层次价值。此外，不同于传统的信息检索工具只具有对信息的整理与总结功能，大数据下的信息检索工具还可以借助用户行为，分析检索工具使用者的关注偏好、使用习惯等，实现检索工具基于个性化的智能搜索，从而进一步帮助用户检索信息。可以预期，大数据信息检索未来呈现如下发展态势：

1. 个性化与智能化

大数据技术让信息检索更加以客户为中心，实现检索服务的个性化。当用户没有检索需求时，系统仍可自动继续帮助用户搜寻和分析关注信息源；当用户输入检索提问之后，检索系统自动进行信息过滤与匹配，找到其感兴趣的信息，并按相关度排序，实现智能化信息检索。检索工具智能化使得检索工具本身具有了学习、分析、识别与推理的能力，将不再需要用户主动去搜索信息。

2. 一站式检索

一站式信息检索是指用户对所有信息检索的需求通过一个检索工具就能得以实现。基于大数据技术的发展，信息检索工具竞争更加激烈，这势必带来市场中的优胜劣汰，检索工具将不断融合、发展与迭代，最终形成一个完全能实现用户搜索预期的检索工具。这将极大节省用户检索信息的时间，是绿色信息检索的体现，将是未来网络信息检索服务的一种发展模式。

3. 可视化

可视化是指将数据转换为图形或图像显示，并进行交互处理。信息检索的可视化使数据的呈现更加直观、形象，体现数据的实用价值。基于大数据的信息检索工具，用户检索窗口任何形式的提问表达都可以理解并匹配到关联结果，大数据技术对非文本形式的数据结构进行处理和分析，通过可视化以直观的方式得以呈现，帮助用户快速理解检索信息。

第三节 大数据背景下的新兴科技行业信息检索

大数据的信息检索过程和一般检索过程大致相同，本节以海水淡化领域的信息检索为实例讲解大数据信息检索过程。

一、大数据信息检索过程

1. 确定大数据信息检索目标

确定用户的需求及确定在大数据时代下用户需要检索什么样的信息，能为其达到什么目的。目标是一切研究工作的前提，只有确定目标才能进行接下来的研究工作。检索目标可以覆盖各个领域，如医疗、电力、网络、电商、科技、教育，等等。

2. 数据收集

数据收集有我们常见的统计方法，如问卷调查，要合理设计问卷，搜索出所需要的数据。对需要检索的目标内容进行相关数据归纳总结，找出符合研究内容的数据源或数据库。我们用常用统计软件，对所收集数据进行筛选，选出符合研究目标的数据库或数据源，可以是互补数据库或多源数据库。因此数据收集要求我们具有基本的统计收集数据知识，如图 6 – 1 所示，即为我们数据收集的信息。

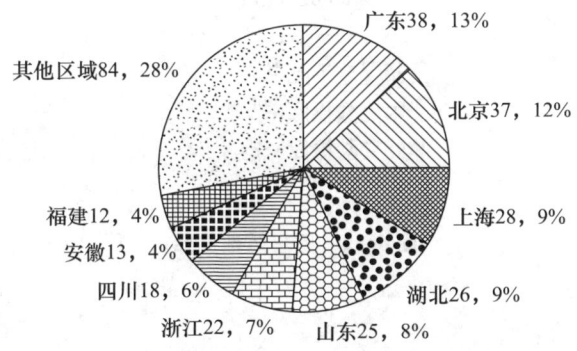

图 6 – 1　数据收集饼状图

资料来源：http://baike.so.com/doc/5376520 – 5612640.html。

3. 信息检索

在基于用户需求的基础上，对相关内容进行用户提问，得出与主题相关的检索概念，并从中找出与检索概念相关的检索词，最后检出相关文献或相关信息。在信息检索时，不要基于单一数据库或单一数据源，也不要采取单一检索方式，单一检索方式及数据库有失检索的科学性和准确性。一般高校检索方式可以通过校园网进入学校的图书馆进行主要查询，图书馆主页主要包括知网、万方、维普等数据库，可以点击进入不同数据库进行信息检索，如图 6 – 2 所示。

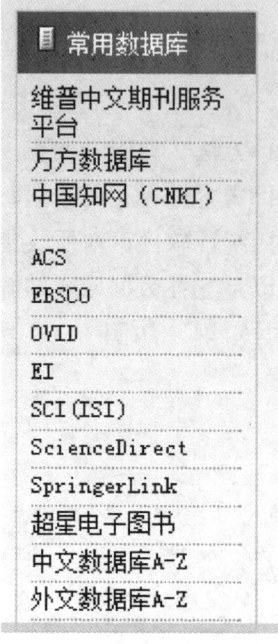

图6-2 图书馆数据库

4. 信息分析

对检索得出的相关信息进行定量或定性分析。定量分析包括我们常用的数理计算方法，定性分析主要是一般的专家分析等方法。在信息分析时，对所涉及的数据源或数据信息进行验证，通过验证增强数据信息或数据源的可靠性及真实性，使检索过程体现科学性。

5. 归纳总结

对信息分析后，进行归纳总结，我们把不同要点按需要类别进行归纳，方便我们写成文章，理出相关逻辑思维，得出与大数据信息检索研究目标相应的结论，以便于相关领域研究。

二、案例分析

> 《科学日报》报道了一则有关美国研制出小型海水淡化装置的消息,题目为"美用纳米技术制成海水淡化装置"。具体报道内容为"海水淡化装置一般都庞大笨重,成本高昂。为了解决这些弊端,美国麻省理工学院研究人员利用纳米技术开发出小型海水淡化装置……为海水淡化装置在沿海干旱地区的普及铺平了道路。据最新一期英国《自然·纳米技术》杂志报道……"

(1)检索目标。本案例的信息检索目标主要是在海水淡化装置领域得出相关的专题信息情报,帮助新兴科技领域确定相关主题和方向。

(2)数据收集。对于以上研究目标,选择合适的数据库进行数据收集与筛选;也可以综合几个数据库进行数据的收集,如维普中文期刊服务平台、万方数据库、中国知网、EI、SCI、中文数据库、外文数据库等;或者实地调研,通过实地考察、问卷调查等方法收集数据。

(3)信息检索。提炼上述案例主要信息点,信息点的提炼也关系到检索的准确性及速度,上述提炼题目为"美用纳米技术制成海水淡化装置",在知网上进行关键词的搜索,得出以下搜索结果,如图6-3所示。

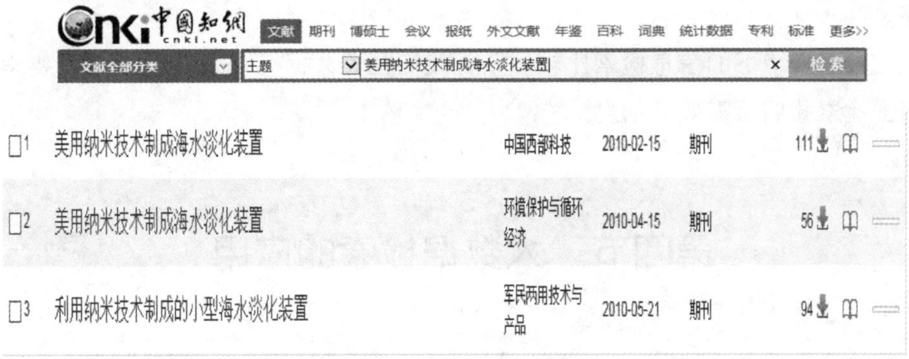

图6-3 关键词搜索结果

通过链接发现仍然搜索补充作者，因此可以对"2010年3月23日《科学日报》"及"《自然·纳米技术》杂志"信息点进行文献检索，通过网上信息搜索筛选，在2010年3月《自然·纳米技术》杂志中找到了上述案例报道内容原文；其原文的作者是Sung Jaekim、Jong Yoonhan、Sung Heeko、Kwan Hyoungkang，根据原文检索作者，得到作者的研究单位是美国麻省理工学院和韩国浦项工科大学；检索报道中的关键词，发现麻省理工学院早在这篇论文公开发表之前，就已申请相关专利。该专利截至2016年3月，已经获得8个国家授权。

（4）信息分析。从我们上述查到的原始文献全文中获取研究单位信息，如麻省理工学院以及韩国浦项工科大学、此篇文章是否基金支持、部委支持的项目。通过检索结果发现该研究获得了美国国家自然科学基金（NSF－CBET0854026）的支持，查得CBET为NSF支持领域下的生化环境及交通部。那么由上可以推断，在美国，与海水淡化课题相关的资助项目可以在CBET部门网站找到，在CEBT相关网站上我们可以看该海水淡化领域获得资助的项目或计划还有哪些，为跟踪以及获取美国在海水淡化领域的前沿提供信息来源。

（5）归纳总结。以上检索分析的信息为帮助用户建立专题提供了重要的信息架构。我们为了使专题文献取得最大的效益，将专题文献从内容上分为两个层次：核心文献和相关文献，并分别进行整理和编辑。形成小型海水淡化装置技术专题报道，为以后跟踪研究奠定基础。还可对专题领域制作一份专利分析报告，得出各国在该技术领域采用了何种技术（蒸馏法、电渗析法、反渗透法、电极化等），这些技术的发展趋势、核心机构、未涉及领域、竞争对手较多的领域，等等。

大数据环境下的信息检索比较复杂，我们在大数据飞速发展的今天，要学会如何去检索我们所需要的信息。

第四节　大数据检索的应用

伴随今天网络和信息技术的不断普及，我们生活和工作中所产生的数据量正在呈指数级增长，而云计算的诞生，更是直接把我们送进了大数据时代。"大数据"作为时下最时髦的词汇，开始向我们生活的每一个角落渗透，很多传统行业因为大数据的出现,有了颠覆性的变革。在这一变革下,各个行业的管理领导者深入思考大数据对整个行业发展带来的巨大潜能。大数据在服务行业释放出的巨大价值吸引着诸多服务行业人士的兴趣和关注。探讨和学习如何借助大数据为服务行业经营管理服务也是当今该行业管理者面临的挑战。

大数据应用于服务行业,其真正的核心功能在于挖掘数据中蕴藏的情报价值,那么对于服务行业的管理者,借助云计算和大数据提高运营管理手段和实现其行业的情报信息挖掘的创新体现在以下四个方面。

一、大数据精确服务行业市场定位

未来的服务行业想要在国内竞争激烈的市场中占有一席之地,就必须建立自身的大数据系统,借用大数据战略抢占整个行业的发展先机。从大数据中了解服务行业市场构成、细分市场特征、消费者需求和竞争者状况等众多因素,在科学系统的信息数据收集、管理、分析的基础上,提出更好的解决问题的方案和建议,保证企业品牌市场定位独具个性化,提高企业品牌市场定位的行业接受度。

企业为了充分调查市场对于企业本身发展和产品特性的需求,就必须有足够量的信息数据来供服务行业研究人员分析和判断。在传统情况下,分析数据的收集主要来自于统计年鉴、行业管理部门的数据、相关行业报告、行业专家意见及属地市场调查等,这些数据多存在样本量不足、时间滞后和准确度低等缺陷,研究人员能够获得的信息量非常有限,使准确的市场定位存在着数据瓶颈。随着大数据时代的来临,借助数据挖掘和信息采集技术不仅能给研究人员提供足够的样本量和数据信息,还能够建立基于大数据数学模型对未来市场进行预测。

二、大数据成为服务行业市场营销的利器

从搜索引擎、社交网络的普及到人手一机的智能移动设备,互联网上的信息总量正以极快的速度不断暴涨。例如阿里巴巴在2016年"双十一"进行的"天坑"计划,通过每一个淘宝客户端的搜索记录、浏览记录、高频检索词等内容,利用信息涵盖的商家信息、个人信息、行业资讯、商品浏览记录、商品成交记录、产品价格动态等海量信息,推出"双十一"每一个淘宝账号登录淘宝网首页的不同推送页面,完成又一个新的"天猫奇迹"。这些数据通过聚类可以形成

服务行业大数据，其背后隐藏的是服务行业的市场需求、竞争情报，闪现着巨大的财富价值。

随着未来互联网的不断普及和发展以及物联网技术的不断创新，大数据这一新型"武器"在服务行业的应用场景将不断扩大，带给整个行业的利益也是无法估量的，在后续客户个人服务中大数据应用也将发挥越来越重要的作用。

三、大数据支撑服务行业收益管理

收益管理的新技术，整个服务行业，不论是国内还是国外，都关注收益管理，收益管理的新技术有很多热点，那么第一就是大数据营销，即怎样通过大数据营销来获取一些数据，对整体的收益进行管理和一些帮助。

现在的移动客户端等都在做营销，做营销就是为了借助网络的便捷增加收益的渠道，收益主要包括以下内容：首先是营销市场的市场细分，市场细分直接影响价格。其次是渠道，价格决定渠道。做到收益最大化是服务行业面对的问题，也是困境。

新技术，技术是为需求服务的，需求引导了技术，然后技术创造和改变了需求。如果能够借助大数据结合科学的方法实现市场的需求预测，从而确定更好的产品结合和价格区间，使企业适应市场的灵活性不断提高。更多的是通过建立数学模型，使企业管理者掌握和了解服务行业潜在的市场需求、未来一段时间每个细分市场的产品销售量和产品价格走势等，从而使企业能够通过价格的杠杆来调节市场的供需平衡，并针对不同的细分市场来实行动态定价和差别定价。以多项分析信息为企业决策的领导者提供对行业市场变化的预测，不断激发更多的潜能以期企业能够更好地适应整个波动周期。

大数据时代的来临，为企业收益管理工作的开展提供了更加广阔的空间。需求预测、细分市场和敏感度分析对数据需求量很大，而传统数据分析大多采集的是企业自身的历史数据来进行预测和分析，容易忽视整个服务行业信息数据，因此难免使预测结果存在偏差。

四、大数据创新服务行业需求开发

随着论坛、博客、微博、微信、电商平台、点评网等媒介在 PC 端和移动端的创新和发展，公众分享信息变得更加便捷自由，而公众分享信息的主动性促使了"网络评论"这一新型舆论形式的发展。微博、微信、点评网、评论版上成千上亿的网络评论形成了交互性大数据，其中蕴藏了巨大的服务行业需求开发价值，值得企业管理者重视。作为服务行业企业，如果能对网上服务行业的评论数据进行收集，建立网评大数据库，然后再利用分词、聚类、情感分析了解消费者的消费行为、价值取向、评论中体现的新消费需求和企业产品质量问题，以此来改进和创新产品，量化产品价值，制订合理的价格及提高服务质量，从中获取更大的收益。

大数据，并不神秘，只要服务行业企业平时善于积累和运用自动化工具收集、挖掘、统计和分析这些数据，为我所用，就会有效地帮助自己提高市场竞争力和收益能力，获得良好的效益。

练习题

1. 试述大数据的具体背景。
2. 大数据的概念是什么？
3. 试述大数据的发展。
4. 试述大数据信息检索过程。
5. 简单陈述大数据检索的具体应用。

第七章
数字图书馆

 **本章概要**

　　图书馆随着人类历史的发展也发生了翻天覆地的变化。本章主要介绍了于20世纪90年代出现的数字图书馆这一新概念。从国内国外数字图书馆的发展现状出发,分别讲述了其要素特点、功能、类型等内容,并同实际情况相结合,列出了超星数字图书馆、书生之家数字图书馆、方正Apabi数字资源平台等一系列常用数字图书馆的基本使用方法,以方便读者使用。

 **学习目的**

　　◇ 了解国内外数字图书馆相关概念、发展历程以及数字图书馆的相关特点
　　◇ 了解常用的数字图书馆使用流程

内容框架

$$\text{数字图书馆}\begin{cases}\text{概况}\\\text{常用数字图书馆}\end{cases}$$

第七章 数字图书馆

第一节 概况

一、含义

图书馆，英文称"Library"。早在公元前3000年，巴比伦神庙中就收藏有刻在胶泥板上的各类记载，因此最早的图书馆是希腊神庙的藏书之所和附属于希腊哲学书院（公元前4世纪）的藏书之所。"图书馆"这一词汇最早出现在我国文献中当推《教育世界》第62期中所刊出的一篇《拟设简便图书馆说》，时为1894年。《图书情报词典》对"图书馆"定义：通过文献的收集、整理、存储、利用，为一定社会读者服务的文化、科学与教育机构。

数字图书馆（Digital Library，DL）产生于20世纪90年代的美国，随后向全球发展。进入21世纪以后，由于数字图书馆的需求和战略意义，世界各国数字图书馆的发展开始加速，其建设和发展水平也已经成为了当今评价一个国家信息技术基础水平的一个重要标志。在中国，国家科技部自始至终对"数字图书馆"项目提供全力支持，国家863计划智能计算机主题从1997年开始跟踪国际"数字图书馆"研究动态，并于1999年5月成立了中国数字图书馆发展战略研究组，针对数字图书馆系统设计的技术、管理、运营、法律等问题展开了全面的研究工作。国家科技部"十五"攻关和"S863计划"中将数字图书馆和"数字地球"共同列为信息领域的研究重点。1997年美国国家科学基金赞助的"分散式知识工作环境"专题讨论会认为：数字图书馆的概念不仅仅是一个有着信息管理工具的数字收藏的代名词，数字图书馆更是存储着大量数字信息的一个环境。它将收藏、服务和人结合到一起以支持数据、信息乃至知识的全部流程，包括从创造、传播、使用到保存的全过程。

1. 数字图书馆定义

根据数字图书馆发展的不同阶段和类型，主要的定义分为以下几种：
（1）国际通行的定义：数字图书馆为国家信息基础设施提供关键性信息管

理技术，同时提供其主要的信息库和资源库。换句话说，数字图书馆是国家信息基础设施的核心。

（2）美国研究图书馆协会（Association of Research Libraries，ARL）给出的定义：数字图书馆是把众多地方资源连在一起的虚拟技术，能够使最广大的用户最大限度地获取信息，得到信息服务。数字图书馆馆藏不应局限于原件的替代品，还应包括无法用印刷方式表现或传递的实物，并将其数字化。

（3）美国数字图书馆联合会定义数字图书馆：数字图书馆是提供各种资源的组织结构，它们选择、创建、提供知识查询途径，解释、传播和保护数字作品馆藏，以确保其能长久使用，从而为社区群体提供方便而经济的信息服务。

（4）国内学术界对数字图书馆的定义：数字图书馆是分布式计算机网络中能够存取海量数字化信息的资源库。数字化资源、网络化存取、分布式管理是它的三个基本要素。

综合各界对数字图书馆定义，本书归纳后可以得出一种较为普遍的定义：数字图书馆是对以数字化形式存在的信息进行收集、整理、保存、发布和利用的实体，其形式既可以是具体的社会机构或组织，也可以是虚拟的网站或者任何数字信息资源集合。

2. 数字图书馆的优势

数字图书馆日益发展的新趋势意味着传统图书馆在信息时代进行了必要的转型。数字图书馆是在传统图书馆的基础之上发展起来的，因此两者有许多相似之处，然而，数字图书馆有传统图书馆无法比拟的优势，因此，未来的图书馆将是数字图书馆和传统图书馆相结合的新型图书馆形式。数字图书馆相对于传统图书馆的优势大概可以分为以下几个方面：

（1）占用的物理空间较小。数字图书馆中大量的数字化信息存储在许多磁盘存储器或者硬盘中，并且通过计算机网络的链接形成了一个联机系统，大大节约了存储空间。

（2）资源存储量丰富。数字图书馆收藏的不仅是纸质书刊数字化后的信息，还收录了其他一切可以数字化的信息，如大量的视频、音频资料，图片信息，计算机程序语言等，这样就大大满足了读者多样化的需求。

（3）更有益于资料保存的完整性。传统图书馆对于珍贵资料的保存有局限性，而数字图书馆可以通过对这些珍贵资料信息的数字化，并且加以妥善的存储,这样就能实现对珍贵原件的复制。在保存珍贵资料的同时更加方便读者的查阅。

（4）使用更加方便。利用数字图书馆的读者可以通过操作平台不与实体图书馆的工作人员进行直接的接触就能够查阅到自己想要了解的信息,并且通过数字图书馆,读者可以基本完成查询、借阅、续借等服务,使图书馆业务流程更加方便。

（5）读者群更加丰富。数字图书馆从某种程度上舍弃了传统图书馆地理位置上的需求,通过计算机网络进一步扩大了读者的范围,允许人们在任何地方以任何身份进入图书馆自由查询。

相对于传统图书馆,数字图书馆的确具有更多的优势,从而导致了部分人以为数字图书馆出现以后实体图书馆的作用就不复存在了。这种观点难免有些绝对化。我们应当认识到,任何事物都具有其两面性,我们只有充分认识和理解数字图书馆的意义,才能使之更好地为我们服务,从而达到数字化、信息化社会的目标。

3. 相关概念探讨

与此同时,随着数字图书馆在全世界迅猛发展,出现了与之概念相对应的虚拟图书馆、电子图书馆、无墙图书馆等。这些概念之间的关系现在各界也众说纷纭,有的认为这几个概念所指的内容其实是相同的,彼此可以替代;有的则认为它们之间的区别是本质上的,在概念上不能混淆。本书就以上几个概念和关系进行了一定的探讨。

（1）数字图书馆与虚拟图书馆。虚拟图书馆（Virtual Library）是指图书馆的服务不仅仅局限于物理意义上的馆藏,而是指通过通信网络连接各馆、各地区、全国乃至全球信息资源的逻辑意义上的馆藏。因此,虚拟图书馆概念的提出可以说是数字图书馆的"冰山一角"或补充。数字图书馆在链接各地图书馆物理馆藏的同时更倾向于对数字化信息的收集、整理、保存和利用,其为社区群体提供的信息服务更加方便和经济,作用也更加广泛。

综上所述,数字图书馆和虚拟图书馆都强调信息传输的网络化,而资源的广泛性在虚拟图书馆中重要性更高,但其并未能够突出图书馆的馆藏网络化的特点。

（2）数字图书馆和电子图书馆。"电子图书馆"（Electronic Library）一词最早出现于 R. W. Cristian 的《电子图书馆：数目数据库》（1975），而对其第一次明确的定义则为美国人 K. E. Dowlin 于 1984 年出版的《电子图书馆：前景与进程》。现在对电子图书馆较公认的定义：此类图书馆收藏的不是一本本印刷在纸上的图书，而是以电子形式储存、检索文献信息，从而为公众提供服务的图书馆。简而言之，电子图书馆就是通过电子媒介进行服务的图书馆。

在含义上，数字图书馆和电子图书馆很接近，国内外普遍认为电子图书馆是数字图书馆的早期提法，甚至现在许多领域仍引用"电子图书馆"这一词汇。由此可见，无论是从狭义还是广义的理解和解释，我们都可以把电子图书馆看作一个发展的概念，而数字图书馆是其概念范畴内发展出的一个新形式，两者在技术基础和服务内容上其实是一致的。

（3）数字图书馆和无墙图书馆。无墙图书馆（Library Without Walls）的概念主要是从用户感觉的角度来定义的，即数字图书馆网络化的特征，使用户觉得好像在使用一个没有围墙、不规定借阅时间的图书馆。由此可见，无墙图书馆反映的仅是数字图书馆的部分特点，因此将两者概念等同起来是不全面、不完善的。

二、发展

1. 国外数字图书馆的发展

数字图书馆的提出最早出现在 20 世纪 40 年代中期的美国，当时美国著名的科学技术管理学家 Bush 在《大西洋月刊》上答复美国最高当局的信件中提出：将传统图书馆馆藏文献的储存、查找机制与当时刚刚问世的计算机结合起来，构思并描绘了他所设想的一种名为"扩展存储器"（Memory - Extender Memex）的装备机械化的个人文档与图书馆，即个人文献工作系统，该系统能够存储他所有的书、记录以及通讯信息。这一构想的提出被视作当今数字图书馆的情报学理论与实践的开端，而 Memex 也被视作情报系统的前身。与此同时，1948 年美国数学家 Wiener 在其著名的《控制论》一书中指出：由于科技情报资料数量的急剧增长，给图书馆带来巨大压力与困难，应适当采用机器来处理资料。

自 1981 年开始，国外就已经展开了数字图书馆相关的技术研究。20 世纪 90 年代以来，随着因特网的迅猛发展，高新技术的日益普及，特别是知识经济的崛起，网上信息的有效管理越来越引起世界各国的关注。为在 21 世纪掌握知识经济信息时代的领导权,各国纷纷提出发展信息系统的战略措施。1993年美国制定了"国家信息基础结构"(NII)计划,继而提出了建设"全球信息基础设施"(GII)的主张;1994年,欧盟宣布在欧洲建立信息社会的计划,确定了欧洲信息社会应用领域;同年,俄罗斯成立了俄联邦信息政策委员会,并于1995年俄杜马通过了《俄罗斯信息、信息化和信息保护法》;日本、加拿大、法国、英国、南非等许多国家也都以政府性行为采取了相应的措施和行动。1994年,美国开始数字图书馆创新(Digital Library Initiative)项目,1996年7月,IBM公司提出了一项多媒体信息共享方案以及相应的软件产品——"IBM数字图书馆",从此,数字图书馆作为计算机技术、通信技术与传统图书馆相结合的产物成为了各学术领域的热门研究项目之一。

经过30多年的建设发展,时至今日,世界范围的数字图书馆建设已经取得了显著的成就,并积累了一定的经验,开发了一大批数字图书馆项目。本书主要介绍以下几个具有代表性的数字图书馆项目:

(1)"数字图书馆联盟"(Digital Library Federation,DLF)是由美国12所大学图书馆及国会图书馆组成,在促进收藏和推广数字化著作方面发挥了较大的作用。它所实施的数字图书馆项目是规模位居全球前列的公益性数字图书馆,研究内容包括数字图书馆的构造、数字化收藏、用户支持与服务、数字化保存、数字图书馆标准与实例、图书馆未来角色的评估与定位等,主要包括了美国大学图书馆核心馆藏、技术报告等进入公共领域的图书资料。

(2)"美国国家数字图书馆项目"(National Digital Library Program,NDLP)在因特网上仍使用实验项目"美国的回忆"(American Memory)来命名该数字图书馆。NDLP于1995年启动,该项目旨在以高质量的数字产品的形式,丰富和集中美国的历史、文化收藏,要让所有的学校、图书馆、家庭同那些公共阅览室的长期读者一样,能够从自己所在的任意地点接触到这些对他们来说崭新而且重要的资料,并按个人的要求来理解、重新整理和使用这些资料。NDLP数字图书馆与其他数字图书馆最大的不同之处在于按主题分为了不同的收藏,每个收藏可以是一组档案文件、一套累计的资料或一个专题汇编,并作为一个单独的数据库命名,在该项目的主页下使用统一标准的URL地址和查询检索工具。到目前为止,国家数字图书馆项目已经完成,并且在因特网上检索到的收藏达到了26个。

(3)"伽里卡计划"——法国国立数字化图书馆。法国国立图书馆为了实现新馆的开放,将大量图书资料通过因特网提供给全球的读者使用,这也就促成了法国国立数字图书馆的伽里卡计划。该数字图书馆包括大约 10 万册数字化图书，其中大部分以图片形式存在。伽里卡项目的独特之处在于它是一座多样化的多媒体图书馆，收藏了许多作家的作品和肖像。为最大限度地满足研究人员的要求，在研究图像和文字远距离传送时，必须考虑以阅读为基础的知识类型，并想象电子图书馆可能是什么样。因此，伽里卡数字图书馆是一座没有围墙的，让用户觉得可以自由使用的数字图书馆。

（4）日本国会图书馆的"电子图书馆"计划。该计划已经完成的数据总量仅图像数据就达 1000 多万页，其中包括许多国宝或作为重要文化财产的珍藏本，如日本明治时期发行的图书、第二次世界大战前后的经济类图书、日本具有代表性的综合期刊、政治、经济类杂志等。日本国会图书馆关西馆工程使得该馆成为日本最大的数字图书馆及亚洲地区的文献提供中心，而关于这个项目日本政府投资了近 4 亿美元。总的来看，日本的数字图书馆建设侧重的是公有领域内的信息资料，发挥着保存和拯救历史的重要作用。

2. 中国数字图书馆的发展

我国的数字图书馆建设起步比较晚，但是发展速度很快，各图书情报单位紧跟世界科学技术的发展步伐，积极建设各类型的数字图书馆。中国国家图书馆从 1995 年起就安排专人负责跟踪国外关于研制数字图书馆的发展动态。当今世界争夺最激烈的就是知识和人才。随着新经济的迅速发展，将知识转化为资本的能力在某种程度上标志着一个国家的发展能力。数字图书馆的建立和快速发展，能够提供一流的信息，为科研人员的发明创造提供条件。长期以来，我国在创造发明专利方面一直比较落后，基础学科建设、人才培养等基础工作也和发达国家有很大的差距，因此只有培养自己的人才，才能在世界舞台上具有真正的竞争力。我国"十一五"调整了"科教兴国"的发展战略，并且强调了"自主创新"的思想，而数字图书馆的运用正是实施这些战略和目标的基础工作。在数字图书馆领域中运用"数据挖掘""知识关联""异构跨库检索"等工具是为了快速获取世界最新创造发明出现的新技术，这就需要我们开发一流的新知识、新资源，发展一流的信息新技术，加速数字图书馆建设，以适应科技创新的需要。下面简要介绍我国数字图书馆的发展概况。

（1）中国试验型数字式图书馆（CPDLP）。该项目以国家图书馆为组长单位，联合上海图书馆、南京图书馆、辽宁省图书馆、广东省图书馆以及深圳图书馆，于 1997 年获得批准立项，成为国家重点科技项目。主要有中国古籍善本、历史与图片、国内外旅游多媒体库等 9 个数据库。

（2）数字图书馆系统工程项目。由国家科技部支持和协调，国家"863"计划智能计算机系统主题专家组设置的数字图书馆重点攻关项目，由现国家图书馆初步建立的一个中国试验型数字式图书馆系统，该系统构筑在因特网环境上，包含多个分布式数字资源库，采用人工智能技术，实现了横跨多个资源库的快速查询。

（3）中国数字图书馆工程。1998 年 8 月 25 日，中国数字图书馆工程筹备小组成立；2001 年 11 月，中国数字图书馆工程正式启动，标志着中国数字图书馆工程进入了实质性操作阶段。该项目的整体目标是在因特网上形成超大规模的高质量的中文数字资源库群，并通过国家骨干通信网向全国乃至全球用户读者提供服务；总任务是建设十余个总容量不低于 20TB 的 200 万册图书、600 万幅图片、8000 部影视作品并相互连接的中文多媒体资源库群，实现全国联机采编及馆际互借，完成开发具有中国特色的数字图书馆应用系统。到目前为止，该项目已建成的信息资源总量达到了 10TB，包括 6380 万页图书、22 万首音乐作品、近 8 万篇博士论文等多种类型资源的数字化工作。

（4）国家科技图书文献中心（National Science and Technology Library，NSTL）。成立于 2000 年，由中国科技信息研究所、中国科学院图书馆、工程技术图书馆、中国农业科学院图书馆、中国医学科学院图书馆等 8 个图书馆合作开发的虚拟数字图书馆，网上共建单位包括中国标准化研究院和中国计量科学研究院。到目前为止，NSTL 系统提供"文献检索和原文提供、网络版全文数据库、期刊分类目次浏览、联机公共目录查询、文献题录数据库检索、网络信息导航、专家咨询服务和专题信息服务"等类型的文献信息服务，网站上同时还开通了中文期刊、中文会议论文、中文学位论文、外文期刊、外文会议论文和外文科技报告等全文检索利用。

（5）中国国家知识基础设施工程（China National Knowledge Infrastructure，CNKI，即"中国知网"）。作为全球全文信息量最大的中文数字图书馆，被国家科技部确定为"国家级重点新产品重中之重"项目。CNKI 数字图书馆囊括了 20 多个国家批准的电子期刊以及源数据库、系列知识仓库等。通过与期刊界、出版界及各内容提供商达成合作，今天的知网已经发展成为囊括国际各类期刊、论文、年鉴、专利、图书等丰富数据库资源的国际化网络出版平台。中心网站的日更新文献量达5万篇以上。CNKI工程的具体目标：一是大规模集成整合知识信息资源，整体提高资源的综合和增值利用价值；二是建设知识资源互联网传播扩散与增值服务平台，为全社会提供资源共享、数字化学习、知识创新信息化条件；三是建设知识资源的深度开发利用平台，为社会各方面提供知识管理与知识服务的信息化手段；四是为知识资源生产出版部门创造互联网出版发行的市场环境与商业机制，大力促进文化出版事业、产业的现代化建设与跨越式发展。

构建数字化信息保障体系，对"十一五"发展战略具有重要意义。为了实现"十一五"期间重点学科建设目标，就必须密切跟踪国内外科学研究的前沿领域，充分吸收最新的研究成果，大力开发特色学术信息资源，加强教学科研信息交流，全面提高教育信息化、现代化的建设水平。因此，加快发展并且尽快改变图书馆文献知识资源的开发和利用滞后的现实情况是适应"自主创新"的战略需要。而在构建数字图书馆保障体系的实施方式上，加快海量存储设备和电子资源的建设是必由之路。由于数字图书馆是一个拥有海量信息的多媒体数据库，所涉及的信息全部数字化地存储于信息载体之中，这些电子资源所占空间不大，也不受时间限制，通过将文本、图像、语音、视频等信息的数字化并且数字化共享后能够使用户在任何时间、任何地点、以任何身份进行查阅和利用，因此，数字化信息的海量存储也就成为了数字图书馆建设的重要组成部分。

关于数字图书馆未来的走向，一般分为三种观点：数字图书馆将成为实体型传统图书馆的一种补充；数字图书馆将成为21世纪主要的图书馆形态；数字图书馆与传统图书馆将并存互补。第三种观点是比较切合实际的，这主要有两方面的原因：一是历史与环境的原因，传统图书馆有几千年的历史，有根深蒂固的基础，并且能够随着社会的变化不断变革进步，而随后出现的数字图书馆也是以传统图书馆为基础，按照其架构逐渐演变形成而来的；二是由于数字图书馆与传统图书馆不完全相同，各有自身的优势和局限性，同时两者又具有不可分割的联系。因此，两者不是相互排斥，而是相存互补、相互集合的有机混合体。这不仅仅是自身发展的需要，也是社会发展的必然要求。

第七章 数字图书馆

三、特征

1. 要素特点

数字图书馆是计算机技术、网络技术、通信技术、数据库技术以及多媒体技术等诸多内容的结合体，以计算机为主要手段的各种硬件设备为管理数字化的信息资源起到了很大的作用。与此同时，数字图书馆利用因特网的共享性，充分连接了各类网络信息资源，实现了网络化，为用户提供全方位、多元化和高效能的数字化信息服务。总而言之，数字图书馆是一种拥有多媒体、内容丰富的数字化信息资源，能为读者方便、快捷地提供信息的知识中心。同传统图书馆相比，数字图书馆具有相当鲜明的基本要素特点：数字化资源、以用户为中心、传播和利用的共享化。

（1）数字化资源。信息资源的数字化是数字图书馆建设和发展的基础，其中数字、文字、图像、语音，包括虚拟现实及可视世界的各种信息等，实际上都可以通过采样定理用0和1来表示，这样数字化以后的0和1就是各种信息最基本、最简单的表示。因此用数字媒体就可以代表各种媒体，就可以描述千差万别的图书馆信息资源。通过数字化的方法，以纸质为载体的信息就变成了存储在磁性物质上的电磁信号，这对于珍贵文献的保护起到了至关重要的作用。由于各类数字化信息大都以数字化光盘、服务器数据库、硬盘等载体储存，数字图书馆中海量信息所占的空间也大为减少。

（2）以用户为中心。经过几十年数字图书馆日新月异的发展，现今用户能够在任何时候、任何地点通过利用数字图书馆进行资源的查阅，数字图书馆也从以资源为中心到以技术为中心，最后发展到以用户为中心上来，这与数字图书馆建立的初衷：以读者为基础，方便更多人使用是分不开的。与传统图书馆不同，用户利用数字图书馆跳过了与图书管理员沟通交流的环节，更加方便而快速地查阅自己所需要的书籍或者信息。面向不同的用户，数字图书馆根据每一用户特征性的需求，能够提供多样化的、可以定制的服务内容。同时，用户对数字化信息的查询、筛选、选择、阅读、评价等对数字图书馆的进一步改进又起到了反作用，从而建立起用户与图书馆之间发展的一个良性循环。

（3）传播和利用的共享化。数字图书馆通过对局域网、广域网、因特网等网络化设施的利用，使图书馆中大量的数字化资源能够在网络上实现一定领域的共享，这也是数字图书馆发展的必然趋势。但是随着因特网上科学信息和论文期刊等资源的急剧增加，如何快捷有效地获取自己想要查阅的内容已经成了一大难题，因而对数字图书馆的选择变得尤为重要。

相比传统图书馆，数字图书馆有很多的优势和特点，然而，正是因为数字图书馆系统结构的开放性和自由性，虽然为用户共享信息资源、获得信息服务提供了方便，但是互联网的安全问题仍然不容忽视，这不仅涉及著作版权问题，同时也是社会道德的一个反映。对于数字图书馆安全问题一个较为行之有效的方法是对访问权的控制，利用计算机读取管理技术和域名管理技术，该问题也得到了一定的解决。

2. 功能

下面介绍数字图书馆业务功能及社会功能。

（1）业务功能。数字图书馆的内容主要是由其各种各样的功能所体现出来的。本书以 IBM 细化的 5 个功能为标准，即数字化信息的收录、存储与管理已获得的数字化信息、信息的访问与查阅、数字化信息的传输、权限的管理。

其一，数字化信息的收录。目前，比较广泛适用的电子文件格式有 TXT、DOC、PDF、HTML、SGML、XML、WAV、JEPG、MPEG、AVI、H.261 等。

其二，存储与管理已获得的数字化信息。数字图书馆大多采用 Client/Server 模式，客户和服务器数据库之间直接构成了信息传递的链条。同时，为了保证所存储信息资源的稳定性和防止意外事故造成的数据流失，在管理上数字图书馆必须要求经常进行数据更新和备份。

其三，信息的访问与查阅。用户对于数字图书馆的利用是依赖于用户界面来进行的，因此一个便利的用户界面使得读者能够快捷地学会并且熟练操作该数字图书馆。现在常用的全文信息检索技术包括布尔逻辑检索、截词检索、限制检索和词频检索等。

其四，数字化信息的传输。因特网的网络大环境为数字图书馆提供了一个很好的信息网络化共享的平台，通过一大批遵循 TCP/IP 协议的计算机相互联结，用户能够轻易地从数字图书馆数据库中分享或下载所需资源，然而，信息传送涉及的是网络技术的应用层面，因此对计算机本身硬件配备、网络共享性有较高的要求。

其五，权限的管理。在数字图书馆快速发展的同时，网络信息的安全性也引起了人们的注意，网络知识产权的保护是数字图书馆的基本生存之道，也只有这样，信息拥有者和最终用户的权益才能得到根本保证。例如，IBM 数字化图书馆提供看不见的水印加密技术、鉴定水印功能、记账服务等，而中国的《信息网络传播权保护条例》已经于 2006 年 5 月 10 日国务院第 135 次常务会议通过，自 2006 年 7 月 1 日起开始施行。

（2）社会功能。数字图书馆是传统图书馆的创新和发展，社会功能也随着其与外界环境的相互作用逐渐产生。国际图书馆协会联合会（IFLA）在法国里昂召开的图书馆职能科学讨论会定义了数字图书馆的四大类社会功能：

其一，保存人类珍贵文化遗产。因为有了图书馆这一机构，人类的社会实践所取得的经验、文化、知识得以系统地保存并流传下来，成为今天人类宝贵的文化遗产和精神财富。而数字图书馆通过对于珍贵纸质资料的数字化保存，在大大增加了文化遗产拥有量的同时为用户的阅读提供了便利。

其二，开展社会教育。近代，资本主义大工业的产生，要求工人有较多的劳动知识和劳动技能，图书馆从而真正走入平民百姓当中，担负起了对工人的科学知识文化教育的任务。现代社会，数字图书馆与传统图书馆一样，成为继续教育、终身教育的温床，担负了更多的教育职能。

其三，快速传递社会信息。通过便捷的通信网络技术的传递，用户现在能够很快地利用数字图书馆获取大量的有用信息。

其四，作为休闲活动。进入 21 世纪以来，办公电脑和家庭电脑的保有量已经达到了一个相当惊人的数量，使用户能够方便地利用数字图书馆提供的服务。这既满足了社会对文化娱乐的需要，丰富和活跃了人民群众的文化生活，又在精神文明建设当中起到了不可磨灭的作用。

3. 类型

数字图书馆和科学引文索引、中国知网、维普中文科技数据库、万方数据库资源系统等具有很多相似之处，其资源类型丰富多样，例如有电子图书、电子期刊、电子报纸、博硕士论文等全文数据库资源，本书涉及的数字图书馆资源类型主要是电子图书等。

（1）电子图书分类。电子图书（Electronic Book，E‐Book），作为一种新形式的书籍，是指通过数字化技术编辑、制作以及使用的图书，该类图书必须存储在一定的载体上,通过电子设备读取后在屏幕上显示出来。随着计算机技术的飞速发展,电子图书的运用也变得多起来,而电子图书主要包括两种:一是通过扫描设备直接将书籍内容转换为数字格式,如以图片形式存在,这对一些古籍的保存起到了重要作用;二是原生数字出版物,这种电子书是直接依赖于电子设备发行的出版物,以电子文本存在。作为多媒体技术和超文本技术发展的产物,电子图书相较于传统书籍有着更多的优点:①方便信息检索,提高了资料的利用率;②存储介质相较传统书籍而言容量更大,可以容纳更多的信息量;③成本更低,相同的容量比较,存储体的价格可以是传统媒体价格的1/10~1/100,甚至更低;④内容更丰富,数字化资料可以包含图文声像等各种资料;⑤可读性大大增强,信息组织方式更为灵活,方便读者阅读。

电子图书根据存储载体不同可以分为以下几类:①CD-ROM电子图书,数字化后的电子信息存储在光盘上,只能采用计算机单机阅读。②软盘电子图书,数字化后的电子信息存储在软盘上,也只能通过计算机阅读,现在这种类型的电子图书由于计算机硬件技术的发展基本不再采用。③互联网电子图书,借助于互联网的共享性,读者可以通过互联网访问阅读所需电子图书,更新较快。④电子图书阅读器,基于电子纸技术的电子书阅读器是一种方便读者携带的电子书存储设备,能存储多本电子图书,用户可以根据自己的兴趣更新电子图书的内容。

(2)电子读物及电子图书存在的格式又有很多种,下面简单地介绍一下当前比较流行和比较常见的几种电子读物文件格式:

其一,EXE文件格式。这是目前比较流行也是被许多人青睐的一种电子读物文件格式,这种格式的制作工具也是最多的。它最大的特点就是阅读方便、制作简单,制作出来的电子读物相当精美,无须专门的阅读器支持就可以阅读。这种格式的电子读物对运行环境并无很高的要求。

其二,CHM文件格式。该文件格式是微软1998年推出的基于HTML文件特性的帮助文件系统,因而CHM类型文件被称作"已编译的HTML帮助文件"。被IE浏览器支持的JavaScript、VBScript、ActiveX、Java Applet、Flash、常见图形文件(GIF、JPEG、PNG)、音频视频文件(MID、WAV、AVI)等,CHM同样支持,并可以通过URL与Internet联系在一起。

其三,PDF文件格式。是美国Adobe公司开发的电子读物文件格式,这种文件格式的电子读物需要该公司的PDF文件阅读器Adobe Acrobat Reader来阅读,所以要求读者的计算机安装这个阅读器。该阅读器完全免费,可以到Adobe的站

第七章　数字图书馆

点下载。PDF 的优点在于这种格式的电子读物美观、便于浏览、安全性很高。但是这种格式不支持 CSS、Flash、Java、JavaScript 等基于 HTML 的各种技术，所以它只适合浏览静态的电子图书。

其四，WDL 文件格式。该格式是北京华康公司开发的一种电子读物文件格式，目前国内很多大型的电子出版物都使用这种格式。其特点是较好地保留了原来的版面设计，可以通过在线阅读，也可以将电子读物下载到本地阅读，但是需要使用该公司专门的阅读器 DynaDoc Free Reader 来阅读，该阅读器可以从该公司的网站免费下载。

其五，EBX 文件格式。该格式的电子读物可以使用名为 The Glassbook Reader 的阅读器来阅读，该格式还可以包括 sound、wave 等多媒体文档。目前美国 BARNES & NOBLE 公司提供了大量的关于这种格式的电子读物。

第二节　常用数字图书馆

随着电子图书产业的迅速发展，中国电子图书市场也越来越活跃，目前的国内数字图书馆有超星数字图书馆、书生之家数字图书馆、方正 Apabi 数字图书馆，国外数字图书馆主要有 18 世纪作品在线（Eighteenth Century Collections Online，ECCO）、早期英文图书在线（Early English Books Online，EEBO）和金图国际外文数字图书馆（KingBook）等。本书将主要对超星数字图书馆、书生之家数字图书馆、方正 Apabi 相对应的阅读器使用方法进行介绍。

一、超星数字图书馆

1. 概况

超星数字图书馆是 2000 年由北京世纪超星信息技术发展有限责任公司投资兴建的国内第一个完全数字化图书馆，属于国家"863"计划中国数字图书馆示范工程项目。该图书馆提供丰富的电子图书资源，其中包括文学、经济、计算机等 50 余大类，数十万册电子图书，300 万篇论文，全文总量 4 亿余页，数据总量

30000GB。大量免费的电子图书每天仍在不断增加与更新，为目前世界最大的中文在线数字图书馆。先进成熟的超星数字图书馆技术平台和"超星阅读器"能够提供给读者和用户各种读书所需的功能。专为数字图书馆设计的 PDG 电子图书格式，具有很好的显示效果，适合在互联网上使用等优点。"超星阅读器"是国内目前技术最为成熟、创新点最多的专业阅览器，具有电子图书阅读、资源整理、网页采集、电子图书制作等一系列功能。

2. 安装与注册

为了能够更好地使用超星数字图书馆，用户需要下载超星数字图书馆研发的专门阅读软件——"超星阅读器"。具体操作步骤如下：

（1）进入四川大学图书馆主页，如图 7-1 所示。

图 7-1　四川大学图书馆主页

（2）点击主页左下角的"超星电子图书"，进入"超星电子图书馆"页面，如图 7-2 所示。

（3）双击阅读器安装程序图标（见图 7-3），按照提示将阅读器安装进个人电脑，这时计算机桌面出现"超星阅读器"快捷方式（见图 7-4），安装完毕，双击即可进入超星数字图书馆的阅览器。

图 7-2 超星电子图书馆页面

图 7-3 阅读器安装程序图标

图 7-4 "超星阅读器"快捷方式

为了使读者对书目的下载管理更加方便,可以根据超星阅读器首页的引导下载并安装"超星阅读器 5"。登录账号即为在超星阅读器首次登录时所使用的账户及密码。"超星阅读器 5"安装后首页如图 7-5 所示。

超星数字图书馆目前主要有两种途径可以使用:校内教育网用户通过学校图书馆 IP 地址登入,外网个人用户通过购买超星读书卡获得权限登入。一般来说,在校学生通过学校教育网登入是免费的,但是不管是以哪种方式登入,用户在第一次使用超星阅读器时都需要进行用户注册并登录。用户注册登录具体步骤如下:

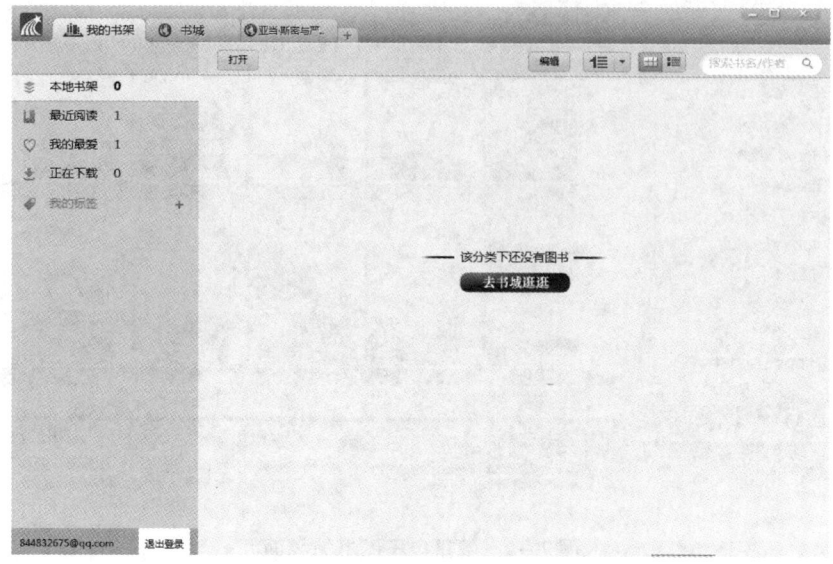

图7-5 超星阅读器5首页

第一步，进入超星数字图书馆主页 http：//www.ssreader.com/，单击"注册"（已注册用户可直接点击"登录"），进入注册页面，完善用户注册信息。

第二步，注册完毕后，单击"登录"，进行用户登录。

第三步，登录超星阅读器后用户能够对自己的信息进行管理，包括"用户信息查询""最近读书记录""用户信息修改""图书下载记录""我的图书馆"等功能，见图7-6。

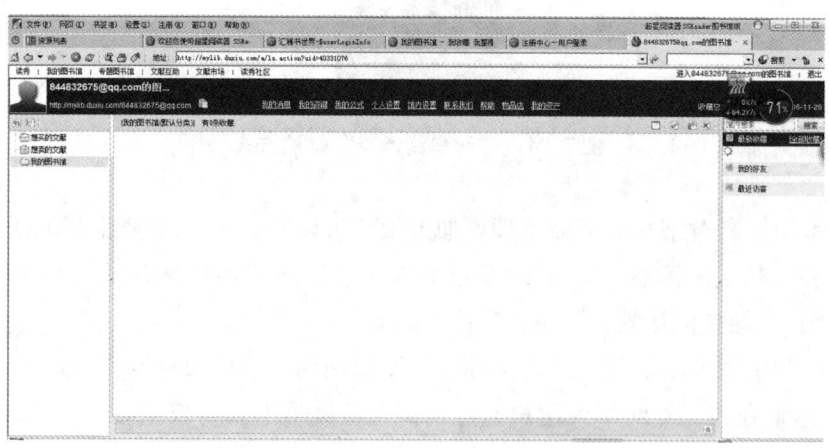

图7-6 用户信息界面

3. 使用介绍

作为北京世纪超星技术有限公司研发的超星数图专用阅读软件，超星阅读器在经过多次升级更新之后到如今已经具有了适应不同用户需求的功能。

(1) 资源列表。进入超星阅读后，在窗口的左侧会出现一个"资源列表"，如图7-7所示，通过对个人书籍资源的管理，用户可以选择"本地图书馆""光盘"等方式来阅读电子图书。"本地图书馆"是指用户通过超星数字图书馆下载到本地计算机的电子书数据库，"光盘"则需要光盘等存储载体来打开电子图书，"数字图书馆"是按照不同书籍领域的分类，读者能够在线阅读并保持更新。

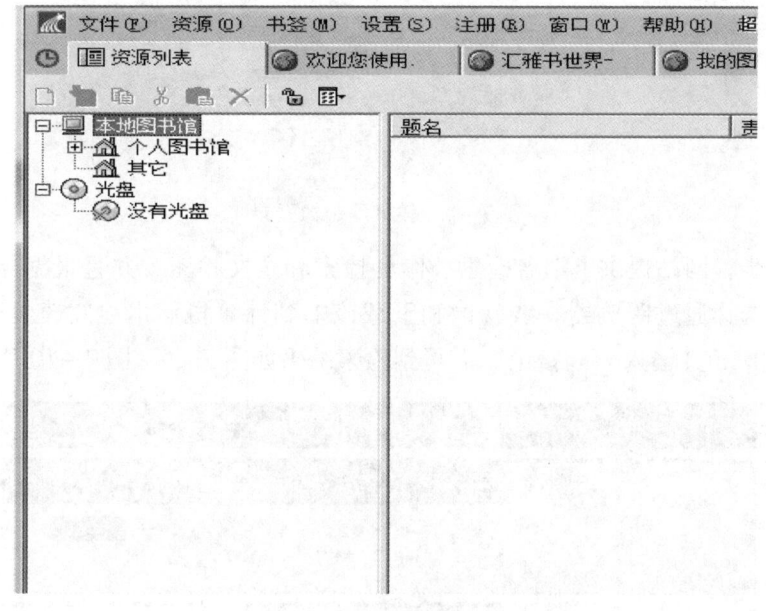

图7-7 资源列表

(2) 资源。超星阅读器为了方便读者对所需资料的归纳分类及保存，工具栏的"资源"项中针对保存或收藏在阅读器中的信息提供了"添加新的分类""导出""复制""删除"等功能。

(3) 书签管理。在阅读某本图书后为了下次能够方便地找到该书并继续阅读和管理，用户可以通过书签来实现。在"书签"栏中选择"书签管理"，即能在书签管理器中导入、导出、删除书签。

本书以上内容对超星数字图书馆超星阅读器的基本使用方法做了一个简单介绍，下面举例说明怎么具体找寻一本读者所需要的书。

例如读者打算通过××大学图书馆链接超星数字图书馆后搜寻亚当·斯密的《国富论》，具体操作界面如下：

第一步，进入××大学图书馆主页，找到超星数字图书馆数据库教育网镜像，如图7-8所示，点击进入。

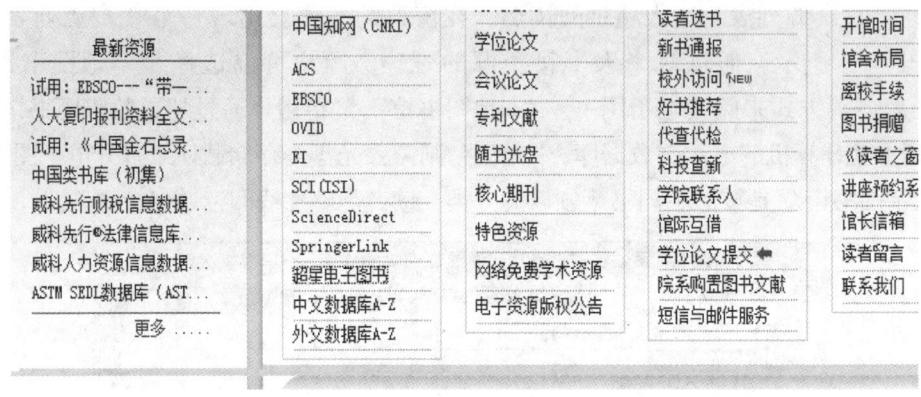

图7-8　教育网镜像登录

第二步，网站提供了书名检索、作者检索和全文检索，并且根据界面提示，用户可以选择通过阅览器在线阅读和下载该书到计算机后本地阅读。笔者选择"书名检索"，并输入"国富论"后得到检索结果如图7-9、图7-10所示。

图7-9　书籍搜索

图 7–10 下载界面

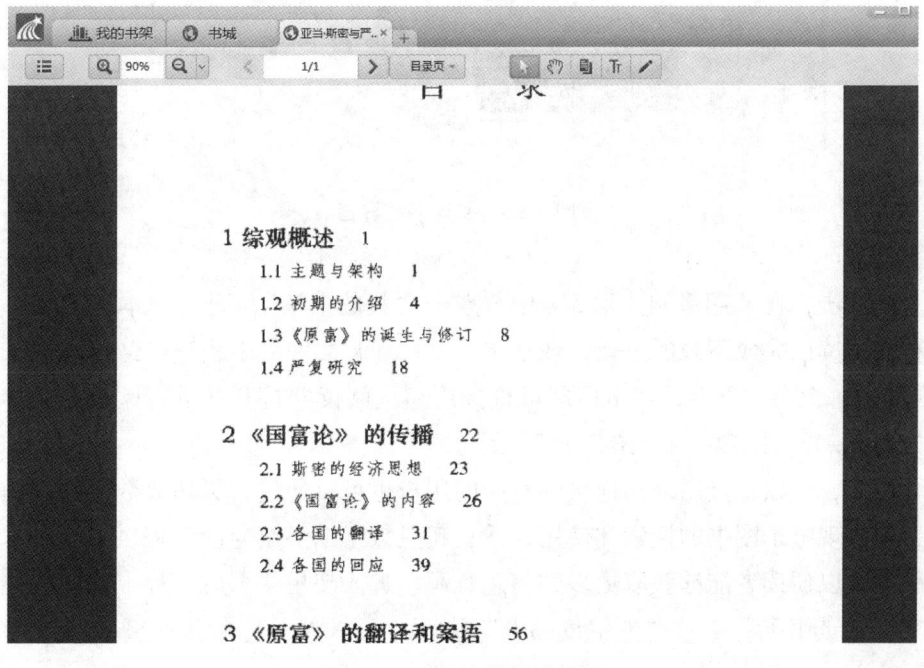

图 7–11 阅读器阅读页面

第三步,点击"阅读本书"后会自动启动超星浏览器,书本内容将自动在超星浏览器中打开(见图 7-11)。

第四步,在阅读页面单击鼠标右键,可以对书本内容进行翻页、收藏、下载等选项功能。下载页面如图 7-12 所示。

图 7-12　书籍下载界面

第五步,在"超星阅读器 5"中,点击"我的书架",通过"本地书架"可以直接阅读已完成下载的书籍,或在本地 e-book 文件夹中找到已经下载完毕的《国富论》上卷、下卷,双击后即可直接用超星阅读器打开并进行阅读,具体界面如图 7-13、图 7-14、图 7-15 所示。

当然,可以直接用外网连接因特网的用户也可以通过购买超星数字图书馆读书卡来实现电子图书的搜索和使用,并且超星数字图书馆为读者提供了读书卡充值服务,以便读者能够获取更多的信息资源。进入超星主页后在最上面一栏能看到"购买读书卡"以及"充值读书卡"。

第七章　数字图书馆

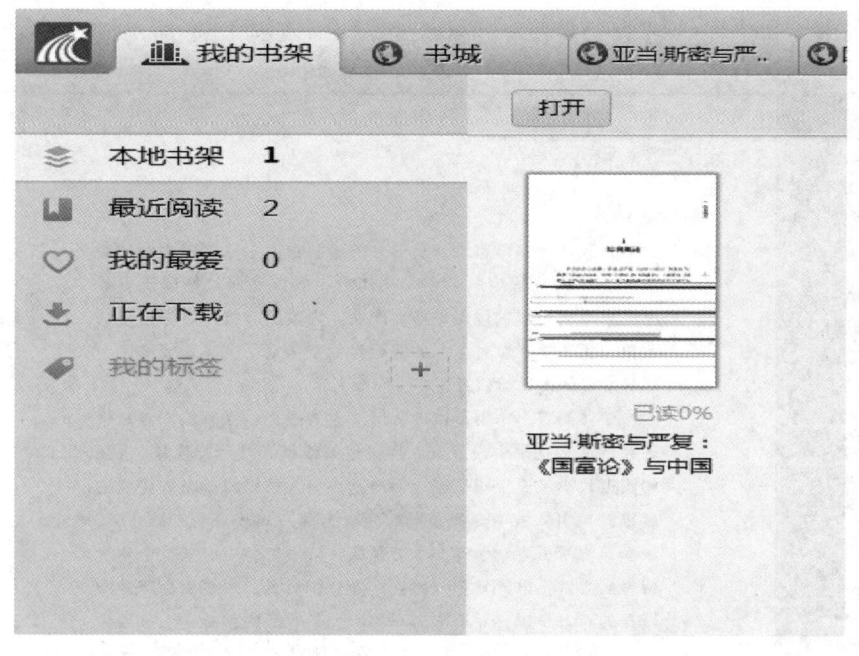

图 7-13　阅读器个人管理页面

图 7-14　本地文件

运用超星数字图书馆的图书功能，读者有两种方法可以获得满意的图书：第一种，超星数字图书馆提供的 15 种大范围的分类目录涵盖了哲学宗教、社会科学、经济管理、文化艺术、语言、文学、历史、地理、教育、自然科学、数理化、医学、工业技术、建筑交通、计算机通信和综合性图书等内容，而这 15 个大分类形成了一个庞大的目录分支系统，因此不同用户的读书兴趣在这里基本都能得到满足。第二种，外网用户也可以利用超星数字图书馆的"图书搜索"功能针对性地进行图书搜索，如"全文检索"（搜索直达亿页图书全文，快速定位知识点）、"作者检索"（根据作者姓名以及出版时间精确搜索图书）以及"书名检索"（在书名字段精确搜索包含检索词的所有图书）等。由于版面原因，非机构的外网用户搜索某本电子图书的具体步骤在这里就不赘述了。

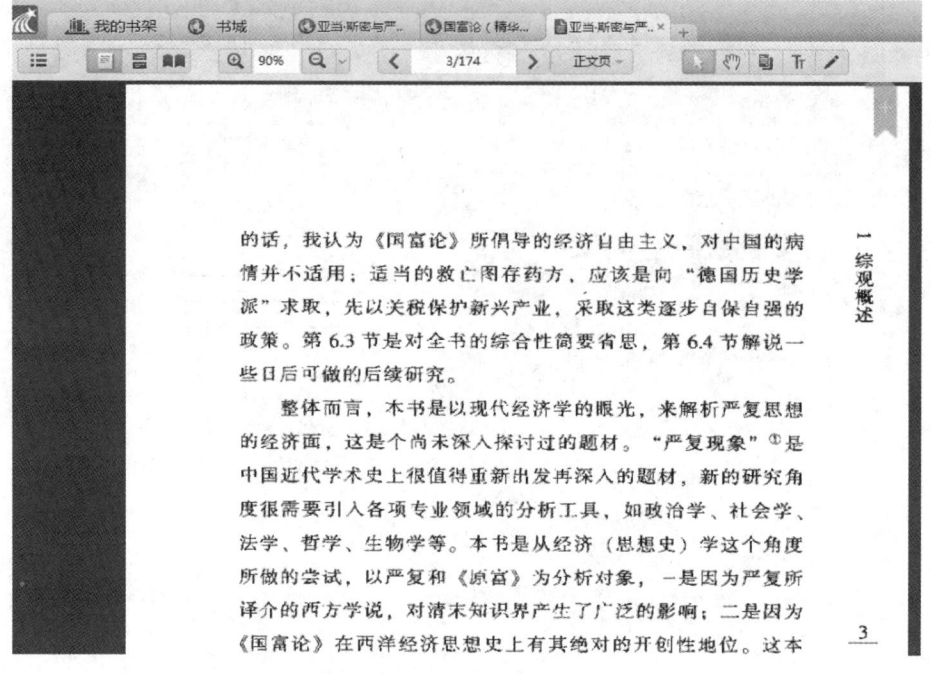

图7-15 阅读界面

二、书生之家数字图书馆

1. 概况

书生之家数字图书馆是目前公认的电子图书更新较快的数字图书馆之一，2000年以后新出版的书籍在这里一般都能够找到。与此同时，书生之家数图还提供期刊检索功能，相比超星数字图书馆使用户拥有了更多的选择。该数字图书馆是由北京书生数字技术有限公司于2000年正式推出的中文图书、报刊网上交易平台。它集成了图书、期刊、报纸、论文、CD等各种载体的资源，下设中华图书网、中华期刊网、中华报纸网、中华资讯网和中华CD网等子网。资源内容分为书（篇）目、提要、全文三个层次，并提供全文、标题、主题词等10种数据库检索功能。书生之家数字图书馆收录入网出版社500多家，期刊7000多家，报纸1000多家，现有2000~2004年的图书23万余册。

书生之家数字图书馆首次提出了第三代数字图书馆的概念,引领数图行业正式迈入了第三代数字图书馆时代。第三代数字图书馆系统是为构建基于用户信息活动及互动性的数字图书馆(Work – Based Digital Library)而设计的。在第三代数字图书馆系统的技术运行环境下,读者可以随时随地实现实时在线的专家互动咨询,信息活动也从原来的单向转入"双向",轻松实现信息的"提交"和"P2P"(点对点)交换;利用 SEP 数字纸张技术提供更清晰愉悦的阅读界面;精确到页的全文检索技术让繁复的检索一步到位;书目荐购系统为采购图书提供依据,使购买的数字资源更有效。对于第三代数字图书馆,神州数码网络技术中心总监曾用一句话进行了概括,"第三代数字图书馆采用服务型的基础架构,能保证多业务安全、稳定、高速地运行,我们称之为服务型数字图书馆"。从这句高度精练的话语当中,可以看到两个关键词:"服务型"和"多业务",核心已不再聚焦在基础图书馆功能的建设上,而是这种新型的数字图书馆能够给用户的使用和科研能力的提高带来更大的变化,其价值最终体现为用户使用后的高满意度,也就是说无论是对建设者还是使用者,网络是透明的,他们看到的、体会到的只是网络带来的服务价值。书生之家第三代数字图书馆所取得的进步与提高主要包括以下几方面:精确搜索,定向存储互联网信息;整合多系统资源,搜索一步到位;统一数字资源管理平台。

2. 安装与登录

同超星数字图书馆一样,书生之家第三代数字图书馆的登录分为机构登录和非机构外网用户登录。本书对非机构用户的使用不再一一赘述,主要介绍以××大学教育网端口登录书生之家后的使用。

下载和安装"书生阅读器"。书生阅读器是书生的新一代通用电子文档阅读器,支持 SEP、GW、GD、IFR、S2/S72/S92、PDF、JPG/TIF/GIF/BMP 等常见的电子文档格式,本书下载的最新版本为"书生阅读器7.2"。下载完毕后双击相对应的安装程序,根据提示完成安装阅读器到个人电脑。安装完成后双击桌面如图7–16 所示图标,即可进入书生阅读器,阅读器安装完毕后,通过网页在书生数字图书馆首页对需要的书本进行检索,对所需结果点击页面中的"阅读器阅读",书本即可在相应阅读器中打开。界面如图7–17、图7–18 所示。

图 7–16 书生阅读器 7.2 桌面快捷方式

图书名称	作者	开本	翻看
仰望星空	刘立波	32	阅读器阅读

图7-17 检索结果

图7-18 书生阅读器

3. 使用介绍

书生之家第三代数字图书馆相应的书生阅读器为用户提供了许多实用的功能，采用在线阅读的基本方式，一般不能整本下载。当打开一本书生阅读器默认关联的电子图书后，自动进入书生阅读器界面。书生阅读器7.2版的菜单栏包括文件、编辑、视图、工具、帮助五项下级菜单：文件菜单含有打开、关闭和打印文档功能；编辑菜单含有复制和查找功能；视图菜单含有工具栏和状态栏的设置定义、页面显示、页面布局、翻页工具、自动滚屏和全屏显示等工具；工具菜单含有基本工具、页面缩放工具、电子印章和设置工具等。本书主要介绍以下几个功能：

（1）拾取文本。书生阅读器7.2版对于页面数据可以对选择的或整页的图形文本进行OCR识别，可以方便地复制需要的文本资源到文档。操作步骤为选定菜单栏"工具"的"基本工具→OCR识别"，然后用户可选定想要拾取的文本内容进行保存，如图7-19所示。

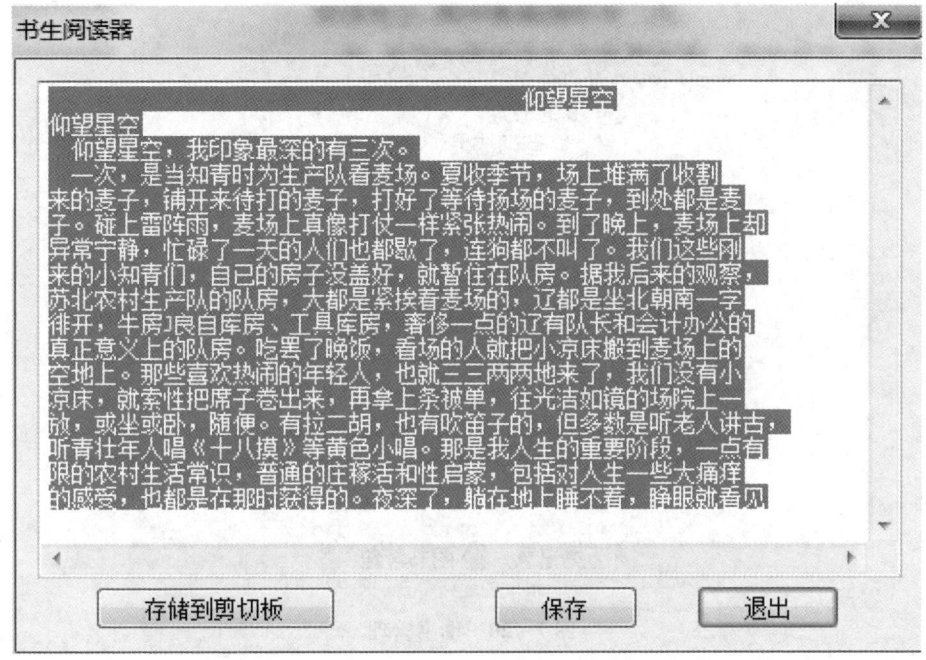

图 7-19 拾取文本

（2）自动滚屏。用户可以在阅览整个文档内容时使用该功能让文字自动滚屏，单击鼠标右键可以启动或停止。在菜单栏上选择"视图"中的"自动滚屏"或单击鼠标右键选择"自动滚屏"选项，页面即根据设置的速度开始自动滚动。同时，用户也可以选择"视图"中"停止滚屏"选项或单击鼠标右键选择"停止滚屏"，页面即停止自动滚动。

（3）图书管理。点击菜单栏下"视图"中的"图书管理"选项后出现图书管理窗口（见图 7-20）。

在该窗口下，用户可以实现"添加文件""添加目录""刷新""设置书架路径""清除失效图书""打开下载程序""查找图书""远程查找""远程检索"等子功能，与此同时，用户还可以查看近期所浏览电子图书的历史记录。

本书在第一小节已经介绍了如何运用数字图书馆搜索一本具体的书籍，鉴于版面原因，这里不再一一介绍。

图 7-20　图书管理

三、方正 Apabi 数字资源平台

1. 概况

北京方正阿帕比技术有限公司是方正集团旗下专业的数字出版技术及产品提供商。方正阿帕比公司成立于 2006 年 4 月，其前身是成立于 2001 年的北京北大方正电子有限公司数字内容事业部，在继承并发展方正传统出版印刷技术优势的基础上，自主研发了数字出版技术及整体解决方案，现已发展成为全球领先的数字出版技术提供商。

方正 Apabi 数字图书馆由北大方正电子有限公司制作，收录了全国 400 多家出版社数万种最新中文电子图书，涵盖了社会学、哲学、宗教、历史、经济管理、文学、数学、化学、地理、生物、医学、工程、机械等多种学科。该数字图书馆包含了最新电子图书 12000 多种。方正电子图书为全文电子化的图书，可输入任意知识点或对全文中的任意单词进行检索。其主要特征表现如下：

（1）采用国际上最先进的数字版权保护（DRM）技术，是国内唯一妥善保护了电子图书知识产权的数字图书馆方法。

(2) 版面显示效果好。采用世界领先的曲线显示技术和方正排版技术,高保真显示、原版原始阅读,版面缩放不失真。

(3) 阅读操作方便。具有方便的全文查找功能、支持词典功能;可在页面上进行添加书签、画线、加亮、批注、圈注、拷贝、前/后翻页、半翻页/全翻页切换、页面切换等操作。

2. 安装

方正 Apabi Reader 是一个为中文电子书环境设计的阅览软件,可阅读 CEB、PDF、XEB、HTML、TXT 和 OEB 多种数字化的书籍或文件,不论是休闲性的书籍阅读、机密性的企业内部文件、高附加价值的研究报告,还是专属性质的报价文件等类数字内容,都可经由本软件满足阅读、说明、收藏及保密的需求;看电子书的同时,还可以直接使用翻译软件、关键词查找;同时,它还具备快速点选网上书店、书架管理及网页浏览等功能。Apabi Reader 软件中的"文档管理器"可以方便地实现电子书以及各种 CEB、PDF 文档资源的分类及管理、文档的搜索。同时,下载中心也可以方便地实现文档的下载管理。

进入方正阿帕比技术有限公司主页 http://www.apabi.cn/,选择"下载专区",即可下载到最新版本的 Apabi Reader,最新版本为"方正 Apabi Reader 4.5 简体中文版",双击安装程序图标进行安装,安装完毕后双击桌面 Apabi Reader 快捷方式即可进入阅读软件,界面如图 7 – 21 所示。

图 7 – 21　Apabi Reader

3. 使用介绍

方正 Apabi 数字资源平台是以 DRM 和 CEB 技术为核心,以图书馆 2.0 为产品定位,整合多年的数字图书馆开发经验,为推动图书馆从 1.0 向 2.0 快速发展而全面开发的综合数字图书馆解决方案。产品融入了大量的 Web 2.0 的设计理念,同时以读者为核心,提供个性化用户服务,以能够更好地提高用户使用和用户参与程度,真正发挥出电子资源的优势(见图 7-22)。

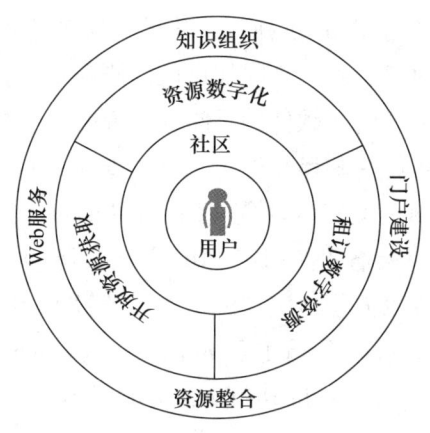

图 7-22 产品定位

Apabi 数字资源平台的主要特性表现如下:以读者为核心,提供个性化用户服务;提高用户参与度,读者自己制作信息而又分享信息,最大程度地实现资源共享;开放式的系统、开放式接口与协议为个性化开发提供基础。界面如图 7-23 所示。

Apabi 数字资源平台根据中国图书馆图书分类法将该数字图书馆资源分为 23 个根类别:马克思主义、列宁主义、毛泽东思想、邓小平理论,哲学、宗教,社会科学总论,政治、法律,军事,经济,文化、科学、教育、体育,语言、文字,文学,艺术,历史、地理,自然科学总论,数理科学和化学,天文学、地球科学,生物科学,医药、卫生,农业科学,工业技术,交通运输,航空、航天,环境科学、安全科学,综合性图书以及待分类等。

检索方法分为快速查询和高级检索。

第七章 数字图书馆

图 7–23 Apabi 数字资源平台

（1）快速查询中用户可以以"书名""责任者""主题/关键词""摘要""出版社""年份""标识""全面检索"和"全文检索"为检索条件来查询所需求的电子图书，如图 7–24 所示。

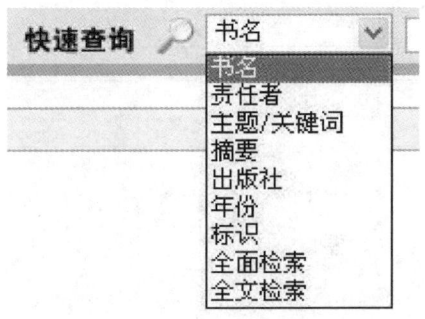

图 7–24 快速查询

（2）高级检索包括"本库查询"（见图 7–25）和"跨库查询"（见图 7–26）两种方式。在"本库查询"中用户可以按照"其他题名""书名""责任者""主要责任关系""主题/关键词"等更多条件之间的逻辑关系来进行检索；在"跨库查询"中用户则可以按照"作者""出版社""题名""摘要"等条件之间的逻辑关系进行检索。

·163·

图 7-25 本库查询

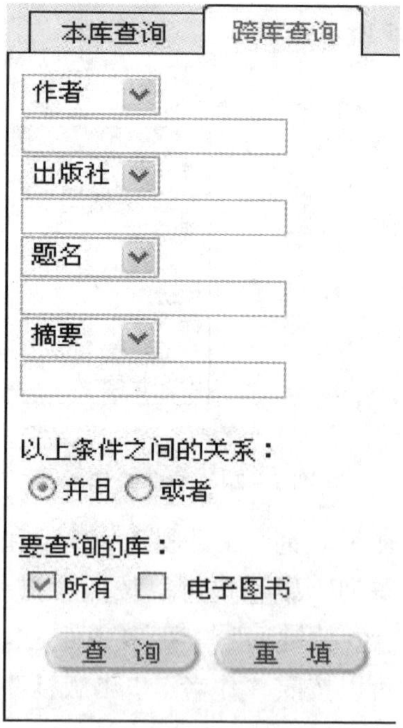

图 7-26 跨库查询

与此同时，Apabi Reader 作为该资源数据平台相对应的阅读软件，也发挥着重要的作用。而该软件的"文档管理器"让用户的操作变得方便和简单，详见图 7 – 27。

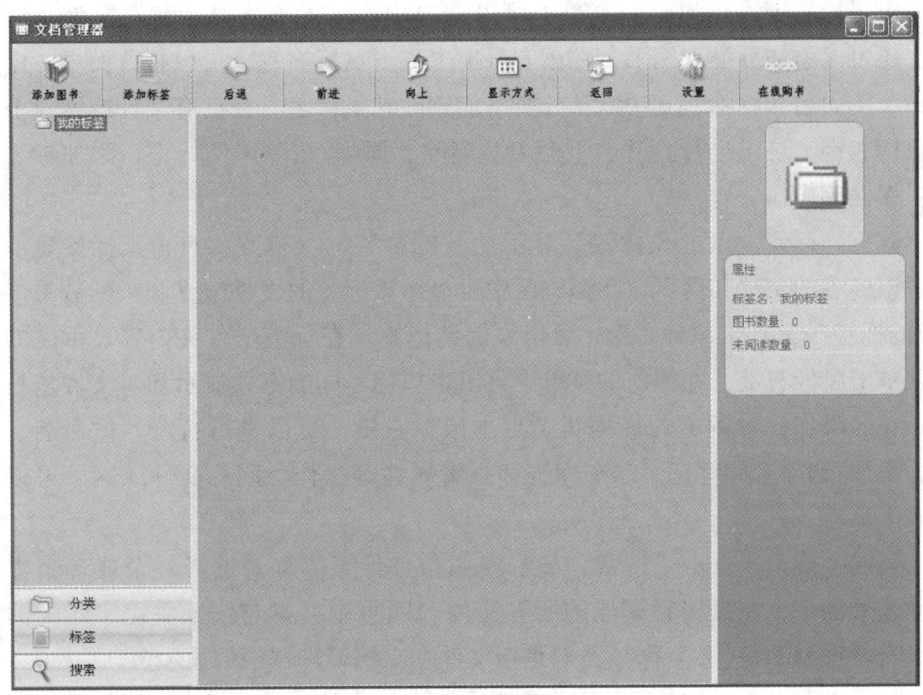

图 7 – 27　文档管理器

"文档管理器"主要实现了以下几个功能：

其一，工具栏。如表 7 – 1 所示。

表 7 – 1　工具栏

添加图书：	点击该按钮可以选择从本地磁盘添加文件
添加分类：	点击该按钮在当前的分类下新建分类
后退：	点击回到前一次打开的目录
前进：	点击进到后一次打开的目录
向上：	点击退到当前目录的上一级目录
显示方式：	单击可选择四种查看文件方式，即大图标、小图标、列表、详细资料
返回：	点击返回到 Reader 界面
设置：	用来设置文档管理其相关属性，参见以下操作中说明
在线购书：	点击在 Reader 里打开在线购书网站阿帕比阅读网

其二，分类。点击"分类"显示"我的图书"分类。"我的图书"中默认包含"我借阅的图书""我购买的图书"和"我收藏的网页"三个分类。点击某分类在预览区中将显示该分类下的文件数量和未阅数量。在分类内容显示区的空白处单击鼠标右键，在弹出的菜单中可以选择用不同的方式显示和对文件进行排序，还可以添加分类和图书。在已有分类上点击鼠标右键，可以打开图书、添加图书、重命名和删除，其中默认分类不能删除和重命名。在已有文件或网页上点击鼠标右键，可以进行打开、重命名、删除、添加/删除未阅标记、添加标签和查看属性等操作。

其三，标签。点击"标签"显示"我的标签"文件夹，点击某标签显示添加了该标签的文件和网页，在预览区中也显示该标签的文件数量和未阅数量。在"我的标签"上点击鼠标右键，可以添加新标签。在标签文件夹内容显示区的空白处单击鼠标右键，在弹出的菜单中可以选择用不同的方式显示和对文件进行排序。在已添加标签的文件或网页上点击鼠标右键，可以进行打开、重命名、删除、添加/删除未阅标记、添加标签和查看属性等操作。同一文件或网页可以添加多个标签。

其四，搜索。点击"搜索"显示搜索条件设置界面。选择一个或多个类别并输入关键字，在文档管理器的所有文件和网页中搜索与输入关键字匹配的文件。需要强调的是，"名称"类别是指文件在文档管理器中的显示名。

除了以上三个比较普及的国内数字化图书馆之外，还有很多不同类型的数字资源平台，其中的电子资源各具特点，鉴于版面原因，本书不再一一介绍了。

练习题

1. 国内数字图书馆的发展过程可以归纳为几个阶段？
2. 数字图书馆的特征是什么？
3. 请在电脑上练习超星数字图书馆的使用。

第八章 云图书馆

 本章概要

本章主要介绍云图书馆的相关概念，主要涉及其基本模型、相关技术以及基本特征。通过对百链云图书馆的中文期刊检索和实际操作，向读者介绍了百链云图书馆文献资源检索以及获取的方法。利用超星发现——云资源搜索引擎，可以快速搜索众多图书馆资源。通过远程访问图书馆数字资源，可以在家搜索及获取所需的文献资源。

 学习目的

◇ 了解云计算相关概念、模型、技术、基本特征等
◇ 了解百链云图书馆概念以及检索方法
◇ 初步了解超星发现——云资源搜索引擎
◇ 了解iReader数字资源远程访问管理系统以及怎样申请个人账户及注意事项

内容框架

云图书馆 { 云计算概述
百链云图书馆
超星发现——云资源搜索引擎
远程访问图书馆数字资源

文献检索与论文写作

第一节 云计算概述

什么是云计算？互联网刚刚起家的时候，我们习惯用云朵表示互联网的形象。云计算是基于互联网的计算方式，可以把共享的软件资源及硬件资源通过互联网的方式按需求提供给其他设备和计算机，其运行方式类似"电网"。云是对"网络""互联网"的一种形象比喻。

对云计算的定义有多种说法。对于到底什么是云计算，至少可以找到100种解释。现阶段广为接受的是美国国家标准与技术研究院（NIST）定义：云计算是一种按使用量付费的模式，这种模式提供可用的、便捷的、按需的网络访问，进入可配置的计算资源共享池（资源包括网络、服务器、存储、应用软件、服务），这些资源能够被快速提供，只需投入很少的管理工作，或与服务供应商进行很少的交互。

一、云计算简介

过去常常用云朵表示电网，云计算的模式类似于电网，因此后来也用朵云来表示互联网和底层基础设施，这是一种抽象概念，是一种形象的比喻。云计算有狭义和广义的解释。狭义的云计算主要指基础设施的交付和使用模式，表示通过网络以按需、易扩展的方式获得所需资源；广义的云计算主要指服务的交付和使用模式，指通过网络以按需、易扩展的方式获得所需服务。广义和狭义的不同主要表现在所获取的结果不同。

对云计算通俗的理解为，云计算中的"云"主要表示资源，即存在互联网的服务器集群上，它包括硬件资源和软件资源，硬件资源有服务器、存储器、CPU等；软件资源有应用软件、集成开发环境等；如果要搜取资源，只需在本地计算机通过互联网发送需求信息，在远端则会有成千上万的计算机为你提供搜索的资源并将联机结果返回到你的本地计算机上，通过这样的方式，本地计算机其实不用做什么工作，所有的处理工作都是由云计算提供商所提供的计算机群来完成的。

二、云计算模型

云计算的模型主要有基础设施即服务、平台即服务和软件即服务。

1. 基础设施即服务（IaaS）

基础设施即服务（Infrastructure – as – a – Service，IaaS），即消费者直接通过互联网可以从完善的计算机基础设施获得所需服务。例如，硬件服务器租用。

2. 平台即服务（PaaS）

平台即服务（Platform – as – a – Service，PaaS）实际上是指把软件研发的平台看作一种服务，以软件即服务的模式提交给用户。因此，平台即服务也是软件即服务模式的一种应用。但是，平台即服务的出现可以加快软件即服务的发展，尤其是加快软件即服务应用的开发速度。例如软件的个性化定制开发。

3. 软件即服务（SaaS）

软件即服务（Software – as – a – Service，SaaS）是一种通过互联网提供软件的模式，用户直接向提供商来租用基于 Web 的软件，用于管理企业经营活动，不用花钱购买软件。例如阳光云服务器。

三、云计算技术

云计算技术是以数据为中心，是一种数据密集型的超级计算。包括了多种计算机技术，其中最关键的技术为编程模型、数据管理、数据存储、虚拟化和云计算平台管理等技术。以下为云计算的一些关键技术。

1. 编程模型

Map Reduce 编程模型是 Java、Python、C++ 程序，主要是由 Google 开发的，它是一种简化的分布式编程模型和高效的任务调度模型，用于大规模数据集（大于 1TB）的并行运算。由于严格的编程模型，在云计算环境下进行编程也变得十分简单。Map Reduce 模型主要原理是将要执行的问题分解成 Map（映射）和

Reduce（化简）的方式，先通过 Map 程序将数据切割成不相关的区块，分配（调度）给大量计算机处理，达到分布式运算的效果，再通过 Reduce 程序将结果汇整输出。该模式在数秒之内能够处理海量信息，具有类似"超级电脑"一样强大性能的网络服务。

2. 海量数据分布存储技术

大量服务器组成了云计算系统，云计算系统一般采用分布式存储的方式存储海量数据，数据的可靠性是通过冗余存储的方式来保证的。

3. 海量数据管理技术

云计算对海量数据需要进行分析、加工、处理，云计算中的管理技术需要对海量数据进行管理。

4. 虚拟化技术

软件应用与底层硬件相隔离可以靠虚拟化技术来实现，其中包括将单个资源划分成多个虚拟资源的裂分模式，也包括将多个资源整合成一个虚拟资源的聚合模式。根据对象不同可以将虚拟化技术分成存储虚拟化、计算虚拟化和网络虚拟化等。

5. 云计算平台管理技术

云计算具有规模庞大的资源，其中一个系统就具有众多的服务器，服务器数量可能高达 10 万台，还有结构不同、分布在不同物理地点的数据中心，甚至还同时运行着成千上万种应用。如何有效、成功地管理云环境中的这些众多服务器、不同地点的数据中心、各种应用，并且确保整个系统能够不间断地提供服务，必然是一个巨大的难题。云计算平台管理系统可以比作"指挥中心"。通过云计算平台管理系统能够使大量的服务器协同工作，通过合理的调度，使各业务开展，并且能够迅速发现和解决、恢复系统故障，同时采用自动化、智能化的方式实现大规模系统的可靠运营和管理。

四、云计算发展趋势

如何有效利用社会上众多资源以及丰富高效的计算方式，是至关重要的问题。信息时代的知识快速积累、膨胀、发酵,计算模式发生巨大变动。云计算因其处理能力强、海量的储存空间、成本低、资源利用率高,具有广阔的发展空间。

中国云计算未来发展方向主要表现在以下几个方面:

1. 快速增长

云计算在当今或未来几年甚至几百年都有良好的发展前景,在中国是一门新兴的产业。云计算的发展必须依靠云计算知识的普及以及用户对其高度的评价和良好的反馈。目前,中国各省市政府高度支持云计算的发展,制定相关政策支持和建立相关的示范性工程,此举会给云计算在中国市场推广带来积极的正面作用。中国云计算未来市场发展速度:5年内将会达到至少30%以上的增长水平。

2. 产业升级

云计算从产业层面上看,由于涉及编程模型、数据管理、数据存储、虚拟化和云计算平台管理等核心技术,因此云计算市场的发展将会全面改变由CPU、服务器、存储器、运营商、网络、终端、应用软件、操作系统及各种应用所构成的整条IT产业链,并深远地影响从生产到生活的信息化应用。可以预测度,未来云计算将把传统设备提供商转入服务领域,引领相关软件企业向服务化转型,催生新的商业模式及跨行业融合的新型服务业态,支撑智能电网等新兴产业发展,加速和提升制造业、服务业的转型。

3. 产品和服务

现如今大部分云计算平台已逐步向相关企业和社会提供一些产品和服务,具体如表8-1所示。

4. 企业转型

企业可以结合政策导向,通过相关预测,在云计算时代未来各类企业的转型方向预计会集中,如图8-1所示。

表 8-1 中国云计算产业产品和服务发展趋势简析

时间	发展阶段	发展情况
1967~1970年	摇篮期	1967年日本由川崎重工业公司从美国 Unimation 公司引进机器人及其技术,建立起生产车间,并于1968年试制出第一台川崎的"尤尼曼特"机器人
1970~1980年	实用期	经历了短暂的摇篮期,日本工业机器人迅速进入了大发展时期,工业机器人年产量由1970年的1350台猛增到1980年的19843台,平均年增长率高达30.8%
1980~1990年	普及提高期	日本政府正式把1980年定为产业机器人的普及元年,开始在各个领域内广泛推广使用机器人,1982年机器人的产量已达24782台,高级机器人的数量占世界总数的56%,是当时美国此类机器人的五倍。到80年代中期,日本已一跃成为"机器人王国",1986年,日本的机器人保有量达到10万台
1990~2012年	平稳成长期	进入90年代后,日本工业机器人进入了平稳成长阶段,由于市场需求结构的变化,日本积极发展机器人出口产业,成为出口大国。2012年,日本机器人出口约占全年销售总额的70%

资料来源:前瞻网,http://iot.ofweek.com/2016-05/ART-132214-8120-29101943.html。

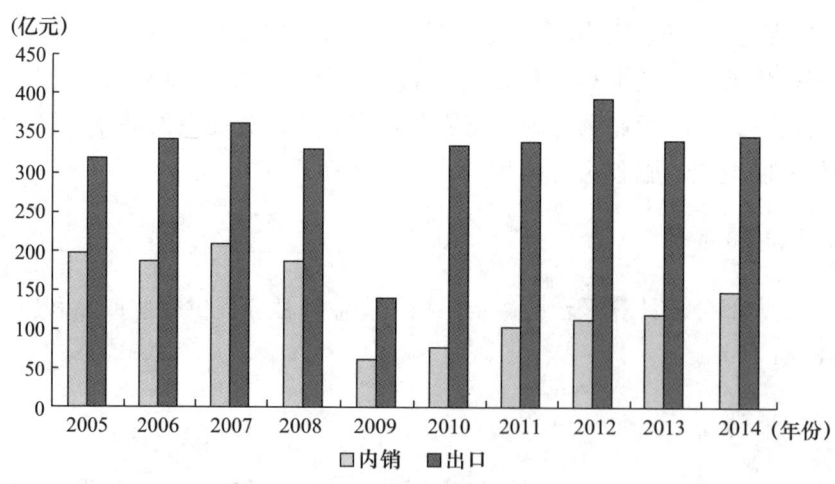

图 8-1 中国云计算产业链企业潜在发展方向

资料来源:前瞻网,http://iot.ofweek.com/2016-05/ART-132214-8120-29101943.html。

第八章　云图书馆

第二节　百链云图书馆

百链云图书馆是超星公司推出的图书馆整合门户及资源共建共享解决方案，利用互联网搜索引擎技术预先对海量的中外文文献元数据进行整合索引，完成学术资源的一站式检索，使广大用户通过网络便可以检索、查找和获取海量信息资源。百链云图书馆将电子图书、期刊、学位论文、会议论文等各种类型资料整合于同一平台，突破了简单的元数据检索模式，实现了基于内容的检索，使检索深入章节和全文。

一、百链云图书馆概述

百链云图书馆文献传递系统实现与600多家图书馆OPAC系统、电子书系统、中文期刊、外文期刊、外文数据库系统集成，读者直接通过网上提交文献传递申请，并且可以实时查询申请处理情况，以在线文献传递方式通过所在成员馆获取文献传递网成员单位图书馆丰富的电子文献资源。

截至目前，百链可供检索的资源情况如下：百链云图书馆拥有2.7亿条元数据（包括文献有中外文图书、中外文期刊、中外文学位论文、会议论文、专利、标准等），并且数据数量还在不断增加中，百链云图书馆拥有310万中文图书书目，百链云图书馆收录中文期刊5820万篇元数据，百链云图书馆收录外文期刊8972万篇元数据。

二、百链云图书馆检索

百链云图书馆检索步骤：频道选择；选择检索途径；输入检索词；选择搜索语种（兼搜索）。

1. 百链网址 http://jour.blyun.com/

百链的一站式检索平台如图8-2所示。

文献检索与论文写作

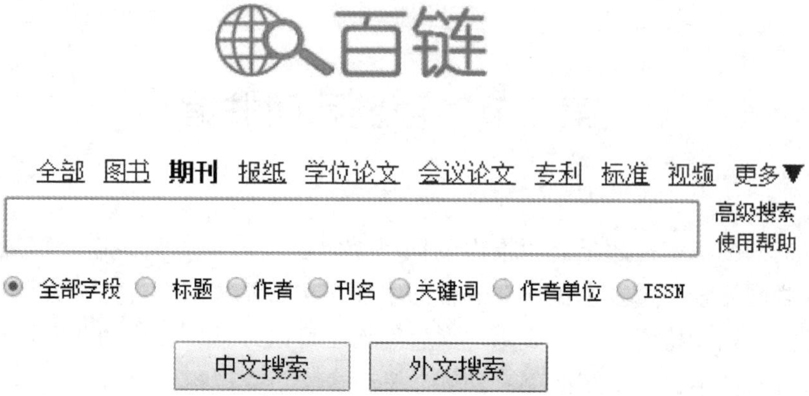

图 8-2　一站式检索平台

2. 选择检索文献

以期刊检索为例讲解百链云图书的检索过程。首先在搜索框中输入关键词，然后点击"中文文献搜索"，如果需要获得外文资源，可点击"外文文献搜索"。另外，可以在搜索框下方选择全部字段、标题、作者、刊名或关键词。还可以通过右侧的高级检索来更精确地查找期刊。中文搜索——搜索中文语种文献，外文搜索——搜索外文语种文献。高级检索页面如图 8-3 所示，专利、标准、视频、法律、科技报告等频道目前尚未开通高级检索。

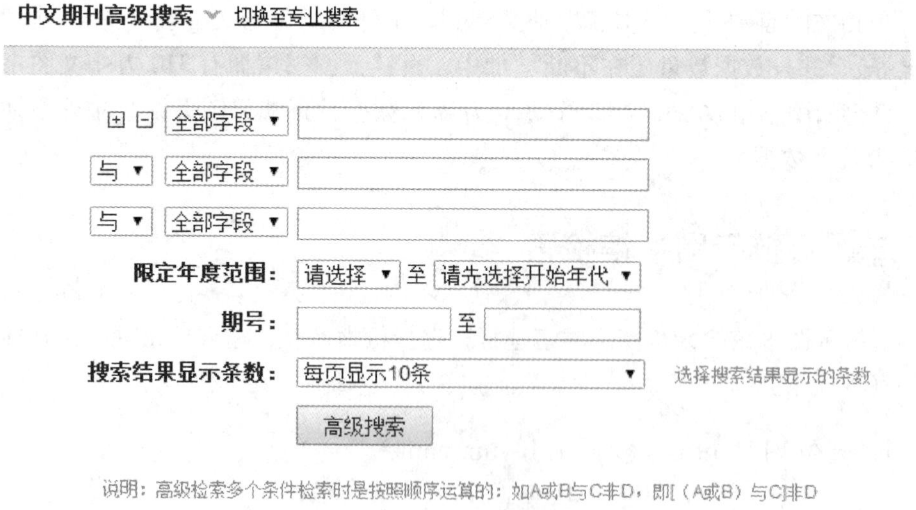

图 8-3　高级搜索界面

如图 8-4 所示，可以通过两个加减按钮来增加或删除一组条件框。

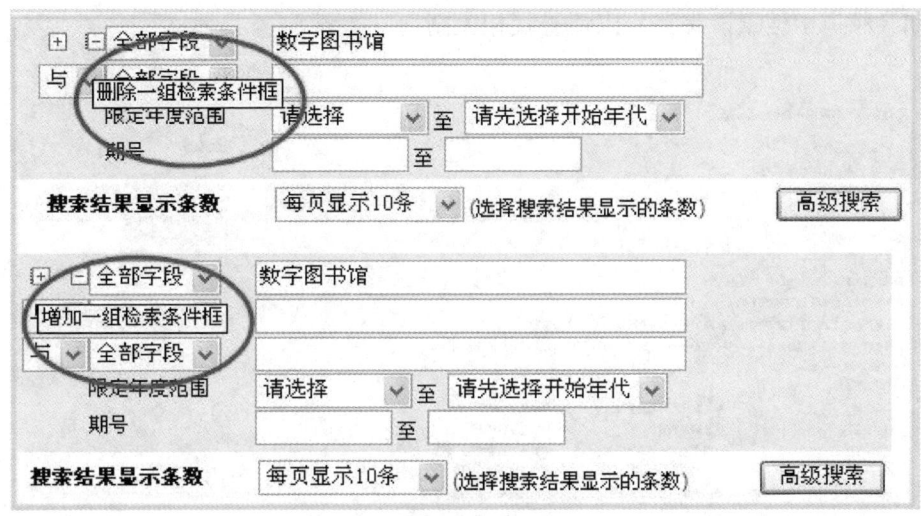

图 8-4　选择条件框方式

3. 百链搜索结果

对关键词进行检索，搜索结果如图 8-5 所示。

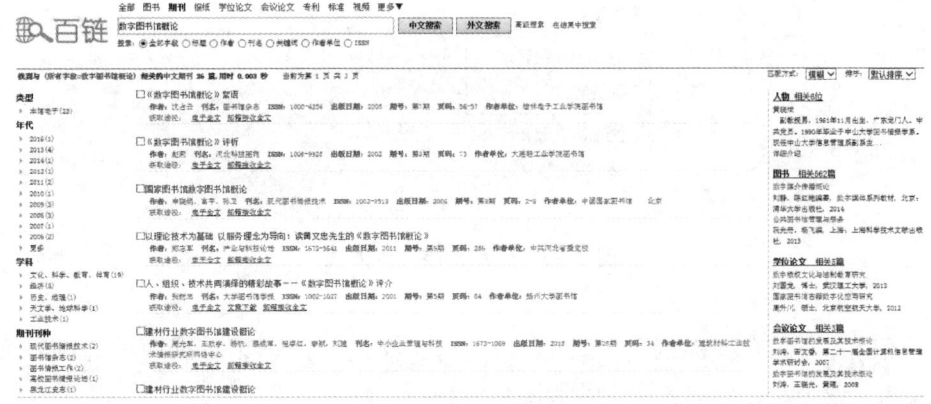

图 8-5　搜索结果

从搜索结果页面点击期刊名可进入期刊文献详细信息页面，关于该文献的题名、作者、刊名、出版日期、期号等详细信息将一一罗列。点击链接文字，直接在期刊频道中搜索该文字，以便查找相关期刊。如图8-6所示。

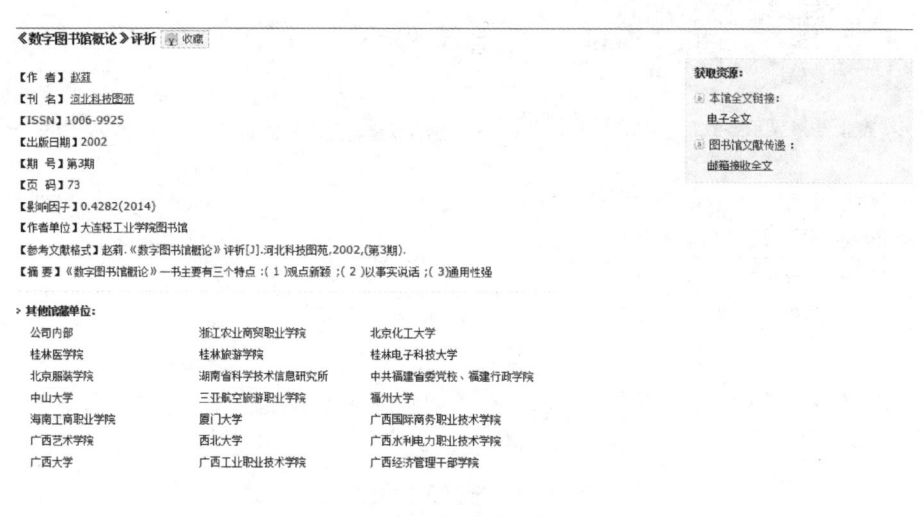

图8-6 文献详细信息

4. 获取文献资源，如图8-7所示

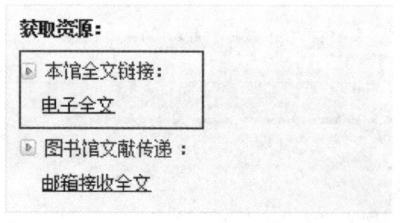

图8-7 获取文献资源方式

若有"本馆全文链接"，直接点击电子全文进入图书馆数据库的详细页面，阅读和下载全文，如图8-8所示。

若无"本馆全文链接"，点击"邮箱接收全文"，获取文献资源，如图8-9所示。

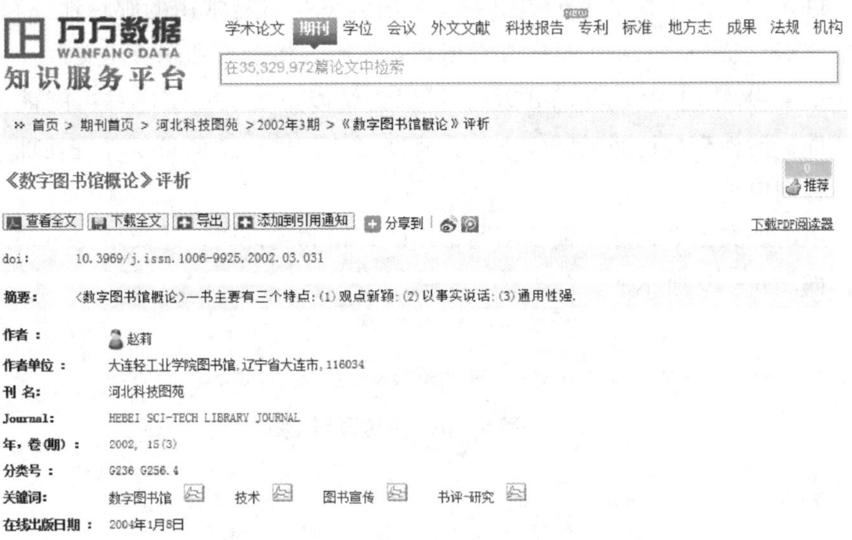

图 8-8　本馆全文链接文献资源下载

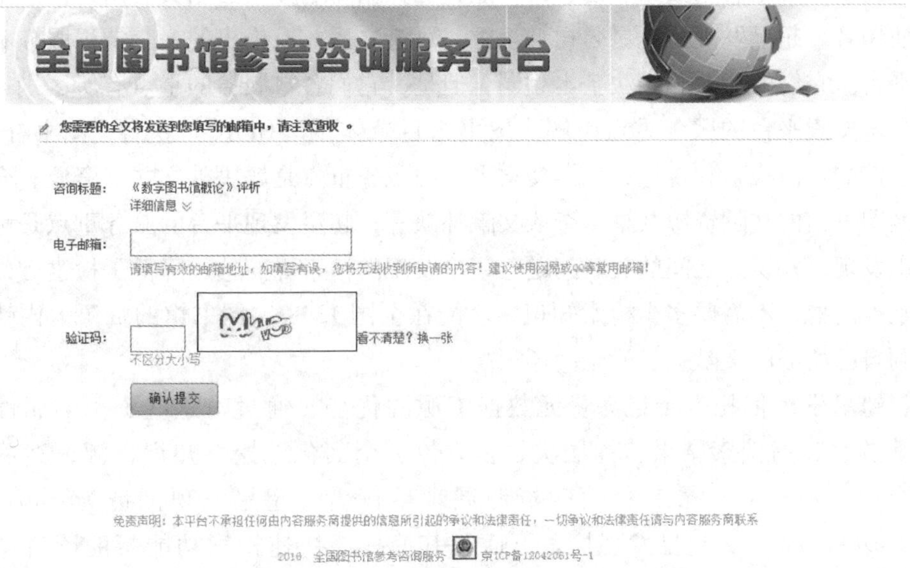

图 8-9　邮箱接收全文文献资源下载

文献检索与论文写作

进入"云图书馆文献传递服务"页面，填写自己常用的邮箱地址和验证码，点击"确认提交"。24 小时内查看填写的邮箱，将会收到您所需文献。

如果 48 小时内没有收到邮件，可以尝试以下方法：①邮件可能被误识为垃圾邮件，请检查被过滤的邮件中是否有回复的信件；②请更换邮件地址再次提交参考咨询申请。

申请外文图书，除了需要填写常用的邮箱和验证码，还要填写申请的页码范围，如图 8 – 10 所示。

范询范围：　　正文页 1 页至 50 页 ＊　（提示：本书共有正文页 462）

图 8 – 10　申请页码范围

第三节　超星发现——云资源搜索引擎

超星发现是利用数据库的查询功能，在数据库中搜索出相关有用的信息报告给使用者。超星发现是超星公司继读秀、百链之后，新推出的一个知识服务和检索平台。它们的功能和用法基本相同，但是，它们各自服务的重点有所区别：读秀学术搜索平台的服务重点是解决图书馆目录体系（OPAC）整合、图书补缺、图书馆的资源检索和传递；百链搜索平台的服务重点是解决外文文献资源、全国联网图书馆的文献资源共享、奇谈文献补缺等；超星发现平台的服务重点是解决知识发现，知识点之间的关联问题。超星发现的检索更简单，降低了检索者的信息素养门槛，不需要多少检索知识，就能在全国 1348 家图书馆的资源池内快速找到自己所需的文献，且检全率还很高。

超星发现依托数十亿海量元数据资源的优势，通过对这些资源的属性不断筛选、过滤搜索结果，深层次、多方位、全面化地挖掘知识资源，然后将最全面、最核心、最有价值的资源展现给读者。超星发现网址为 http：//ss. zhizhen. com/。超星发现检索页面及其简捷、快速检索功能帮助读者像利用搜索引擎一样检索学术资源，超星发现页面如图 8 – 11 所示。

图 8-11 超星发现页面

第四节 远程访问图书馆数字资源

目前很多单位特别是图书馆都建立了自己的数字资源，如方正 Apabi 图书、超星电子图书、中国期刊全文数据库等，通常通过 IP 地址对访问者进行限制，控制访问者只能在某些网段内访问这些数字资源。数字资源远程访问系统的目的就是为了突破这个限制，让合法使用者在互联网的任一角落都可以访问这些数字资源。

一、iReader 数字资源远程访问管理系统

1. 简介

北京瑞德宏图信息技术有限公司开发的 iReader 数字资源访问管理系统，是一套专门为数字图书馆用户量身定制的、用于读者远程访问图书馆数字资源的软件系统。该系统能解决读者在校外复杂的网络情况下访问校内图书馆数字资源的问题，让全校师生能在家里和宿舍方便、快捷地访问学校图书馆的数字资源。

iReader 数字资源远程访问管理系统具有使用容易、全面实用、安全稳定、

维护简便的特点，并特别针对国内图书馆用户的特定需求进行研发，已成为国内高校及科研机构图书馆读者远程（校外）访问系统的理想产品。iReader 数字资源远程访问管理系统如图 8-12 所示。

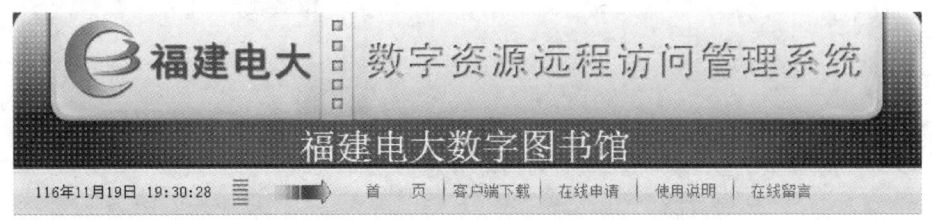

图 8-12 iReader 数字资源远程访问管理系统

资料来源：http://www.fjjyxy.com：8810/help.php。

2. 智能化的客户端功能

智能化的客户端能极大地简化读者远程访问数字资源的操作，使不熟悉网络设置的读者也能像平时在校园网或局域网内一样正常地访问图书馆的数字资源。在进行远程访问的同时，用户的其他上网操作也不受影响。

3. 自助故障诊断

自助诊断注册表、浏览器、防火墙等配置情况以及网络的链接状况方便用户自助维护。

4. 一键式使用

读者根据要求可以自动运行、自动认证登录、自动打开浏览器、自动进入图书馆主页，实现"傻瓜式"应用。

二、申请个人账户

学校教职工及学生要在校园外访问本校图书馆的数字资源时，可先在图书馆主页单机"远程访问资源"进入，并按要求进行个人账户申请、下载、安装客户端。

1. 申请个人账户

单击 iReader 数字资源远程访问管理系统，进入 iReader 数字资源访问管理系统界面。再单击"在线申请"，出现在线申请表单后，必须真实填写表单所有项目，以便图书馆审核是否为本馆读者，账号审核后方可使用。

2. 下载、安装客户端

账号审核开通后，再进入 iReader 数字资源远程访问管理系统，进行"客户端下载"，并在本机上安装。安装成功后桌面生成快捷方式图标（"iReader 数字资源远程访问"）。

3. 使用注意事项

登录 iReader 数字资源远程访问管理系统，读者可根据自身需要选择"保存密码""开机后自动加载本程序""自动连接"等登录方式。成功链接后，点击"设置"→"修改密码"，输入原密码及新密码后单击"确定"按钮即可。读者根据自身要求也可更改选项。

现在很多高校图书馆都为读者提供了数字资源远程访问服务，并且承诺本校毕业的学生读者长期免费试用，校外读者也可申请开通免费试用。读者不妨在本校图书馆申请一个数字资源远程访问账号。

练习题

1. 试述云计算。
2. 云计算的模型有哪些？
3. 云计算的基本特征有哪些？
4. 试述百链云图书馆。
5. 怎样在百链云图书馆中检索及获取资源？
6. 试述找到并获取各种学术文献的其他途径。

第九章 移动图书馆

 **本章概要**

为使读者了解国内外关于移动图书馆的发展，本章主要介绍目前关于国内和国外的移动图书馆的基本信息，并重点以手机作为信息媒介，以我国的超星移动图书馆为例介绍移动图书馆文献检索的相关内容，使读者掌握利用移动终端设备登录移动图书馆进行文献检索，尽可能帮助读者扩大文献检索方式的范围。

📖 **学习目的**

◇ 了解国内外移动图书馆的发展
◇ 了解国内外著名的移动图书馆
◇ 了解移动图书馆检索的步骤

 **内容框架**

$$\text{移动图书馆}\begin{cases}\text{概述}\\\text{世界移动图书馆}\\\text{中国移动图书馆}\\\text{移动图书馆文献检索}\end{cases}$$

第九章　移动图书馆

第一节　概述

随着数字化时代的到来和互联网技术的飞速发展，为了让人们能够不受时间和空间限制地享受各种方便快捷的信息服务，移动图书馆作为一种新型的图书馆服务方式正日益受到广泛的关注。

无线网络和各种智能移动终端的普及应用使移动图书馆成为现实，移动图书馆打破了传统图书馆的单一书籍服务媒介和时间与空间限制。因此，在信息化高度发展的今天，已逐渐被图书馆所重视并进行实践建设。同时，自移动图书馆问世以来，图书馆学界对移动图书馆也注入了极大的关注与研究热情。

移动图书馆是数字图书馆的一个分支，以即时为传播效果，以互动为传播应用，同时，移动图书馆不受图书馆闭馆或其他时间、空间条件的限制，移动终端的多样化发展使以往的固定图书馆服务由被动变为主动，移动图书馆的主要功能包括信息发布、个人订阅、群组推送、馆藏图书检索、查看摘要、预约借书、续借、期刊检索、全文浏览、论文检索、期刊订阅等功能。

一、移动图书馆的起源和意义

移动图书馆源自英文"mobile library"，原指大家熟知的汽车图书馆，是指为不能去公共图书馆看书的民众设计的一种图书馆流动车，旨在为广大民众提供一种便捷的图书馆服务，这种以流动书车的形式为读者提供服务的图书馆，可称为传统的移动图书馆。在移动设备普及后，移动图书馆逐渐由实体的流动图书馆转变成为用户将有声书、电子书、视频音乐等数字馆藏资源下载到手机、iPod、Kindle等设备上进行阅读和使用的一种服务方式。随着无线网络的兴起，利用手机、PDA等移动终端设备，以无线方式接受图书馆提供的服务，开始成为移动图书馆新的业务模式，如手机接收图书馆短信提醒服务、进行书目信息查询、获取相关信息资源等。在这一阶段，智能手机及其他智能移动终端的出现与广泛应用，突破了移动终端单一的媒介功能，让移动图书馆逐渐从实体的流动图书馆发展成为利用现代移动设备获取信息的新型服务方式，这种通过现代移动设备为读者提供服务的图书馆，称作现代的移动图书馆。现代移动图书馆的发展标志着图书馆的发展进入了一个全新的阶段，以能够实现图书馆用户随时随地获得信息服务为目标，追求更好地满足用户的信息需求。

二、国外移动图书馆的发展

国内外对移动图书馆的学术研究进展过程基本一致，都经历了对其的创新认识、实践应用、设计优化等阶段。但是从相关的理论研究可以发现，国外移动图书馆建设更注重实践，结合其实践过程不断对相应服务进行修正与完善。就其发展情况而言，国外的移动图书馆发展要早于我国，大部分国家的图书馆都相继推出了不同程度的移动信息服务，在以美国、日本、芬兰、韩国等国家为先导的同时，以 Google 为代表的网络出版商也相应推出图书移动搜索界面。

目前国外对于移动图书馆的研究已经初具规模，一些知名的网站设有专门的移动图书馆讨论区，并定期召开国际移动图书馆会议，具备一个比较成熟的管理流程和发展模式。

与此同时，国外众多知名的大学为建设移动图书馆开设许多专项项目进行调查分析，如美国图书馆协会于 2008 年 5 月和 2011 年 3 月先后出版的两个移动图书馆研究专题，Frank 在 2010 年的演讲报告中针对国外移动图书馆特别是美国图书馆界的总体发展情况进行阐述，对移动互联网的发展情况、移动手持设备功能、移动服务内容和方式等进行分析，提出了移动图书馆建设的相关策略、存在问题及当前正在采取的措施等。通过讨论分析为建设一个全新的面向手机 IPAD 等移动终端的移动图书馆提供重要的参考依据。

总体来看，国外移动图书馆的发展领先于我国，并且其各项发展模式及相应的理论和管理模式都更完善。

三、国内移动图书馆的发展

我国对于移动图书馆的研究相比于国外起步较晚，我国对于移动图书馆的研究可以追溯到 2003 年以前，具体的实践是 2003 年，北京理工大学图书馆在国内最早开通手机短信服务平台，拉开了国内移动图书馆实践的帷幕。建立国内首家移动图书馆的是在 2005 年基于短信提示业务进行移动信息服务的上海图书馆。但是一直到 2010 年智能移动终端的大面积普及才迎来了我国对于移动图书馆的关注，使我国图书馆界注意到这一新的信息技术在图书服务领域的应用。

我国目前还处于移动图书馆的发展阶段，除了对于移动图书馆的建设资源仍有待补充以外，早期相关的学术研究内容也多以介绍国外移动图书馆的实践、国外移动图书馆的技术构建或与服务性相关的一些功能分析等内容为主，但是随着数字信息技术和移动终端的飞跃性发展，我国图书馆界也开始注意移动图书馆的用户需求与应用研究，调查用户对移动终端的使用情况和对移动图书馆的功能需求等内容。可以说，我国关于移动图书馆的研究主题随着移动图书馆在我国的认识、引进、应用、改进而变化，已经达到了一个新的研究水平，而不仅是停留在对国外经验的借鉴或浅显的认识，为我国移动图书馆的发展提供了坚实科学的理论基础。

第二节　世界移动图书馆

结合互联网科技和通信技术飞速发展的成果，很多国外的移动图书馆在其服务内容和传播媒介上已经不断地进行拓展和创新，在移动图书馆的几个先导国家中，美国的移动图书馆已经成为领头军，占比约为 78%，其中包括各类大学图书馆、公共图书馆和专业图书馆等。

鉴于国外对于移动图书馆的研究和开发远远早于我国，各项技术及原理已经比较完善，且移动图书馆的服务覆盖率较高，无法全部完成详细介绍。本节着重对美国的移动图书馆进行详细介绍。

一、美国移动图书馆

美国的移动图书馆最早始于医学图书馆，美国亚利桑那州健康医学图书馆是最早使用掌上电脑开展移动服务的图书馆之一，医学人员是移动图书馆的第一批用户。1993 年美国南阿拉巴马大学图书馆也相应推出了"无屋顶图书馆计划"，是图书馆第一次系统地使用蜂窝通信网络将 PDA 接入联机公共检索目录、商业在线数据库和互联网，可是由于受限于当时移动终端功能与普及程度的限制，这个计划在几年后终结了。

至今，美国强大的教育资源与科技资源已经使美国的移动图书馆成为世界上移动图书馆的领头军。很多公共图书馆和高校图书馆甚至为了满足特定人群的需求专门设立了相应门户系统，用户不用在移动终端上下载相应的应用，只要输入相应网址进入门户登录即可享受移动图书馆服务，不限制时间、地点、移动设备、APP，最大限度地实现了移动图书馆的自由化。

以美国北卡罗来纳州立大学图书馆（如图 9-1 所示）为例，该校校内教师或学生，只要通过各类移动终端（本例以 IPAD 作为终端设备）搜索美国北卡罗来纳州立大学图书馆的网页，进入个人门户页面，即可应用自己的用户信息登录图书馆（登录页面如图 9-2 所示），享受查询、订阅、浏览、借阅等相关的图书和信息服务。

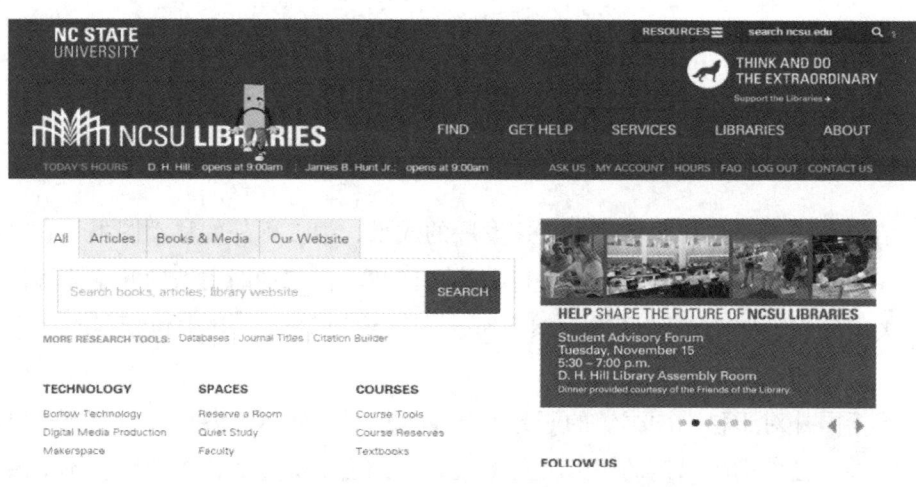

图 9-1　图书馆首页页面

没有对应用户信息的使用者可以通过网页搜索查询美国北卡罗来纳州立大学图书馆网址，进入图书馆首页页面后，直接对所需要的信息或图书进行搜索（以 HARRY POTTER 为词条的搜索结果如图 9-3 所示），根据搜索结果筛选细化，选择浏览所需要的内容或者相关图书的信息。

第九章 移动图书馆

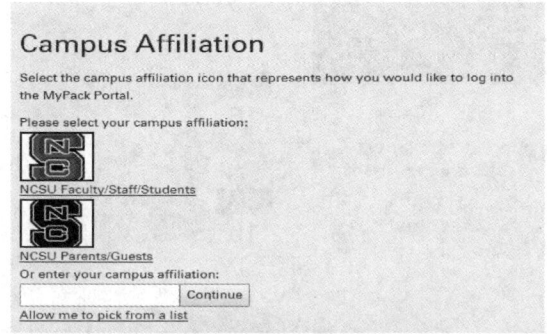

图 9-2　图书馆教师、学生信息登录页面

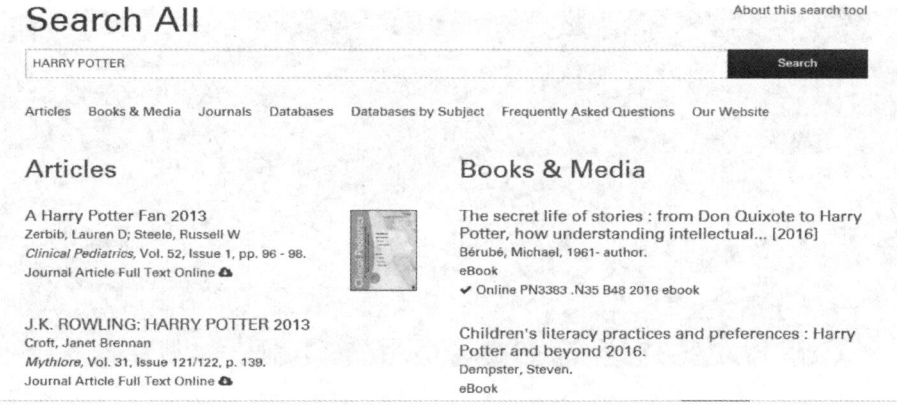

图 9-3　HARRY POTTER 词条检索结果

美国北卡罗来纳州立大学图书馆不仅为用户提供完善的图书性服务，也以日历提醒形式进行众多学术会议或热点讨论讲座等活动的宣传与介绍（如图 9-4 所示），以更全面的形式、更人性化的方式扩大信息的传递。并且针对用户，该大学图书馆还设立了专门的社交软件与其对接（如图 9-5 所示），更加贴近现代人的生活趋势与习惯。

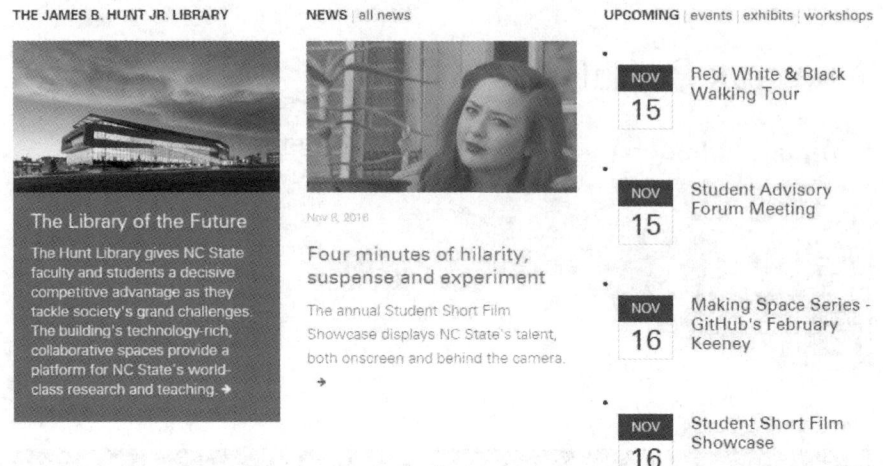

图9-4　美国北卡罗来纳州立大学图书馆重大事件及讲座介绍

图9-5　美国北卡罗来纳州立大学图书馆社交软件的对接

二、日本移动图书馆

众所周知，日本的移动通信技术在全球都是较领先的，是世界上第一个开展WCDMA通信服务的国家，日本图书馆较早地将移动技术应用于图书馆服务中，最早的例子可以追溯到日本的富山大学图书馆在2000年开发的利用手机查询书目系统。在该系统中，移动用户可以随时连接互联网进行浏览，只要保持开机状态就能一直在线，浏览信息的同时还可以享受图书的催还提醒、预约提醒等相关服务。经过十几年的发展，日本富山大学图书馆的移动图书馆服务已经得到不断的完善，致力于为校内教师、学生和校外人员提供更加方便快捷、人性化的图书服务，富山大学的图书馆页面如图9-6所示。

图9-6　富山大学的图书馆页面

三、韩国移动图书馆

韩国为移动图书馆的先导国家之一，也成就了强大的移动图书馆规模，其具体的实践发展起源于2001年7月，韩国西江大学与WISENGINE公司签订协议，共同推出了利用手机查阅馆藏资源的移动图书馆服务。该项服务以移动电话或PDA为无线通信终端，将现有的有线互联网站的内容同步地传递给用户，使学生们利用这种服务不仅可以随时随地查询数目，还可以查阅自己已借阅书籍、借阅日期等内容。随着移动通信技术和相关通信服务的增加，早在2002年，以手机为媒介开展的移动图书馆服务就已经成为了时尚。而现在韩国国立中央图书馆等公共图书馆和各大高校图书馆都已经推出了相应的移动图书馆服务，实现了移动图书馆的影响范围最大化、个人服务人性化。

图9-7　韩国国立中央图书馆页面

第三节　中国移动图书馆

中国对于移动图书馆的研究和实践起步较晚,但是发展迅速,从2003年起步开始,2005年进入正式发展阶段,2007~2010年,移动图书馆的数量逐年增加,2011~2014年,全国开通移动图书馆服务的图书馆数量迅速增加。但是,尽管移动图书馆数量不断增长,普及范围不断扩展,在个人服务的人性化和图书服务的全面性、便捷性方面,还需要向国外先进的移动图书馆学习,不断完善和提高自己的服务能力。

目前,中国已经开通了移动图书馆服务的图书馆已经多达几百家,主要分为两大类——国家公共图书馆和高校图书馆。下面,针对国家公共移动图书馆和高校移动图书馆分别举例介绍(登录设备仍为IPAD)。

一、国家公共移动图书馆

以四川省图书馆为例,首先在网页搜索"四川省图书馆",进入四川省图书馆首页页面(如图9-8所示),在首页中值得注意的是,除了图书馆基本介绍外,四川省图书馆还针对不同的阅读群体设立了不同的登录方式,提供了图书馆的路线介绍、图书馆相关证件及借阅手续的介绍,并结合现在流行的社交方式设置了相应的二维码,这体现了我国移动图书馆的个人服务人性化、特色化的进步。

图9-8 四川省图书馆首页

移动终端读者使用互联网读者登录门户(登录页面如图9-9所示),登录后即可进行相关的信息检索与浏览,以"哈利波特"作为词条进行中文文献的检索,可以获得与主题词相关的所有图书、期刊等信息,之后读者根据自己的需要可以对信息进行筛选,获得相关图书或文献的相关信息(见图9-10至图9-11)。

图9-9 图书馆登录门户

在检索结果页面可以看到在馆图书数量以及书本的详细信息,用户还可以选择细化检索获得更加精确的信息,并且能够借助对应二维码更加方便地获得图书、文献等信息。但是目前,四川省图书馆的书本外借和预约及其还书时限提醒等服务还不能实现终端无限制,需要办理证件并在图书馆指定系统或者图书馆内相应区域完成相关业务。

图9-10 图书检索页面

图9-11 图书检索结果

二、高校移动图书馆

以四川大学开通的移动图书馆为例,读者首先需要在网页搜索四川大学图书馆页面(如图9-12所示),在校教师或学生可以进入图书馆个人门户获得相应的图书服务,校外访问读者可以选择在线搜索或者扫描底部二维码安装移动终端应用软件进行使用。这里选择下载移动终端应用获得图书服务。

图 9-12　四川大学图书馆页面

目前国内各大高校所选用的移动图书馆应用多为"超星移动图书馆",超星移动图书馆是专门为各图书馆制作的专业移动阅读平台,用户可在手机、IPAD等移动设备上享受自助式图书服务,例如借阅情况查询、馆藏数量查询、图书馆最新咨询浏览。线上数据库拥有国内外各类报纸、文章或图书文献等海量资源,为用户提供方便、快捷的移动阅读服务。其具有十分突出的特点与技术优势:基于元数据的一站式检索、适合手机的信息资源、云服务共享和个性化服务体验。下载至移动终端后打开应用(如图 9-13 所示),根据用户所在地和相应的高校或者公共图书馆借阅码登录应用,即可进行对所需要信息或书目的搜索、订阅、查询并下载至终端应用或传递至个人邮箱实现随时浏览,并且在终端应用中可以在个人门户中查询个人收藏记录、借阅信息、下载内容等信息(如图 9-14、图 9-15 所示)。

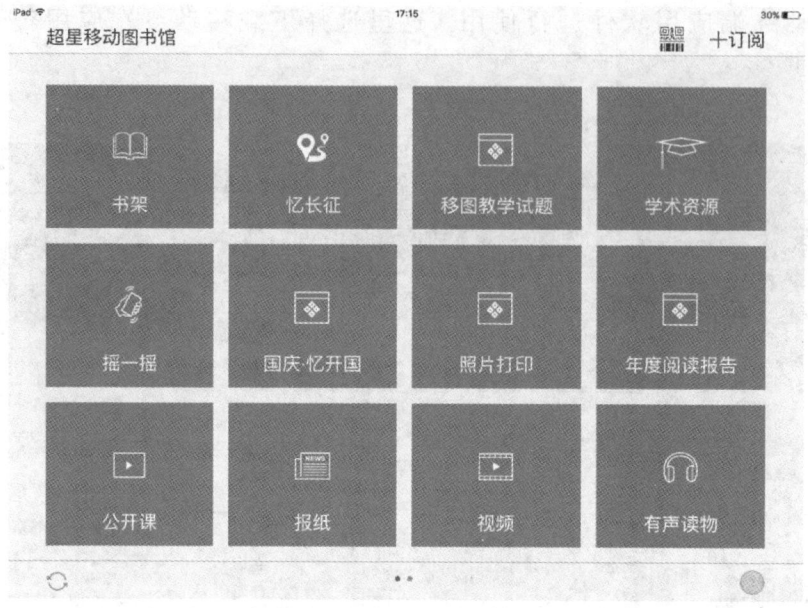

图 9-13 超星移动图书馆应用页面

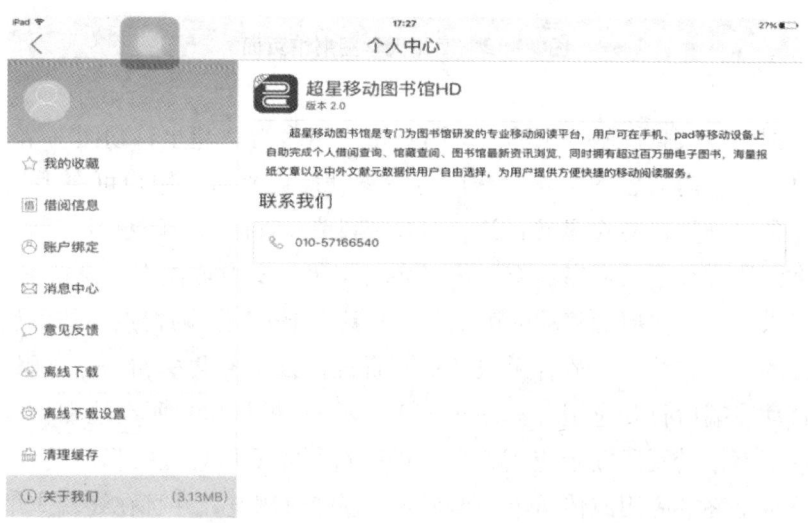

图 9-14 超星移动图书馆个人中心

第九章　移动图书馆

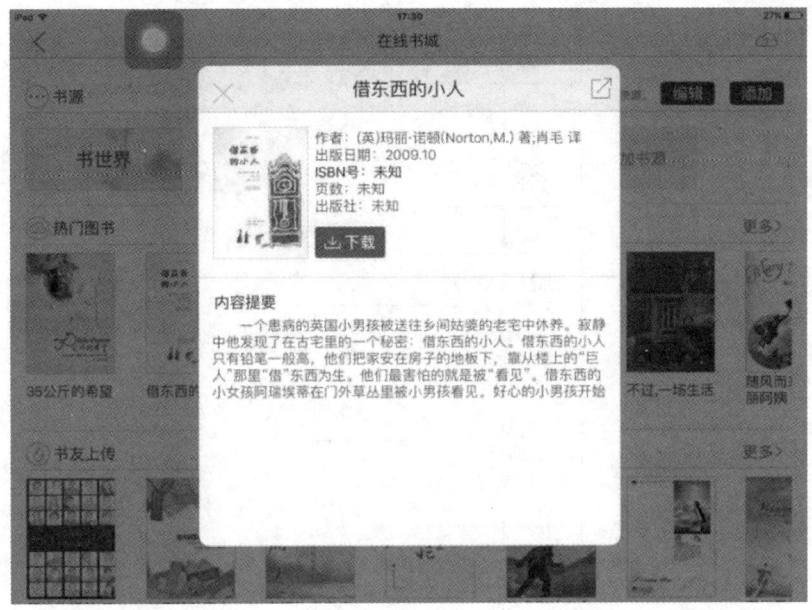

图 9-15　书目检索结果

第四节　移动图书馆文献检索

综上所述，移动图书馆的使用方式有两种：一种是使用各种移动终端设备通过网页在线实现信息搜索等功能，另一种是下载相应移动终端应用，在移动图书馆应用中获得图书服务。针对本章重点，移动图书馆应用更加具有代表性，下面就介绍下载至移动终端的"超星移动图书馆"文献检索的内容。

一、超星移动图书馆文献检索流程

在"超星移动图书馆"应用中对文献的检索流程可表示为图 9-16。

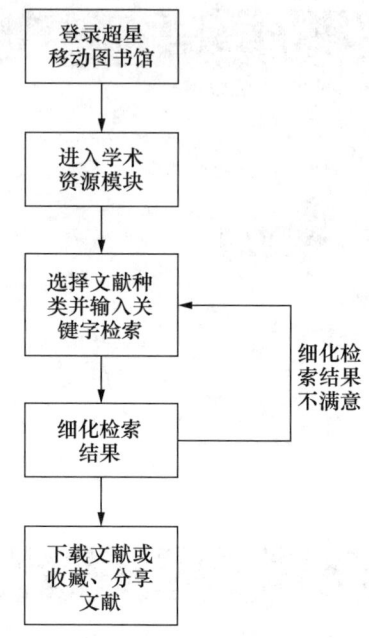

图9-16 超星移动图书馆文献检索流程

二、检索过程

用户登录超星移动图书馆后,在首页进入"学术资源"模块,选择所要检索的内容类别。以"物流期刊"为例,选择期刊后在检索栏输入所要搜索的主题词"物流",可以得到如图9-17所示的检索结果,可以通过"全部字段""作者""关键字"等选择项细化检索内容,也可以根据中文或外文,按相关度或按时间检索资料(如图9-18至图9-20所示)。

找到需要的期刊后,点击期刊信息,可以在主页面选择将文献期刊传递到私人邮箱进行下载浏览,也可以将文献期刊收藏在客户端内在WiFi环境下进行邮件传递或应用微信等社交应用将文献期刊链接分享。

根据检索结果可以发现,目前我国常用的"超星移动图书馆"移动客户端对于文献检索以及图书服务所提供的功能相较于在线查询或网页查询不够完善,但其本身作为一款可以访问的专业数据库,包含多种图书资源、学术资源、音频资源,可以对资料进行实时下载、保存的专项移动终端应用已经比移动终端的

第九章 移动图书馆

图 9-17　学术资源检索页面

图 9-18　初步检索结果页面

图 9-19　细化检索选项

图 9-20　细化检索选项

第九章 移动图书馆

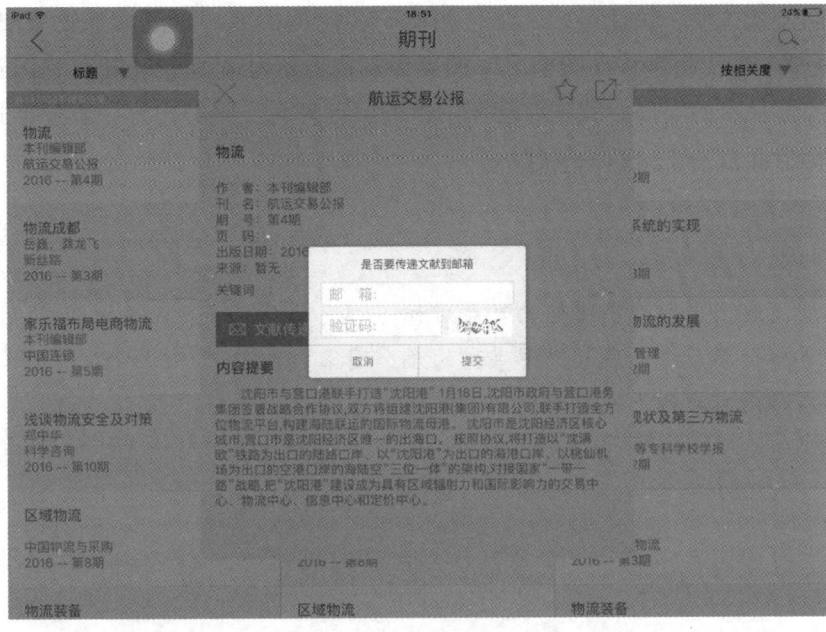

图 9-21 期刊下载方式

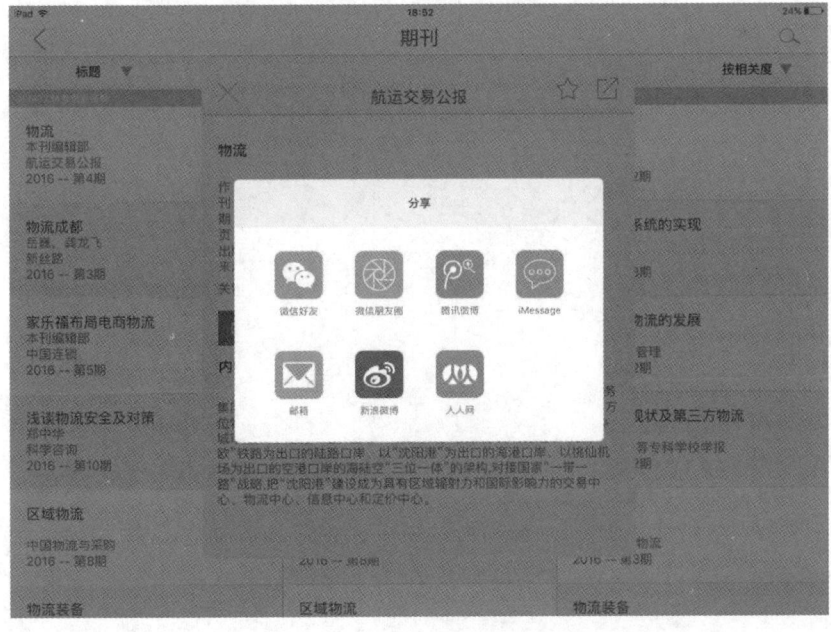

图 9-22 期刊分享方式

其他访问方式方便、快捷得多，并且相比于其他提供单一短信服务或WAP的图书馆服务方式，"超星移动图书馆"的服务功能已经相对完善。随着我国互联网技术和通信技术的发展，我国移动图书馆的服务理念、服务内容、服务形式和管理方式都会迎来一个全新的时代。

练习题

1. 请简述国内移动图书馆的发展历程。
2. 说出世界最先开展移动图书馆的几个国家。
3. 在移动客户端上练习移动图书馆的检索。

第十章
特种文献检索

 本章概要

文献信息按不同的分类方法分为许多不同的形式。本书从特种文献的角度出发，主要介绍了专利文献、科技报告、标准文献、会议文献、学位论文等方面的知识。在讲述了上述特种文献基本概念的同时，本章还提供了关于不同类型文献信息国内和国外检索的一些途径和方法，希望能为读者的查阅和使用提供方便。

📖 **学习目的**

◇ 了解专利文献、科技报告、标准文献、会议文献、学位论文五类特种文献方面的知识

◇ 了解不同类型文献信息国内和国外检索的一些途径和方法

 **内容框架**

$$\text{特种文献检索}\begin{cases}\text{专利文献}\\\text{科技报告}\\\text{标准文献}\\\text{会议文献}\\\text{学位论文}\end{cases}$$

第一节 专利文献

一、概况

1. 概念

"知识产权"这一术语在1967年世界知识产权组织成立后才被广泛使用,是指"权利人对其所创作的智力劳动成果所享有的专有权利",一般只在有限时间内有效。各种智力创造,比如发明、文学和艺术作品,在商业中使用的标志、名称、图像以及外观设计,都可被认为是某一个人或组织所拥有的知识产权。

"专利"(Patent)从字面上讲即是指专有的利益和权利。在我国,专利主要包含三方面的意思:专利权、专利技术以及专利证书或专利文献。

(1)专利权。即国家依法在一定时期内授予发明创造者或者其权利继承接受者独占使用其发明创造的权利,这里强调的是权利。专利权是一种专有权,这种权利具有独占的排他性。非专利权人要想使用他人的专利技术,必须依法征得专利权人的授权或许可。专利权具有专有性、地域性、时效性等特征。

(2)专利技术。是享有专有权的技术,还包括技术秘密。经依法审查合格后向专利申请人授予在该国规定的时间内对该项发明创造享有的专有权,并需要定时缴纳年费来维持这种国家的保护状态。

(3)专利证书或专利文献。指专利局颁发的确认申请人对其发明创造享有的专利权证书或指记载发明创造内容的文献,指的是具体的物质文件。

"专利文献"(Patent Documentation)在世界知识产权组织1988年编写的《知识产权教程》中的概念为:"专利文献是包含已经申请或被确认为发现、发明、实用新型和工业品外观设计的研究、设计、开发和试验成果的有关资料,以及保护发明人、专利所有人及工业品外观设计和实用新型注册证书持有人权利的有关资料的已出版或未出版的文件(或其摘要)的总称。"按一般理解,专利文献主要是指各国专利局的正式出版物,分为一次专利文献、二次专利文献、专利分类资料等。

同其他科技类文献相比，专利文献具有以下特点：①关于新技术的报道早于其他科技类文献；②有国际通用的专利分类法，著录和行文都比较规范；③蕴含大量的经济、技术、法律等情报资源；④数据性强，精确可知；⑤对于技术细节的描述详尽具体。

2.《国际专利分类表》（IPC）

《国际专利分类表》（International Patent Classification，IPC）首次出现于1975年10月7日生效的《关于国际专利分类斯特拉斯堡协定（1971）》中，依据该协定第1条，建立了IPC国际专利分类联盟，除美国、英国、加拿大等少数国家以外50多个国家已经正式加盟。《国际专利分类表》以英文、法文两种文字出版，第一版正式版是根据1954年签订的《关于国际发明专利分类欧洲协定》的规定编制，直到2006年1月1日起生效使用的最新版的正式发行，《国际专利分类表》已经出版了八版，经国家知识产权局专利局翻译编著，目前已有中译本。《国际专利分类表》主要是使各国专利文献获得统一分类，作为各专利局以及其他使用者在确定专利申请的新颖性、创造性而进行的专利文献检索时的一种有效检索工具。与此同时，使用者可以方便地获得技术上和法律上的情报，专利情报使用者通过IPC有了选择性报道的基础，代表了某个技术领域现有的技术水平，从而对各个领域的技术发展状况做出评价。

（1）分类号的编排原则。《国际专利分类表》包括9个分册，前8个分册是相对应8个部的分类，第9册是IPC使用指南。其编排机制是按照部、大类、小类、主组、小组等五级分发实现的。

第一，部。《国际专利分类表》中的全部发明总共分为8个部，依次由大写英文字母A～H标明，类名如下：

A部：人类生活需要

B部：作业；运输

C部：化学；冶金

D部：纺织；造纸

E部：固定建筑物

F部：机械工程；照明；加热；爆破

G部：物理

H 部：电学

第二，大类。每一个部按不同的技术主题范围分成若干个大类，每一大类的类名对它所从属的各个小类所包括的技术主题作一个全面的说明。每一个大类的类号由部的类号及在其后加上两位数字组成，如 A22 表示屠宰、肉品处理、家禽或鱼的加工。表 10-1 为《国际专利分类表》大类一览表。

表 10-1　《国际专利分类表》大类一览表

A01：农业；林业；畜牧业；打猎；诱捕；捕鱼

A21：焙烤；食用面团

A22：屠宰；肉品处理；家禽或鱼的加工

A23：其他类不包括的食品或食料及其处理

A24：烟草；雪茄烟；纸烟；吸烟者用品

A41：服装

A42：帽类制品

A43：鞋类

A44：男用服饰；珠宝

A45：手携物品或旅行品

A46：刷类制品

A47：家具

A61：医学或兽医学；卫生学

A62：救生；消防

A63：运动；游戏；娱乐

B01：一般的物理或化学的方法或装置

B02：破碎、磨粉或粉碎；谷物碾磨的预处理

B03：用液体或用风力摇床或风力跳汰机分离固体物料；从固体物料或流体中分离固体物料的磁或静电分离

B04：用于实现物理或化学工艺过程的离心装置或离心机

B05：一般喷射或雾化；对表面涂覆液体或其他流体的一般方法

B06：一般机械振动的发生或传递

B07：将固体从固体中分离；分选

B08：清洁

B09：固体废物的处理

B21：基本上无切削的金属机械加工；金属冲压

B22：铸造；粉末冶金

B23：机床；未列入其他类的金属加工

续表

B24：磨削；抛光

B25：手工工具；轻便机动工具；手动器械的手柄；车间设备；机械手

B26：手工切割工具；切割；切断

B27：木材或类似材料的加工或保存；一般钉钉机或U型钉钉机

B28：加工水泥、黏土或石料

B29：塑料的加工；一般呈塑性状态物质的加工

B30：压力机

B31：纸品制作；纸的加工

B32：层状产品

B41：印刷；排版机；打字机；模印机

B42：装订；图册；文件夹；特种印刷品

B43：书写或绘图器具；办公用品

B44：装饰艺术

B60：一般车辆

B61：铁路

B62：无轨陆用车辆

B63：舰舶或其他水上船只；与船有关的设备

B64：飞行器；航空；宇宙航行

B65：输送；包装；储存；搬运薄的或细丝状材料

B66：卷扬；提升；牵引

B67：开启或封闭瓶子、罐或类似的容器；液体的储运

B68：鞍具；室内装潢

B81：微观结构技术

B82：超微技术

C01：无机化学

C02：水、废水、污水或污泥的处理

C03：玻璃；矿棉或渣棉

C04：水泥；混凝土；人造石；陶瓷；耐火材料

C05：肥料；肥料制造

C06：炸药；火柴

C07：有机化学

C08：有机高分子化合物；其制备或化学加工；以其为基料的组合物

C09：染料；涂料；抛光剂；天然树脂；黏合剂；其他各种材料；材料的各种应用

C10：石油、煤气及炼焦工业；含一氧化碳的工业气体；燃料；润滑剂；泥煤

续表

C11：动物或植物油、脂、脂肪物质或蜡；由此制取的脂肪酸；洗涤剂；蜡烛

C12：生物化学；啤酒；烈性酒；果汁酒；醋；微生物学；酶学；突变或遗传工程

C13：糖工业

C14：小动物皮；生皮；毛皮；皮革

C21：铁的冶金

C22：冶金；黑色或有色金属合金；合金或有色金属的处理

C23：对金属材料的镀覆；用金属材料对材料的镀覆；表面化学处理；金属材料的扩散处理；真空蒸发法、溅射法、离子注入法或化学气相沉积法的一般镀覆；金属材料腐蚀或积垢的一般抑制

C25：电解或电泳工艺，其所用设备

C30：晶体生长

D01：天然或人造线、纤维；纺纱

D02：纱线；纱线或绳索的机械整理；整经或络经

D03：织造

D04：编带；花边制作；针织、饰带；无纺织物

D05：缝纫、绣花、簇绒

D06：织物等的处理；洗涤；其他类不包括的柔性材料

D07：绳；除电缆以外的缆索

D21：造纸；纤维素的生产

E01：道路、铁路或桥梁的建筑

E02：水利工程；基础；疏浚

E03：给水；排水

E04：建筑物

E05：锁；钥匙；门窗零件；保险箱

E06：一般门、窗或卷辊遮帘、梯子

E21：钻进；采矿

F01：一般机器或发动机；一般的发动机装置；蒸汽机

F02：燃烧发动机；热气或燃烧生成物的发动机装置

F03：液力机械或液力发动机；风力、弹力、重力或其他发动机；未列入其他类的产生机械动力或反推力的发动机

F04：液体变容式机械；液体泵或弹性液体泵

F15：流体压力执行机械；一般液压技术和气动技术

F16：工程元件或部件；为产生和保持机器或设备的有效运行的一般措施；一般绝热

F17：气体或液体的储存或分配

F21：照明

续表

F22：	蒸汽的发生
F23：	燃烧设备；燃烧方法
F24：	供热；炉灶；通风
F25：	制冷或冷却；加热和制冷的联合系统；热泵系统；冰的制造或储存；气体的液化固化
F26：	干燥
F27：	炉；窑；烘烤炉；蒸馏炉
F28：	一般热交换
F41：	武器
F42：	弹药；爆破
G01：	测量；测试
G02：	光学
G03：	摄影技术；电影技术；利用了光波以外其他波的类似技术；电刻技术；全息摄影技术
G04：	测时学
G05：	控制；调节
G06：	计算、推算、计数
G07：	核算装置
G08：	信号装置
G09：	教育；密码术；显示；广告；印鉴
G10：	乐器；声学
G11：	信息存储
G12：	仪器的零部件
G21：	核物理；核工程
H01：	基本电气元件
H02：	电力的发电、变电或配电
H03：	基本电子电路
H04：	电子通信技术
H05：	其他类目不包括的电技术

  第三，小类。每一个大类包括一个或多个小类。国际专利分类的编排原则是通过各小类的类名以及有关附注尽可能准确地定义该小类所包括的主题范围。每一个小类类号由大类类号加上一个大写字母组成，如 A01J 代表乳制品的加工。

  第四，主组/小组。每一个小类包括多个组，其中有大组和小组。大组的类名明确表示检索发明有用的主题范围，而小组的类名明确表示检索属于该大组范围之内的一个主体范围。大组的类号是小类类号加上一个 1~3 位的数和符号

"/00",如A01B 15/00代表犁的构件、工作部件或零件。小组的类号是在主组项目上进一步的细分,方法是将主组类号中符号"/00"的"00"改为其他数字,如A01B 15/02代表犁刀、固定犁刀的。

由以上的编排原则可知,如我们需要找到"蛋白质"(A23L2/66)这一专利项目,检索顺序如表10-2所示。

表10-2 蛋白质(A23L2/66)专利项目检索顺序

部：A（人类生活必需）
大类：A23（其他类不包含的食品或食料及其处理）
小类：A23L（不包含在A21D或A23B至A23J小类中的食品、食料或非酒精饮料；它们的制备或处理）
大组：A23L2/00（非酒精饮料及其干组合物或浓缩物；它们的制备）
小组：A23L2/66（蛋白质）

(2) 分类号的分类原则。《国际专利分类表》的分类原则分为两种：功能性分类以及应用性分类。在专利文献中涉及的发明技术主题或者与某物的本质特性或功能有关的或是与使用以及应用的方法有关的,我们称之为"功能分类",其他类别相应地称为"应用分类"。此外,"功能分类"和"应用分类"的说法也不应总被视为是绝对的,可能出现在某个方面更加体现功能性分类一点,但在另一个方面显现出更多应用分类的特征。当某一个技术主题在功能分类或应用分类模棱两可时,应该注意以下两点：

其一,如果指定了某种特殊的应用,但是该应用并不构成该主题的本质性技术特征,在这种情况下,只要可能应该按照功能分类。

其二,如果主题的本质技术特征既与某物的本身特性或功能有关,又与其特殊应用或其对某较大系统中的特定应用或组合有关,则只要可能,即应按功能分类,同时也应按应用分类。

二、国内检索

1. 概况

国家知识产权局,原名中华人民共和国专利局（简称中国专利局）,1980年经国务院批准成立，1998年国务院机构改革，中国专利局更名为国家知识产权局，成为国务院的直属机构，主管专利工作和统筹协调涉外知识产权事宜。《中华人民共和国专利法》由中华人民共和国第十一届全国人民代表大会常务委员会第六次会议于2008年12月27日通过，自2009年10月1日起公布并施行。

经过20余年的发展，国家知识产权局已经成为我国最大的专利文献收藏单位和服务中心，到目前为止，已经系统地收藏了28个国家和地区的各种载体形式的全文专利说明书近5000万件。为了进一步加快专利文献信息检索的建设和发展，完成科学创新的目标，中国于1993年起实施了中国专利信息工程，以国家知识产权局为中心，逐步向全国各省、市、区的管理机关、科研单位以及高校建设网点，组成了中国专利信息网。这不仅提高了国家知识产权局专利管理自动化网络化水平，而且基于因特网平台为用户提供了多方位、多领域、多层次的专利文献信息检索服务。

2. 中国专利文献信息检索工具

（1）《中国专利公报》。《中国专利公报》是国家知识产权局每周定期公开出版的受理、审查和授权公告的唯一法定刊物，共分《发明专利公报》《实用新型专利公报》《外观设计专利公报》三种。每周每种公报合订为一期，全年52期，以大16开印刷品形式出版发行。它集经济、法律和技术信息于一体，反映了在中国申请专利保护的国内外最新发明创造成果，对促进科技发展、快速传播科技信息起着难以估量的作用。

《中国专利公报》主要刊载专利申请公开、专利权授予、专利事务、授权公告索引等多项内容。它具有以下特点：①法律效力，为人民法院审理专利案件重要证物，同时也是签订合同的合法依据；②唯一性，知识产权出版社为法定唯一出版公报单位，其他单位均无权出版；③共同性，美国、日本、欧盟各国专利商标局均出版类似出版物；④不可替代性，其他任何出版物无权替代，是国家知识产权局与美国、日本、欧盟各国专利局互换保存的专利文献资料；⑤客观公正性，客观反映每个专利申请人及授权人的专利全程法律状态；⑥史料性，为专利申请人、专利权人珍贵的历史资料。

《中国专利公报》是企业、图书馆、大中院校查询专利文献，及时、准确地掌握相关领域专利动态的重要资料，也是专利申请人、专利权人及时、准确了解自己专利的法律状态和处理专利相关事务（专利转让、许可、实施等）的有力工具。其主要由以下几个部分组成：

其一，发明专利申请公开公告。它将发明申请按照国际专利分类 A~H 依次排列，著录项目包括国际专利分类号、申请号、申请日、申请人、地址、发明人、专利代理机构、代理人、发明名称、摘要、附图等。

其二，发明专利申请审定公告：同公开公告相类似，著录项目有国际专利分类号、审定号、申请号、申请日、申请人、地址、发明人、专利代理机构、代理人、发明名称等。

其三，授予发明专利权公告。从申请该公告之日起三个月内无异议或经审查异议不成立的，专利局即作出授予专利权的决定，并将专利在此栏内作出公告。

其四，发明专利事务，包含以下 12 项事务：实质审查请求、专利局决定的实质审查、驳回申请决定、申请的撤回、被视为撤回的申请、变更、专利权的继承或转让、强制许可决定、专利权的无效宣告、专利权的终止、通知事项、其他相关事项。

其五，申请公开索引，包括三种索引：国际专利分类索引、公开号索引以及申请人索引。

其六，审定公告索引，包括三种索引：国际专利分类索引、审定号索引、申请人索引。

其七，授予专利权公告索引。

（2）中国专利网（http：//www.cnpatent.com）。中国专利网成立于 1986 年，由中国专利技术开发公司运营，隶属于中华人民共和国国家知识产权局。随着我国知识产权事业的快速发展，网站业务也在向更加广阔的领域发展，目前，主要开展的业务有专利数据深加工、专利战略与专利分析、专利产品的开发推广及应用、计算机软件开发与应用、"中国专利网"网站的建设与维护、专利业务的服务咨询与办理及专利缴费等。其专利检索界面如图 10-1 所示。

该网站基于《国际专利分类表》IPC 分类原则，以英文字母 A~H 代表八个部类，用户在选定"专利种类"以后可以通过对"专利号""发明名称""摘要""申请日""公开/公告日""公开/公告号""IPC 分类号""申请人""发明人""申请人地址""国省代码"等关键词进行"与"逻辑关系的检索，从而获得专利文献信息。

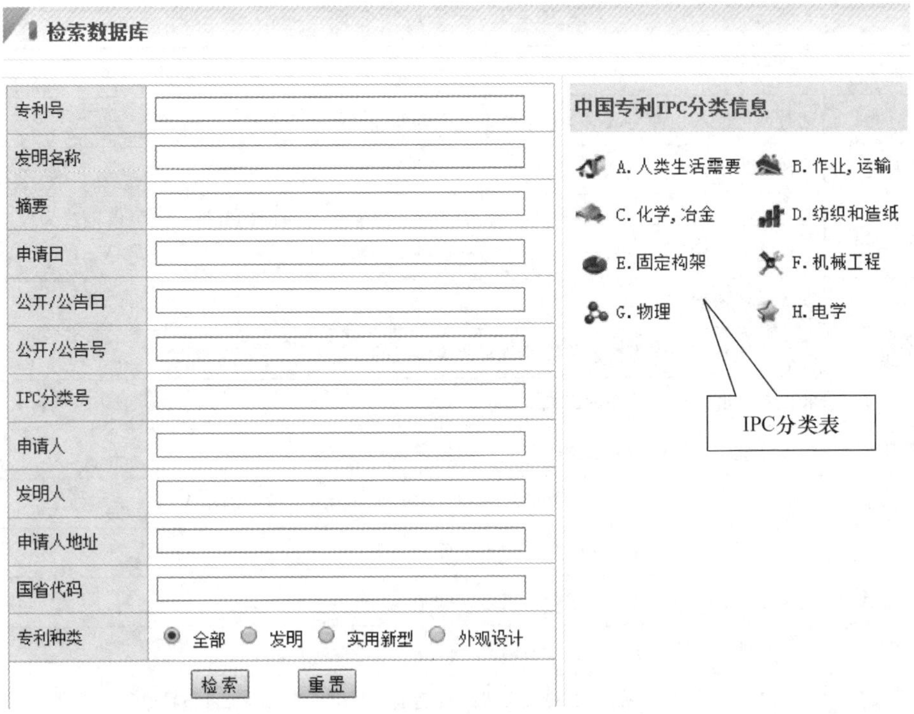

第十章　特种文献检索

图 10-1　中国专利网检索界面

（3）中国专利检索及分析系统（http：//www.pss-system.gov.cn）。中国专利检索数据库及分析系统是目前国内比较权威的网上专利查询系统，是一套高效、安全、稳定、高性能的检索应用系统。技术上设计采用 BS 应用结构，采用 LINUX 系统平台，Java 应用程序开发，采用专业的搜索引擎系统作为检索核心软件，充分满足专利局检索系统的高效性能、准确度、查全的要求。与此同时，结合了专利检索的功能特性，系统设计还开发了专利检索的特殊功能，例如通配符检索、逻辑运算符检索、多种排序、多种分类、语义检索和表达式检索等。用户可以通过"申请号""公开号""IPC 分类号""发明名称""主题词"等多种检索项目进行相关专利的搜寻，同时该系统的高级检索提供更为详细的定位专利文献服务。该系统《用户使用手册》详尽地介绍了该数据库系统的使用方法，涉及的关键名词如下：①检索应用名词，如表 10-3 所示；②专利行业名词解释，如表 10-4 所示。

表 10-3 检索应用名词

名词	含义
检索	通过匹配输入条件与数据库中记录,获得全部记录信息的操作
语义	一段文本的含义
二次检索	在首次检索结果集合中,通过输入新的条件,检索到更精确的数据;也可以理解为保留前一次检索的所有检索条件,再加上新的检索关键词,进行检索
渐进检索	多次二次检索
关键词	全文检索系统中作为检索条件的具有代表意义的词汇
同义词	相同含义的单词,例如计算机/电脑
禁用词	检索系统中不能作为关键词的单词,例如:我、你;of、the、an
分词	检索系统中根据词库进行全文分析处理;将语句分为若干单词的操作
字查找	将关键词进行字匹配检索的操作,不做分词处理
词查找	将关键词进行分词处理后进行检索匹配操作
段落检索	检索条件为一段文字,通过分析语义,进行全文匹配
精确匹配	针对名称、摘要、关键词等检索字段,可完全匹配用户输入内容进行检索
模糊匹配	针对名称、摘要、关键词等检索字段,采用通配符%进行模糊匹配搜索,例如起重%(起重、起重机、起重架等)
相关度	检索结果页面的数据与用户输入的关键词的关联程度(一般以百分比表示)

表 10-4 专利行业名词解释

名词	英文缩写	含义
著录项目	\	描述专利信息的元数据项目,包含申请号、公开号、公开日、IPC分类、名称等
申请号	AP	专利申请人向专利组织提交申请后,对应的一个编号(2003年10月前为8位,以后为12位)
公开号	PN	专利获得认证后,向外公开专利的公开代码,7位或9位数字,当没有公布日数据时,用8位零填充(00000000)
公开日	PD	公布公开号的公开日

第十章 特种文献检索

续表

名词	英文缩写	含义
IPC 分类	IC	国际专利分类数据是各专利机构提供的，EPO 不进行任何修改，这样会出现不同版本的 IPC 分类数据（国际专利分类数据示例如 H04N7/15、H04N7/173）
名称	TI	专利信息的注册名称
摘要	AB	简要描述专利信息的文本信息
主题词	\	主题词是专利信息中名称、摘要、主权利要求的合集，即在专利信息的文字字段中出现的任何词都可以理解为该专利信息的主题词

其检索界面分为"常规检索""高级检索"和"导航检索"，界面分别如图 10 - 2、图 10 - 3、图 10 - 4 所示。

图 10 - 2 常规检索

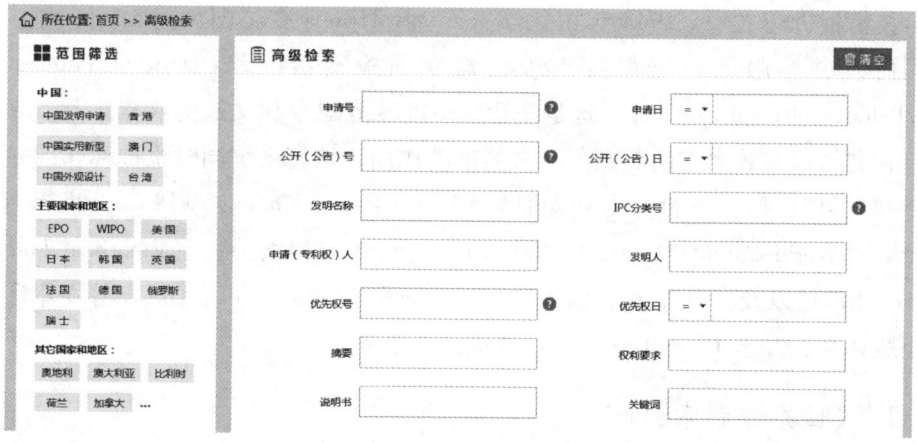

图 10 - 3 高级检索

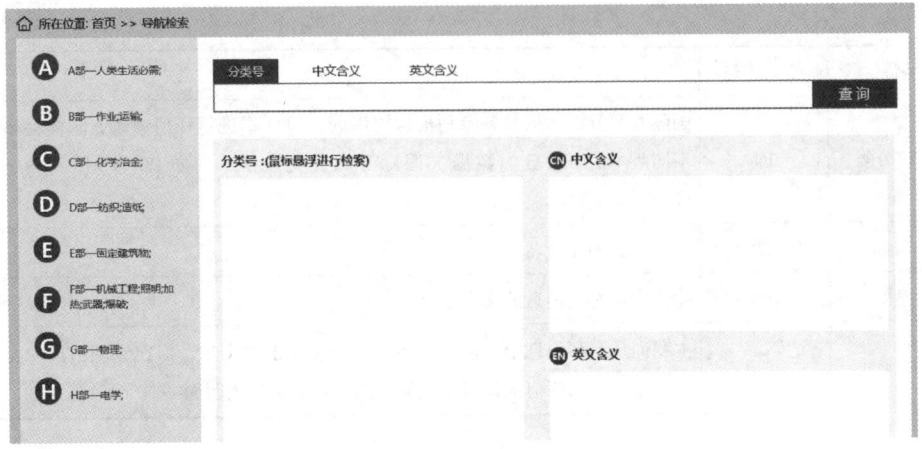

图 10-4 导航检索

三、国外检索

世界上大多数国家的专利历史悠久，出版的专利资料也很多，全球每年出版的专利说明书大约 100 万件，专利文献的飞速增长成为历史发展的必然趋势。本书主要介绍英国德温特出版公司专利检索系统。

英国德温特出版公司（Derwent Publication Ltd.）是全球最权威的专利情报和科技情报机构之一，1948 年由化学家 Monty Hyams 在英国创建。1951 年，该公司研发并出版了"德温特出版公司专利检索系统"（Derwent Publication Ltd. Patent Retrieval System），这是一套检索世界范围专利文献的检索工具，在提高专利文献检索效率方面起到了巨大的推动作用。该套系统同时也被称作《德温特专利索引》，包括《世界专利索引》（World Patents Index，WPI）、《世界专利文摘》（World Parents Abstracts，WPA）、《电气专利索引》（Electrical Patents Index，EPI）以及《化工专利索引》（Chemical Patents Index，CPI）等 4 本印刷版出版体系，并于 1978 年开始提供联机检索服务。

1. 《世界专利索引》

《世界专利索引》于 1974 年开始出版，分为 *General*、*Mechanical*、*Electrical*、*Chemical* 四个分册，主要涉及内容如表 10-5 所示。

表 10-5 《世界专利索引》

一般分册：农业、轻工、医药和一般的工业加工工艺与设备以及光学、摄影等
机械分册：运输、建筑、机械工程与元件、动力机械、照明、加热等
电器分册：仪器仪表、计算机和自动控制、测试技术、电工和电子元器件、电力工程和通信等
化工分册：一般化学与化学工程、聚合物、药品、农业、食品、化妆品、洗涤剂、纺织、造纸、印刷、涂层、照相、石油、燃料、原子能、爆炸物、耐火材料、硅酸盐及冶金等

2.《世界专利文摘》

《世界专利文摘》创刊于 1975 年，以文摘的形式重点报道超过 13 个国家的专利，内容包括"分国本"（Abstracts by Country）和"分类本"（Abstracts by Subject），介绍了 General、Mechanical、Electronic 三大类，具体内容如表 10-6 所示。

表 10-6 《世界专利文摘》

日常生活必需品：农业、食品、烟草、个人和家庭用品、健康和娱乐品
成形加工：分离与混合，金属成形，非金属成形，压制，印刷，光学、照相，其他
交通运输与建筑工程：一般车辆，特种车辆，搬运、包装、储存，建筑物
机械工程：发动机与泵，机械原件，照明与加热
仪器仪表与计算技术：仪表、测量、试验、计算、控制
电子元件与电路：半导体、电子电路，电子元件
通信与电力：通信，电力工程

3.《电气专利索引》

该刊创刊于 1980 年 6 月，其报道的专业领域是电气电子方面的专利文献，包含了 6 个分册，用英文字母 S~X 表示，具体包括以下内容：仪表、测量、试验，计算、控制，半导体、电子电路，电子元件，通信，电力工程。

4.《化工专利索引》

该刊于 1970 年创刊，包含 12 个分册，用英文字母 A~M（除去 I）表示，内容有聚合物、药物、农业、肥料、食品、洗涤剂、一般化学品、纺织、造纸、纤维素、印刷、涂层、照相化学、石油、化学工程、原子能、爆炸物、防护、耐火材料、陶瓷、水泥、冶金等。

德温特专利检索系统基于"ISI Web of Knowledge"平台（http：//www.isiknowledge.com），具体检索方式分为专利权人代码索引、登记号索引、专利号索引等，如图10-5所示。

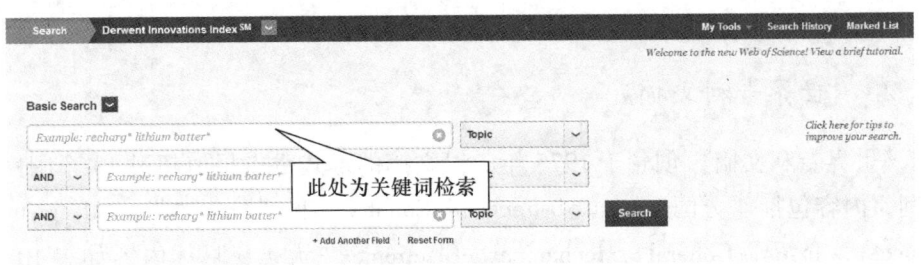

图10-5 德温特专利索引

（1）专利权人代码索引。专利权人是指获得并占有某项发明专利权的人。在德温特索引中采取专利权人索引方法能方便地查找到某一公司或个人在各国的专利申请情况。德温特索引将掌握专利较多的公司或个人用四个英文字母编成代码，并且出版了《公司代码手册》，并称之为标准公司。该手册的编著方式主要是按照标准公司的名字及代码的顺序实现的，从而保证了代码的唯一性。该检索方式的主要步骤如下：

第一步，查找专利权人的准确名称，并可以根据需要译成其他国家的名称，但需要保持一致性。

第二步，根据准确名称的字母顺序在《公司代码手册》中找出相对应的四个英文字母的代码。

第三步，获得代码后在德温特出版的四种专利文献中相关的专利权人索引中查询该专利权人在各国所掌握的专利，这时根据对应的专利号也可以方便地获得专利文献原文。

（2）登记号索引。德温特登记号索引亦称德温特入藏号索引，作用是用于查找同族类的专利文献。1983年以前，其编录方式为采用4~5位数字后加上相应的英文字母表示年份，具体英文字母所代表年份如表10-7所示。

表 10-7 登记号索引

R: 1970	S: 1971	T: 1972	U: 1973
V: 1974	W: 1975	X: 1976	Y: 1977
A: 1978	B: 1979	C: 1980	D: 1981
E/J: 1982	K: 1983		

1983 年以后，其编录方式统一改为公元年历后加上 6 位阿拉伯数字，并在其后加上符号"/"和期刊号，如"99 - 072935/16"表示 1999 年第 16 期的 072935 号专利文献。

（3）专利号索引。与上一节所提到的《国际专利分类表》中的专利分类号不同，这里所指的德温特分类号，是德温特专利信息出版物专门的分类法。其方法为按照专利国家英文缩写字母顺序将同一国家专利按专利号大小顺序排列后编入《专利号索引》中，这样就能方便地查找到各册各期的专利文献信息的内容了。如表 10-8 所示。

表 10-8 专利号索引

CC① （A⑥）		
CC 1005② （A⑥）		
*008③	83 - 08320④	METG⑤
=340③	77 - 14340④	OWEI - ①

注：①专利国家（中国英文代码为 CC）；②专利号；③相关专利号（*表示基本专利，=表示相同专利）；④德温特登记号；⑤专利权人代码（-代表非标准公司）；⑥法律状态代码（A 表示申请公开说明书）。

第二节　科技报告

一、概况

"科技报告"（Scientific and Technical Report），作为组成特种文献的一部分，出现于 20 世纪初，第二次世界大战后迅速发展，成为科技文献中的一大门类，是指记录某一科研项目调查、实验、研究的成果或进展情况的报告，又称研究报告、报告文献。每份科技报告自成一册，通常载有主持单位、报告撰写者、密级、报告号、研究项目号和合同号等。其按内容可分为报告书、论文、通报、札记、技术译文、备忘录、特种出版物，而这些大多与政府的研究活动、国防及尖端科技领域有关。科技报告具有发表及时、课题专深、内容新颖、成熟、数据完整，且注重报道进行中的科研工作等特点，是一种重要的信息源。

1. 科技报告的出版形式

（1）报告（Report）。一般公开出版，内容较详尽，是科研成果的技术总结。

（2）论文（Paper）。指准备在学术会议或期刊上发表的报告，常以单篇形式发表。

（3）译文（Translations）。译自国外有参考价值的文献。

（4）札记（Notes）。内容不太完善，是编写报告的素材，也是科技人员编写的专业技术文件。

（5）备忘录（Memorandum）。内部使用，限制发行。包括原始试验报告，数据及一些保密文献等，供行业内部少数人沟通信息使用。

科技报告是在科研活动的各个阶段，由科技人员按照有关规定和格式撰写的，以积累、传播和交流为目的，能完整而真实地反映其所从事科研活动的技术内容和经验的特种文献。它是人类科技发展和信息文化发展的产物，在人类的知识信息传播和利用中起着越来越重要的作用，世界各国在科技文献信息交流中都将它列于首位。然而，科技成果和报告属于灰色文献，不批量公开出版，是比较难获得全文的一种文献类型，从数据库和网上只能找到一小部分全文，大多数科技报告或经济报告必须与项目单位联系。

2. 阅读科技报告注意事项

无论是自己编写科技报告还是阅读他人已有的科技报告，都应注意以下几点：

（1）题目。在现在的一些科技报告或刊物中，不仅有作者和刊物的卷期，报告的题目也越来越受到重视，具有重要的参考意义。从题目中读者能够最直接地获取作者认为重要的信息。

（2）摘要。一篇科技报告的摘要主要列出了有关工作的方法、目的、成果及结论等,是整个报告的纵览,因此,充分利用摘要的内容是掌握一篇科技报告主题的关键。

(3)引言。在引言中主要介绍科技报告的研究背景和对前人工作的概述,是文章必不可少的组成部分,读者应当客观地、实事求是地看待这部分内容。

(4)主体。报告主体往往涉及了作者多年来的工作成果,因此阅读量很大,条理是否清晰、叙述方式是否完备、层次是否分明直接影响报告的质量。

(5)结论与成果。许多读者在阅读文献或报告时有种习惯性的做法,即在浏览了摘要以后直接奔结果而去,我们姑且不论这种方式的好坏,但是这证明了科技报告结论的重要性。报告的结论是对前文的总结,然而如何在内容上进行创新和避免重复是作者和读者都关注的一个问题。

(6)参考文献。一篇报告或论文的内容往往不全是作者的"功劳",参考文献起着重要的作用,那么,所引用的参考文献应当遵循"一对一"原则,即正文中涉及和引用的内容在参考文献里都应当相对应地找到。从某种意义上说,参考文献是否完备,也是检验作者在进行研究工作之前是否全面地占有资料,对资料进行了认真的、全面的研究的一个尺度。

二、国内检索

中国国内关于科技报告的检索在近几年刚刚发展起来,但是已经取得了出色的成果,主要分为实体出版物检索和数据库检索。

1. 实体出版物检索

在中国,科技报告主要是以科技成果公报或科技成果研究报告的形式进行传播交流。自20世纪60年代始,原国家科委(现国家科技部)就开始根据调查情况定期发布科技成果公报和出版研究成果公告,由国家科技部所属的中国科技信息研究所出版,名称为"科学技术研究成果公报",这就是代表我国科技成果的科技报告,它是专门报道和检索《科学技术研究成果》的工具,于1963年创刊,著录内容包括科技成果名称、登记号、分类号、部门或地方编号、基层编号及密级、完成单位及主要人员、工作起止时间、推荐部门、文摘内容,每期内容分五大类:农业、林业;工业、交通及环境科学;医药、卫生;基础科学;其他。该检索工具还编有"分类索引"和"完成单位索引"等。近几年也以数据库的形式对外提供检索服务。

同时，还有《中国国防科技报告通报及索引》，以月刊方式出版，由国防科工委情报研究所编，报道和提供了该所收藏的中文国防科研、实验、生产和作战训练中产生并经过加工整理的科技报告和有关科技资料的检索；《中国机械工业科技成果通报》，由机械工业部科技信息研究所主办，内容包括基础理论研究成果、科研成果、新产品研制成果、软科学成果、专利成果等，按类编排；《科学技术译文通报》为月刊，由中国科学技术情报研究所编辑；《对外科技交流通报》为双月刊，由中国科学技术情报研究所编辑。

2. 数据库检索

随着网络技术的普及和发展，基于因特网的数据库资源搜索摆脱了传统信息搜索方式的束缚，为不同用户需求提供了更广阔的平台。除了一些保密的研究项目比较难以得到相关信息以外，其他关于经济、商业、行业、环境乃至健康等各个方面的研究报告分散在各种事实型的数据库中，本书主要介绍"国研网研究报告库""国家科技成果网""万方中国科技成果库"三种目前国内应用比较广泛的科技报告检索数据库。

(1) 国研网研究报告库 (http：//www.drcnet.com.cn/)。国务院发展研究中心信息网，是一个以国务院发展研究中心丰富的信息资源为依托，全面整合中国宏观经济、金融研究和行业经济领域的专家资源及其研究成果的大型经济类专业网站，其中的国研报告主要提供中国经济、金融、各行业的经济研究报告。用户可以通过该平台选择"全文数据库""统计数据库""研究报告数据库""专题数据库"和"世经数据库"。以研究报告数据库为例，这里有大量的各行业分析报告，以"标题""关键词""作者""全文""时间排序"等方式检索，涉及范围如表10-9所示，检索界面如图10-6所示。

表10-9 国研网研究报告库内容范围

行业季度分析报告：汽车行业、房地产业、通信行业、钢铁行业、电力行业、石化行业、交通运输、医药行业、生物制药、通信设备、化工行业、水泥制造、食品制造
行业月度分析报告：汽车行业、房地产业、通信行业、钢铁行业、电力行业、石油化工、港口航运、医药行业
金融中国分析报告：金融中国季度分析报告、金融中国月度分析报告、金融周评
宏观经济分析报告：宏观经济季度分析报告、宏观经济月度分析报告

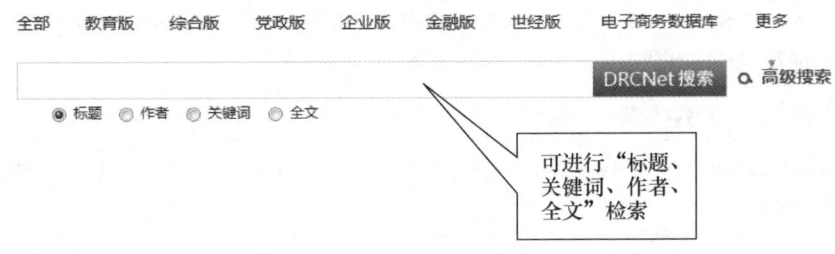

图 10-6 国研网检索界面

(2) 国家科技成果网 (http://www.tech110.net)。国科网是由国家科技部创建的国家级科技成果创新服务平台,旨在促进科研单位、科研人员、技术需求方的交流、沟通,加快全国科技成果进入市场的步伐,促进科技成果的应用与转化,避免低水平的重复研究、提高科学研究的起点和技术创新能力。所拥有的全国科技成果数据库内容丰富、权威性高,已收录全国各地区、各行业经省、市部委认定的科技成果50余万项,库容量以每年3万~5万项的数量增加,充分保证了成果的时效性。同时提供方便、快捷的免费上网查询,还可进行全国科研单位查询,发布科技成果供求信息等。自1999年6月向社会公开以来,在国内外产生了较大影响,在全国各省市建有几十个科技成果信息服务中心,直接用户达数十万人。国科网开设的主要栏目如表10-10所示。

表 10-10 国科网开设的主要栏目

科技成果:以网站拥有的内容丰富、权威的国家科技成果库为核心,配合先进、强大的搜索引擎功能,为用户提供科技成果、技术项目等方面的信息。现已收录全国各地区、各行业经省、市、部委认定的权威性科技成果30余万项
科研单位:提供国内各科研院所、高校、企业等所完成的科技成果的查询,基本体现各科研单位近几年的研发工作重点与能力,便于全面了解科研单位研发工作的规模、领域、水平,有针对性地选择科研单位解决技术难题

文献检索与论文写作

续表

科研人才	提供国内科研人才的查询,体现科研人员的研发重点领域
科技资讯	第一时间向用户报道及时、详尽的国内外科技产业发展动态、研究热点、行业科技进展等,并发布科技部等权威机构提供的科技要闻、政策导向等
科技政策	收录我国政府、行政管理部门公布的科技法规、管理办法、通知、细则及其他相关重要法规
会展	报道近期以科技创新、科技成果推广转化为主题的综合性、行业性会议及展览信息,宣传会展成果,为成果转化服务
统计与分析	提供全国科技成果的年度统计报告及其他专题分析报告
创新博客	科技方面的专业博客,欢迎广大科研工作者在此建立博客,发布个人科研思路、见解;分享行业内知识、资料;提供最新的分析;讨论行业内现象、热点、发展前景等

在 NAST 成果网进行检索时主要分类有"国科分类""学科分类""高新技术分类""行业分类""登记成果""鉴定成果""计划项目"以及"奖励项目"等,通过对"成果名称""关键词""完成单位""完成人""年份""地区""中图分类码""成果水平"等关键词的定位。用户能够根据成果、专家、机构进行高级检索,快捷、方便地获得自己需要的科技成果内容,具体界面如图 10-7、图 10-8 和图 10-9 所示。

图 10-7 成果检索

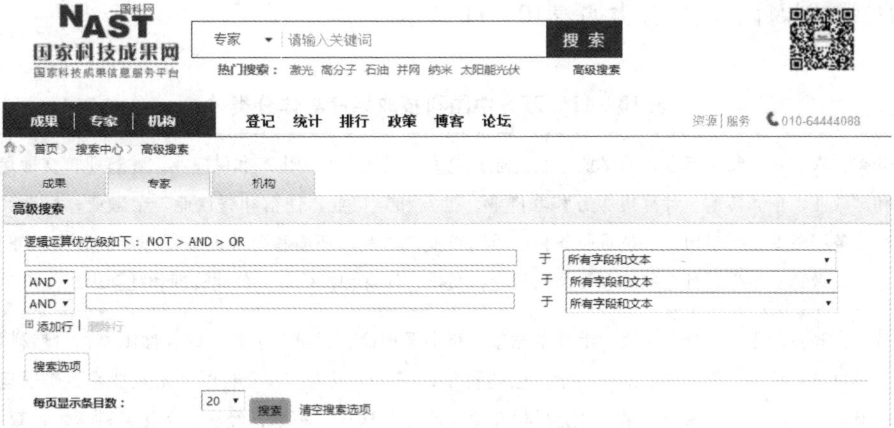

第十章 特种文献检索

图 10-8 专家检索

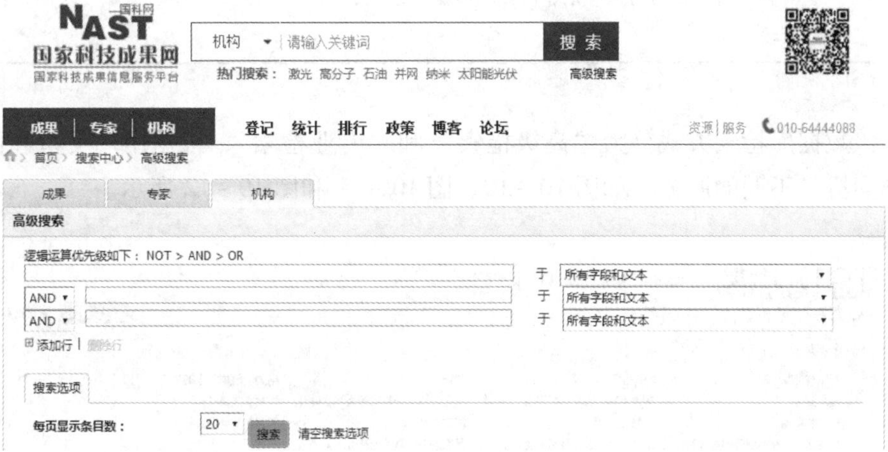

图 10-9 机构检索

（3）万方中国科技成果库。如果是机构内用户可以直接通过机构网络登录万方数据库，而外网用户可以使用网址 http://www.wanfangdata.com.cn 进入数据库系统（后文不再注释），通过这种途径，用户需要预先付费，获得用户名和密码后方可获取数据库资源。

万方数据库始建于 1986 年，万方科技成果子数据库收录了 1964 年至今历年各省、市部委鉴定后上报国家科技部的科技成果，截至 2009 年 12 月 31 日，总共包含了 585600 项，内容涉及自然科学各个学科领域，该库已成为中国最具权

· 223 ·

威的技术成果库，具体分类如表 10-11 所示。

表 10-11 万方中国科技成果库具体分类

行业分类：农、林、牧、渔业，采矿业，制造业，电力、燃气及水的生产和供应业，建筑业，交通运输、仓储和邮政业，信息传输、计算机服务和软件业，批发和零售业，住宿和餐饮业，金融业，房地产业，租赁和商务服务业，科学研究、技术服务和地质勘查业，水利、环境和公共设施管理业，居民服务和其他服务业，教育，卫生、社会保障和社会福利业，文化、体育和娱乐业，公共管理和社会组织
学科分类：马克思主义、列宁主义、毛泽东思想、邓小平理论，哲学、宗教，综合性图书，自然科学总论，数理科学和化学，天文学、地球科学，生物科学，医学、卫生，农业科学，工业技术，交通运输，航空、航天，环境科学、安全科学，社会科学总论，政治、法律，军事，经济，文化、科学、教育、体育，语言、文字，文学，艺术，历史、地理
地区分类：北京、天津、河北、山西、内蒙古、辽宁、吉林、黑龙江、上海、江苏、浙江、安徽、福建、江西、山东、河南、湖北、湖南、广东、广西、海南、重庆、四川、贵州、云南、西藏、陕西、甘肃、青海、宁夏、新疆

该数据库检索方式分为"高级检索"和"专业检索"，根据用户类型和需求的不同提供不同的服务，如图 10-10、图 10-11 和图 10-12 所示。

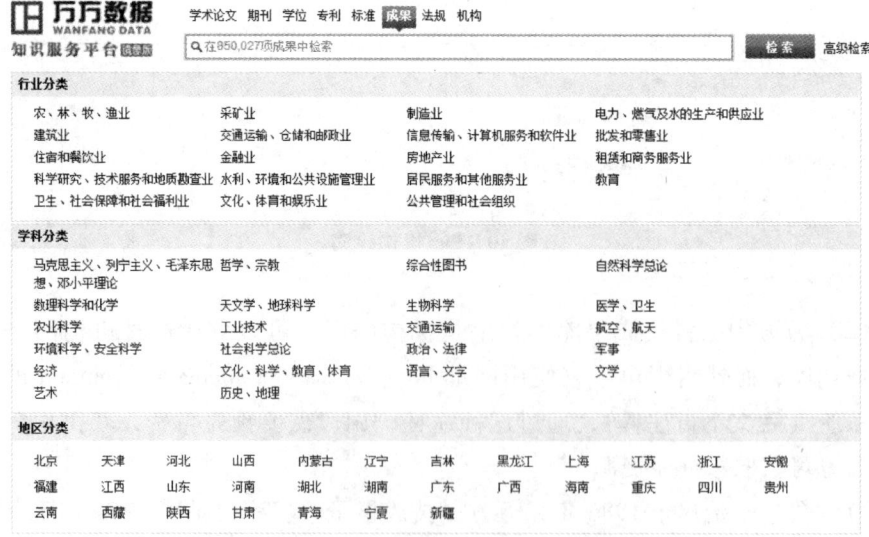

图 10-10 万方科技成果检索界面

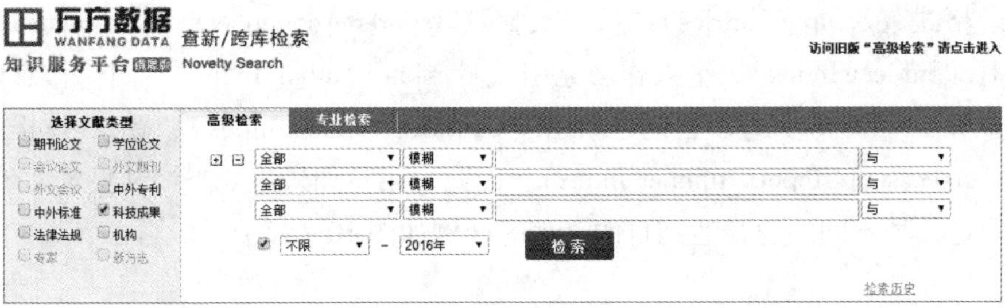

第十章　特种文献检索

图 10-11　高级检索

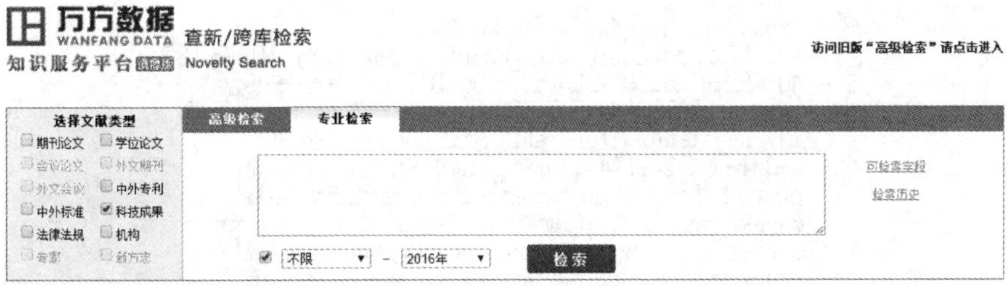

图 10-12　专业检索

三、国外检索

国外科技报告检索的主要对象是指世界上著名的美国四大报告：美国政府报告（Office of Publication Board，PB）、军事系统的报告（Astia Documents，AD）、国家宇航局的报告（National Aeronautics and Space Administration，NASA）、能源部的报告（U.S. Department of Energy，DOE），以上报告可以通过美国的《政府报告通报及索引》（Government Reports Announcements & Index，GRA&I）和"美国政府报告数据库"来进行检索。

1. 《政府报告通报及索引》

GRA&I 是检索美国科技报告的主要工具，于 1946 年创刊，现由美国商务部国家技术情报服务处（NTIS）编辑出版，其以文摘的形式报道美国的四大报告，侧重于 PB 和 AD。GRA&I 分为现期期刊和年度索引两部分，通过年度索引可以较方便地进行报告检索，其现期期刊为半月刊，每期报道科技项目达 2500 多件。其包括的主要内容依次为主题分类目录（Subject Field and Group Structures）、典

· 225 ·

型著录格式（Sample Entries）、报告文摘（Reports Announcement Abstracts）、主题索引（Subject Index）、个人作者索引（Personal Author Index）、团体作者索引（Corporate Author Index）、合同号索引（Contrast Number Index）、登录号/报告号索引（Accession/Report Number Index）。因此，用户如果想要查询某报告文献时，可以通过几种不同的途径达到目的，著录样例如图10-13所示。

```
①——ADA 121 3 18/0       PC A 03/MF A01 ——②
③——New Maxico State Univ., Las Crues.Physical Sclonce Lab.
④——Sotar Themochemlcal Energy Conversion and
     Transport.
⑤——Frinal rept. 15 Mar 77-30 Sop 82.
⑥——J.H. McCrary, and glona E. McCrary. 10 Nov 82,
⑦——40p Rept no. NMSU/PSL-PS01010 ——⑧
⑨——Contract N00014-77-C-0229            ⑩
     The high temperature catalyticdissociation of SO3
     and the CO2-CH4 rofoming -mothanation cycla are im-
     portant chemical processes being considered in the
     davelopmant and application of sotar-thermal energy
     conversion, transport and storage systems, Saparate
     facilities for evaluating chemical converter-heet-ex-
     changers at temperatures to 1000 C with high flow
     rates of SO3 and of mixtures of CO2 and CH4 feed-
     atocks have been assembled and operated on the
     NMSU campus. A number of receiver olemants
     (chemical reactors)have been tested in these labora-
     tory tacilities in an effort to optimize catlyst param-
     eteie and caayst reactor configurations. These tests
     led to the design and fabrication of both low power and
     ligh power solar anergy roceivers which were operat-
     ed successfully at the White Sands solar Fumaco.
     Enargy delivery mathanation reactor design and para-
     metnc studies lad to the fabrication and operation of
     laboratory closed-loop. energy conversion ,transport.
     and delivery system. These latter experiments met
     with limited but promising success. Carbon deposition,
     though a problem, is believed to be contrallable with
     the optimization of catalyst parameters and foedstock
     composition.(Author)
                     ⑪
```

图10-13 政府报告通报及索引

注：①报告号（1983年以前相当于文摘序号，1984年起，每条文摘编有序号），按各类报告的代号顺序编排，即先排AD报告，再接排DE报告（即DOE报告）代号。②文献价目：PC（Paper Copy）为印刷品，A为单价代码（以前用$表示），MF（Microfiche）为缩微胶片。③团体著者及其地址（即提供原始报告的单位）。④报告题目（黑体）。⑤报告阶段类型和课题研究起止时间。样例上为"finalrept"表示是总结报告。⑥个人著者姓名及报告写完时间。⑦报告页数。⑧报告代号（指原编写单位编制的代号）。⑨合同号。⑩文摘正文。⑪文摘来源（样例中"author"表示该条文摘选自原著者的摘要）；若为"ERA citation××：××××××"表示引用能源文摘××卷××××××条文摘。

2. 美国政府报告数据库（http：//www.ntis.gov/）（如图 10 – 14、图 10 – 15 所示）

图 10 – 14　美国政府报告数据库主页

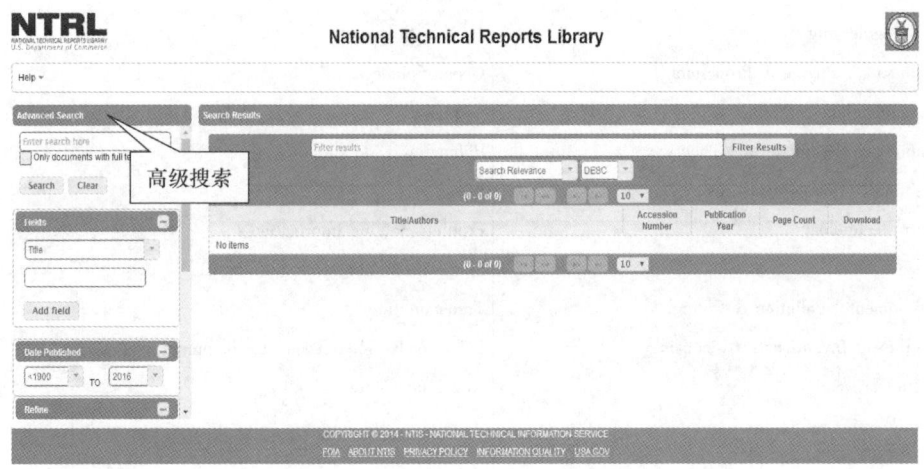

图 10 – 15　美国政府报告数据库检索界面

文献检索与论文写作

美国政府报告数据库是由美国商务部直接部署的国家技术情报服务处（National Technical Information Service，NTIS）编录出版，主要内容包括美国政府专项研究和开发的项目报告，即上文提到的美国政府四大科技报告，同时还少量收录了西欧、日本及其他世界各国（包括中国）的科技报告项目，该库90%的内容为英文文献，主要涵盖的学科领域如表10－12所示。

表10－12 美国政府报告数据库涵盖学科

Administration & Management	Industrial & Mechanical Engineering
Aeronautics & Aerodynamics	Library & Information Sciences
Agriculture & Food	Manufacturing Technology
Astronomy & Astrophysics Energy	Materials Sciences
Atmospheric Sciences	Mathematical Sciences
Behavior & Society	Medicine & Biology
Biomedical Technology & Human Factors Engineering	Military Sciences
Building Industry Technology	Missile Technology
Business & Economics	Natural Resources
Chemistry	Navigation
Civil Engineering	Nuclear Science
Combustion, Engine & Propellant	Ocean Sciences
Communications	Ordnance
Computers, Control & Info Theory	Photography
Detection & Countermeasures	Physics
Electro technology	Problem Solving Information
Energy	Space Technology
Environmental Pollution & Control	Transportation
Government Inventions for Licensing	Urban & Regional Tech. Development
Health Care	And Much More...

第三节 标准文献

一、概况

在公元前1500年的古埃及纸草文献中即有关于医药处方计量方法的标准，是现存最早的标准。现代标准文献产生于20世纪初。1901年英国成立了第一个全国性标准化机构，同年，世界上第一批国家标准问世。此后，美国、法国、德国、日本等国相继建立全国性标准化机构，出版各自的标准。中国于1957年成立国家标准局，次年颁布第一批国家标准（GB）。20世纪80年代，已有100多个国家和地区成立了全国性标准化组织，其中90多个国家和地区制订了国家标准，国家标准中影响较大的有美国（ANSI）、英国（BS）、日本（JIS）、法国（NF）、联邦德国（DIN）等。国际标准化机构中最重要、影响最大的是1947年成立的国际标准化组织（ISO），它制定或批准的标准具有广泛的国际影响。随着标准化事业的迅猛发展，标准文献激增。据统计，中国标准化综合研究所标准馆作为中国标准文献中心，收藏国际标准1万件以及56个国家的国家标准、专业标准、标准目录等形式的标准文献33万件。

所谓标准文献，从狭义上理解是指按规定程序制定，经公认权威机构（主管机关）批准的一整套在特定范围（领域）内必须执行的规格、规则、技术要求等规范性文献，而从广义上则定义为与标准化工作有关的一切文献，包括标准形成过程中的各种档案，宣传推广标准的手册及其他出版物，揭示报道标准文献信息的目录、索引等。

1. 标准文献特点

标准文献一般具有以下三个特点：时效性、规范性、针对性。

（1）时效性。只在某一特定的时期内起作用，当科学技术、经济水平提高后，旧的标准就不适用，从而制定新标准。

（2）规范性。在一定条件下具有法律性和约束性，是生产管理、科学研究、经济发展等众多领域的依据。

（3）针对性。某一标准一般只作为某一产品或问题的依据，不同种类和级别的标准在不同的范围内执行。

2. 标准文献分类

标准文献主要按照三种方式进行分类：一是按专业分类，二是按级别分类，三是按对象分类。

（1）专业分类是以《中国标准文献分类法》为依据，其一级类目表为：A. 综合；B. 农业、林业；C. 医药、卫生、劳动保护；D. 矿业；E. 石油；F. 能源、核技术；G. 化工；H. 冶金；J. 机械；K. 电工；L. 电子元器件与信息技术；M. 通信、广播；N. 仪器、仪表；P. 工程建设；Q. 建材；R. 公路、水路运输；S. 铁路；T. 车辆；U. 船舶；V. 航空、航天；W. 纺织；X. 食品；Y. 轻工、文化与生活用品；Z. 环境保护。

（2）按级别分类有国际标准、国家标准、部标准、区域标准、行业标准、地方标准、企事业标准等。

（3）按对象分类有产品标准、方法标准、工艺标准、数据标准、工程建设标准、环境保护标准、服务标准、包装标准、过程标准、文件格式标准等。

二、国内检索

在1979年中国共产党十一届三中全会指引下，文献标准化取得重大进展，不仅成功地确立了完整的文献国家标准体系，而且在全国范围使标准文献检索的广泛实施成为可能，呈现出了与国际文献标准化共同发展的良好局面。标准文献在特种文献中具有不可或缺的地位，因此如何进行检索成了热门问题，标准文献的检索工具包括手工检索以及网络数据库检索。

1. 手工检索

手工检索是利用各收藏出版单位的实体书进行手工翻检的检索方式。目前我国各类标准文献检索工具主要有以下几种：

（1）《中国标准化年鉴》。《中国标准化年鉴》由国家技术监督局编，中国标准出版社出版。该年鉴每年出版一卷，主要内容是对前一年标准化工作的全面阐述，其中包括机构管理、标准化事业的发展现状、法规建设以及科学研究工作的进展情况；前一年中新发布的国家标准目录等。《中国标准化年鉴》中的国家标准目录包括分类目录和标准顺序号目录，而分类目录是根据《中国标准文献分类法》进行排列，如果在同一类中则按照标准顺序号进行排列。

（2）《中华人民共和国国家标准目录》（以下简称《目录》）。《目录》是由国家标准化司编录的，对我国经济发展起着重要作用。《目录》收编了当年度批准、发布的所有国家标准的信息，包括编号、名称、分类、采用标准、发布日期、修订日期、实施日期、代替标准等信息，按《中国标准文献分类法》的专业分类顺序编排，中文目录在前，英文目录在后。书后附有中英文目录标准顺序号索引，方便读者查询。

（3）《中国国家标准汇编》。《中国国家标准汇编》由中国标准出版社出版，自 1983 年开始，收录我国公开发行的标准文献全文，是一部大型综合国家标准全集，在一定程度上反映了新中国成立以来标准化事业发展的基本情况和主要成就，是各级标准化管理机构、工矿企事业单位、科研、设计、教学等部门必不可少的工具书。本分册为 346 分册，收录了 GB20601—20631 的最新版本。

2. 网络数据库检索

在传统文献搜索的方式下，标准文献显得更加难以查询，而网络数据库技术的发展使标准文献信息的共享和方便的查询成为可能。下面主要介绍国内比较常用的标准文献网络数据库检索系统。

（1）万方标准文献检索数据库。如果是机构内用户可以直接通过机构网络登录万方数据库，而外网用户可以使用网址 http：//www.wanfangdata.com.cn 进入数据库系统，通过这种途径，用户需要预先付费，获得用户名和密码后方可获取数据库资源。

同科技报告一样，在万方数据库平台读者也能够较方便地检索该数据库中的标准文献信息。截至 2009 年 12 月 31 日，可搜索的中外标准文献信息总共达 258897 项，内容涉及自然科学各个学科领域，该库已成为我国最具权威的中外标准文献数据库，具体涉及综合、农业、林业、医药、卫生、劳动保护、矿业、石油、能源、核技术、化工、冶金、机械、电工、电子元器件与信息技术、通信、广播、仪器、仪表、工程建设、建材、公路、水路运输、铁路、车辆、船舶、航空、航天、纺织、食品、轻工、文化与生活用品、环境保护等 24 大类。

其检索方式主要分为一般检索、高级检索和专业检索（即输入CQL表达式），检索界面如图10-16、图10-17所示。

图10-16　高级检索

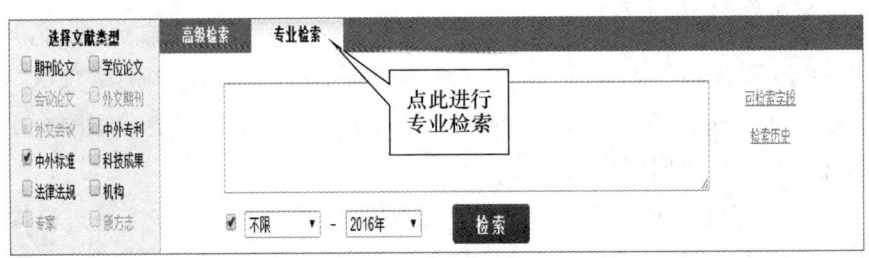

图10-17　专业检索

（2）中国标准咨询网（http：//www.chinastandard.com.cn/）。中国标准咨询网是由北京世纪超星电子有限公司和北京新标方圆在线软件技术有限公司等单位联合建立的，主要提供质量认证信息、技术监督法规信息以及标准信息产品质量抽检信息等服务。其标准数据库查询包括ISO标准、IEC标准、ASTM标准、ASME标准、UL标准、EN标准、BS标准、DIN标准、JIS标准、GB标准、HB标准、GBJ标准、IEEE标准和ANSI标准等20类国内外标准体系，其关键词可以采用中文标准名称、发布日期、发布单位、实施日期、英文标准名称、采用关系、标准号、中国标准分类号等检索和查询,详见图10-18。

图 10-18 中国标准咨询网检索字段

三、国外检索

目前国外标准文献信息检索主要依照 ISO 标准、IEC 标准、ITU 标准来进行。ISO、IEC、ITU 并称国际三大标准化机构,在国际标准化文献信息检索中使用最为广泛。

1. 国际标准化组织(ISO)标准

国际标准化组织(International Organization for Standardization,ISO),成立于 1947 年 2 月 23 日,是世界上最大的非政府性标准化专门机构,是国际标准化领域中一个十分重要的组织,其主要任务是促进全球范围内的标准化及其有关活动,以利于国际间产品与服务的交流,以及在知识、科学、技术和经济活动中发展国际间的相互合作,因此越来越多的国家参与其活动。ISO 标准的内容涉及广泛,从基础的紧固件、轴承、各种原材料到半成品和成品,其技术领域涉及信息技术、交通运输、农业、保健和环境等。

2. 国际电工委员会（IEC）标准

国际电工委员会（International Electrotechnical Commission，IEC），成立于 1906 年，至今已有 100 多年的历史，是世界上成立最早的国际性电工标准化机构，负责有关电气工程和电子工程领域的国际标准化工作。目前 IEC 的工作领域已由单纯研究电气设备、电机的名词术语和功率等问题扩展到电子、电力、微电子及其应用、通信、视听、机器人、信息技术、新型医疗器械和核仪表等电工技术的各个方面。IEC 标准已涉及了世界市场中 35% 的产品，到 20 世纪末，这个数字已达 50%。

3. 国际电信联盟（ITU）标准

国际电信联盟（International Telecommunication Union，ITU）是联合国专门机构之一，主管信息通信技术事务，由无线电通信、标准化和发展三大核心部门组成，其成员包括 191 个成员国和 700 多个部门成员及部门准成员。国际电信联盟的宗旨：维护和扩大会员国之间的合作，以改进和合理使用各种电信；促进提供对发展中国家的援助；促进技术设施的发展及其最有效的运营，以提高电信业务的效率；扩大技术设施的用途并尽量使之为公众普遍利用；促进电信业务的使用，为和平联系提供方便。

鉴于版面原因，本书主要介绍 ISO 标准库的检索。

ISO 标准数据库（http://www.iso.org/iso/store.htm）即"ISO 在线"，成立于 1950 年，其按照技术委员会标准进行分类，包括了超过 17500 种已出版的标准信息。"ISO 在线"为用户提供了三种检索服务：标准文献检索、出版物及电子产品检索、网站检索，其中标准文献检索标准目录包括 ISO 国际标准数据库，收录了有关基础科学、社会科学、自然科学、农业、医学、土木工程、环境工程等方面的国际标准题录，另外"ISO9000"专门介绍了关于 ISO9000 体系下的质量管理和质量认证的详细标准文献信息。通过 ISO 标准数据库，用户可以通过"搜索范围"（Search scope）、"关键词或词组"（Keyword or phrase）、"ISO 标准号"（ISO number）、"文献类型"（Document type）、"补充类型"（Supplement type）、"ICS 分类号"（ICS number）等方式来进行检索，主要界面如图 10 – 19 所示。

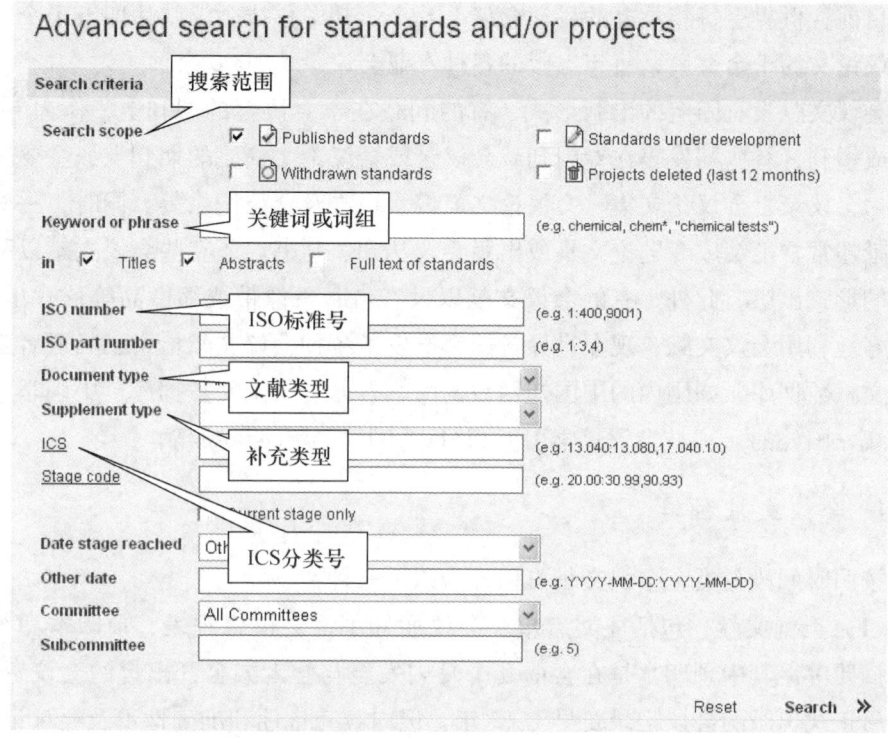

图 10-19 ISO 数据库检索

通过 ISO 数据库检索，用户可以根据检索指令得到的清单选择 PDF 或 TXT 格式印刷文本，从而达到检索目的。

第四节　会议文献

一、概况

会议文献（Conference Literature），是指在学术会议上宣读和交流的论文、报告及其他有关资料。会议文献多以会议录的形式出现。随着科学技术迅速发展，世界各国的学会、协会、研究机构及国际性学术组织举办的各种学术会议日益增

文献检索与论文写作

多。目前,世界上每年举办的科学会议1万个,其中科技会议就达四五千个,产生会议论文约十余万篇,每年出版的各种专业会议录达3000余种。

会议文献没有固定的出版形式,有的刊载在学会协会的期刊上,作为专号、特辑或增刊,有些则发表在专门刊载会议录或会议论文摘要的期刊上,主要表现形式为会议录、会议论文集、会议论文汇编、报告及会议记录等。同时,一些会议文献还常常汇编成专题论文集或出版会议丛刊、丛书。还有些会议文献以科技报告的形式出版。此外,有的会议文献以录音带、录像带或缩微品等形式出版。为更好地利用会议文献,现在世界各国都研发了各种会议文献检索工具或者建立会议文献数据库,如国内的中国知网数据库、万方会议论文数据库、中国学术会议在线,国外的《科技会议录索引》(ISTP)、ISI Proceedings 等。

1. 会议文献种类

按照时间段分类,会议文献可以分为以下三种:

(1) 会前文献。包括征文启事、会议通知书、会议日程表、预印本和会前论文摘要等。其中预印本是在会前几个月内发至与会者或公开出售的会议资料,比会后正式出版的会议记录要早1~2年,但内容完备性和准确性不及会议记录。有些会议因不再出版会议记录,故预印本就显得更加重要。

(2) 会中文献。有开幕词、讲话或报告、讨论记录、会议决议和闭幕词等。

(3) 会后文献。有会议记录、汇编、论文集、报告、学术讨论会报告、会议专刊等。其中会议记录是会后将论文、报告及讨论记录整理汇编而公开出版或发表的文献。

2. 会议文献特点

一般会议文献具有以下特点:

(1) 及时性。传递情报比较及时,内容新颖,其中的观点是最新的研究成果,比一般期刊上发表的论文要早很多。

(2) 连续性。由于大多数学术或科技会议都是在连续的时间段内召开的,因此会议文献也是连续发行的,并随着时间的推移,其涉及的内容逐渐强化和体现出更多领域的交叉性。

(3) 专业性。学术或科技会议通常只有一个或几个主要议题,大多是某领域的专家或研究人员参加会议,因此,作为特种文献的重要组成部分,会议文献一般是经过挑选、质量较高的研究成果。

二、国内检索

国内会议文献信息的检索主要用到的数据库有中国知网重要会议论文全文数据库、万方学术会议论文文摘数据库以及国家科技图书文献中心等。

1. 中国知网重要会议论文全文数据库（http：//www.cnki.net/）

《中国重要会议论文全文数据库》是经国家新闻出版总署批准，中国学术期刊（光盘版）电子杂志社出版发行，收录我国1999年以来国家二级以上学会、协会、高等院校、科研院所、学术机构等单位的论文集，至2009年11月1日，累计会议论文全文文献115万多篇。产品分为十大专辑：基础科学、工程科技Ⅰ、工程科技Ⅱ、农业科技、医药卫生科技、哲学与人文科学、社会科学Ⅰ、社会科学Ⅱ、信息科技、经济与管理科学。十大专辑下分为168个专题文献数据库和近3600个子栏目。

该数据库提供了"文献检索""会议导航""论文集导航""主办单位导航"等服务，包括快速检索、标准检索、专业检索、作者发文检索、科研基金检索、句子检索、来源会议检索7种方式，用户根据输入控制条件和检索控制条件的选择可以完成自主检索，输入控制条件和检索控制条件分别如表10-13、图10-20所示。

表10-13　自主检索

输入控制条件	检索控制条件
会议时间、更新时间、会议名称、支持基金、报告级别、会议级别、论文及类型、作者、作者单位	主题、篇名、关键词、摘要、全文、论文集名称、参考文献、中图分类号、词频

2. 万方学术会议论文文摘数据库（http：//www.wanfangdata.com.cn）

同上文已经介绍的专利文献、科技报告、标准文献相类似，在万方数据库系统中用户可以进行较完善的会议论文文献信息检索。库中收录了由中国科技信息研究所提供的，1985年至今世界主要学会和协会主办的会议论文，以一级以上

文献检索与论文写作

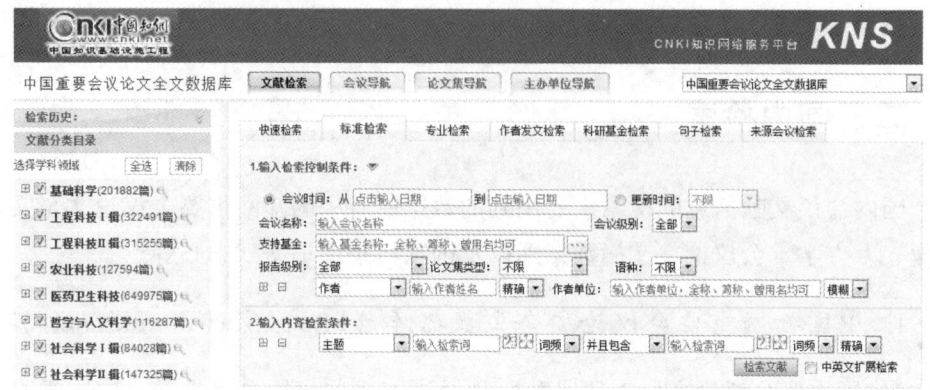

图 10-20　自主检索界面

学会和协会主办的高质量会议论文为主。每年涉及近 3000 个重要的学术会议，总计 97 万余篇，每年增加约 18 万篇，每月更新，到 2009 年 11 月 2 日为止，会议文献总数已达到 1463140 篇，其具体分类如表 10-14 所示。

表 10-14　文献分类

学术会议分类：哲学、宗教，社会科学总论，政治、法律，军事，经济，文化、科学、教育、体育，语言、文字，文学，艺术，历史、地理，自然科学总论，数理科学和化学，天文学、地球科学，生物科学，医药、卫生农业，科学工业技术，交通运输，航空、航天，环境科学、安全科学
会议主办单位：一级协会、二级协会、二级以下协会、一级学会、二级学会、二级以下学会、国家重点实验室、研究会、其他

该数据库检索方式分为"高级检索"和"专业检索"，根据用户类型和需求的不同提供不同的服务，如图 10-21、图 10-22 所示。

3. 国家科技图书文献中心（http：//www.nstl.gov.cn/）

国家科技图书文献中心（NSTL）是根据国务院领导的批示于 2000 年 6 月 12 日组建的一个虚拟的科技文献信息服务机构，参与馆藏及文献检索的单位包括中国科学院文献情报中心、工程技术图书馆（中国科学技术信息研究所、机械工业信息研究院、冶金工业信息标准研究院、中国化工信息中心）、中国农业科学院图书馆、中国医学科学院图书馆；网上共建单位包括中国标准化研究院和中国计

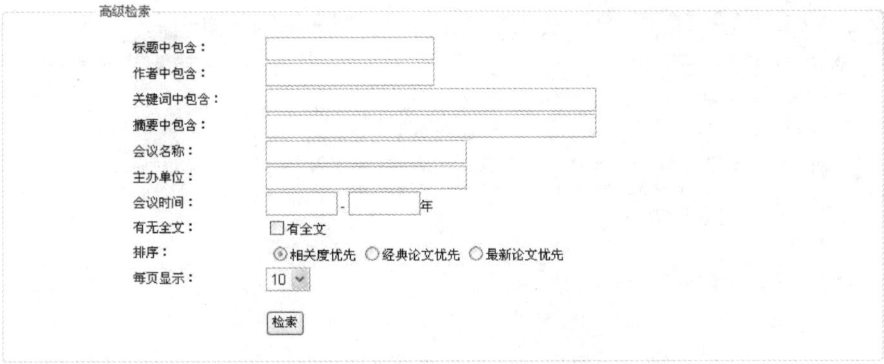

第十章 特种文献检索

图 10－21　万方学术会议论文文摘数据库高级检索

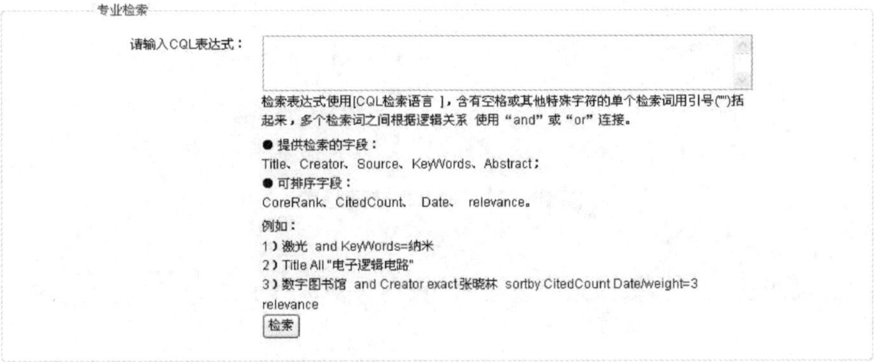

图 10－22　万方学术会议论文文摘数据库专业检索

量科学研究院。该中心组建目的是负责国家科技文献信息资源共建共享的组织、协调与管理等工作。其主要任务是统筹协调，较完整地收藏国内外科技文献信息与资源，制订数据加工标准、规范，建立科技文献数据库，利用现代网络技术提供多层次服务，推进科技文献信息资源的共建共享、组织科技文献信息资源的深度开发和数字化应用，并开展国内外合作与交流。

NSTL 数据库提供中文、西文、俄文、日文库的检索，目前收录中文会议论文 1171041 条，外文会议论文 4953049 条，查找年限为 1984 年至今，检索方式分为普通检索和高级检索。

（1）普通检索。按照标题、关键词、分类号、作者、会议录名/文集名、ISSN、出版年、会议年等字段进行检索，具体检索界面如图 10－23 所示。

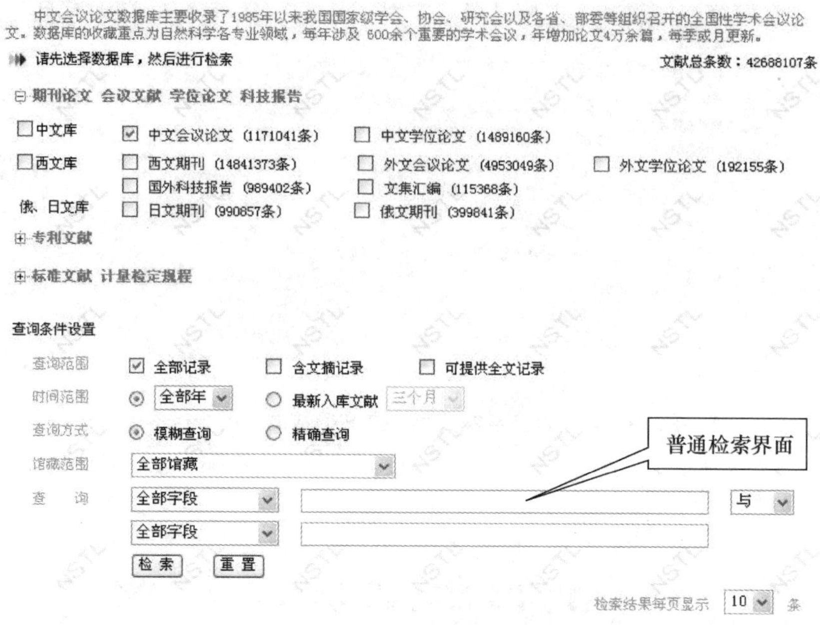

图 10 - 23 NSTL 普通检索

（2）高级检索。高级检索字段对照如表 10 - 15 所示。

表 10 - 15 字段对照表

TTT = 标题
DE = 关键词
CLASSNO = 分类号
AU1 = 作者
MTUT = 会议录名/文集名
PYEAR = 出版年
MYEAR = 会议年

例：(CAD or cam) and tit = 机床 not 磨床

具体检索页面如图 10 - 24 所示。

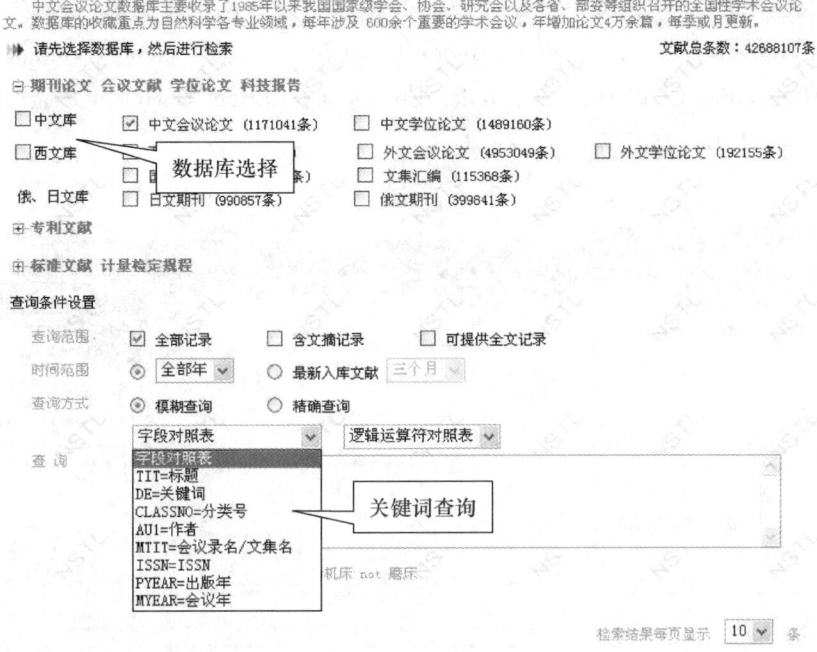

图 10 – 24　NSTL 高级检索

三、国外检索

与专利文献检索中的德温特检索系统基于的检索平台一样，国外会议文献的检索主要涉及的数据库检索系统也是基于"ISI Web of Knowledge"平台（http://www.isiknowledge.com）的，即《科技会议录索引》（Index to Scientific & Technical Proceedings，ISTP）。该项目创建于 1978 年，由美国科学情报研究所编辑出版并提供了网络数据库平台的共享服务。该索引收录生命科学、物理与化学科学、农业、生物和环境科学、工程技术和应用科学等学科的会议文献，包括一般性会议、座谈会、研究会、讨论会、发表会等，其中工程技术与应用科学类文献约占 35%，其他涉及的学科基本与 SCI 相同。ISTP 收录论文的多少与科技人员参加的重要国际学术会议多少或提交、发表论文的多少有关。我国科技人员在国外举办的国际会议上发表的论文占被收录论文总数的 64.44%。本书主要介绍"一般检索"以及"高级检索"两种方式。

一般检索是按照主题、作者、出版物名称、关键词、分类号等字段进行检索，引文数据库有 Science Citation Index Expanded、Social Science Citation Index、Arts & Humanities Citation Index、Index Chemicus、Current Chemical Reactions 等，检索界面如图 10 – 25 所示。

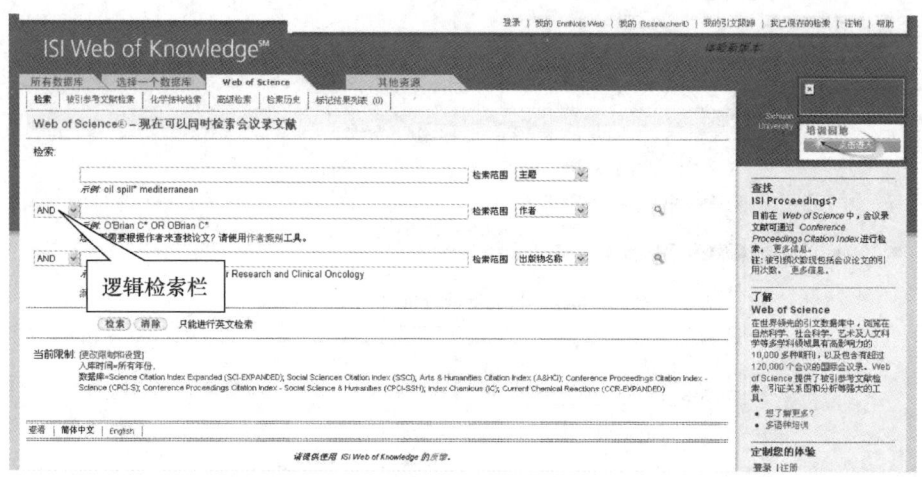

图 10 – 25 《科技会议录索引》主页

高级检索是使用两个字母的字段表示、布尔逻辑运算符、括号和检索式引用来创建检索式，字段对照如表 10 – 16 所示，具体检索页面如图 10 – 26 所示。

表 10 – 16 字段对照表

TS = 主题	SG = 下属组织
TI = 标题	SA = 街道地址
AU = 作者	CI = 城市
GP = 团体作者	PS = 省/州
ED = 编者	CU = 国家/地区
SO = 出版物名称	ZP = 邮政编码
PY = 出版年	FO = 基金资助机构
CF = 会议	FG = 授权号
AD = 地址	FT = 基金资助信息
OG = 组织	

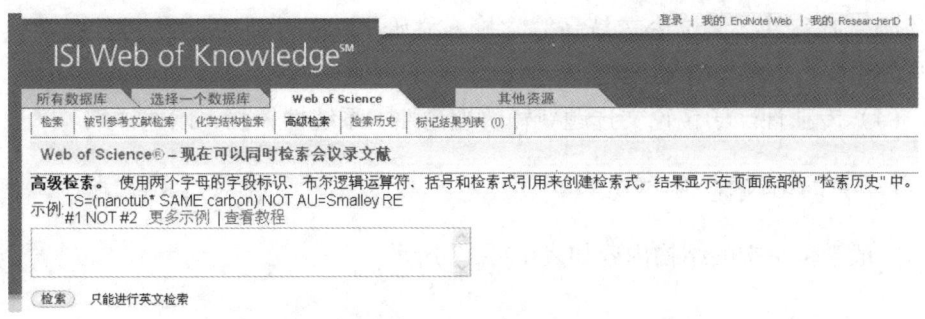

图 10-26　《科技会议录索引》检索页面

ISTP 检索系统最能反映基础学科会议研究水平和论文质量，该检索系统收录的会议论文资料比较全面，可以说它是集中各个学科高质量优秀会议文献的精粹，成为了世界科学研究领域密切注视的中心和焦点。

第五节　学位论文

一、概况

1. 学位论文特点

学位论文（Thesis）是指为了获得学位，要求被授予学位的人所撰写的研究论文。一般分为两大类型，即理论研究类和调研综述类，前者是在前人提出的结论和论点的基础上进一步提出新的论点或假说，后者是以大量文献资料为前提，进行科学统计或总结分析后，对专业领域进行研究性的概括，从而提出新观点。根据《中华人民共和国学位条例》的规定，学位论文分为学士论文、硕士论文、博士论文三种，主要具有以下特点：

（1）丰富性。参考文献多、全面，有助于对相关文献进行追踪检索。

（2）出版形式多样性。单纯的文摘数据已无法满足读者需要，读者对电子论文全文的需求呈上升趋势。

（3）特殊性。学位论文是高等学校、科研机构的毕业生为获得各级学位所撰写的论文。

（4）专业性。学位论文选题新颖，理论性、系统性较强，阐述详细。

2. 学位论文结构

一般学位论文的结构内容如表10-17所示。

表10-17 学位论文的结构内容

a. 封面

b. 版权声明

c. 题目。应准确概括整个论文的核心内容，简明扼要，让人一目了然。一般不宜超过20个字

d. 中文摘要。内容摘要要求在3000字以内，应简要说明论文的目的、内容、方法、成果和结论。要突出论文的创新之处。语言力求精炼、准确。在本页的最下方另起一行，注明本文的关键词（3~5个）

e. 英文摘要。英文摘要上方应有题目，内容与中文摘要相同。在英文题目下面第一行写研究生姓名，专业名称用括弧括起置于姓名之后，研究生姓名下面一行写导师姓名，格式为 Directed by……最下方一行为3~5个英文关键词（Keywords）

f. 目录。既是论文提纲，也是论文组成部分的小标题

g. 序言（序论或导论）。内容应包括本课题对学术发展、经济建设、社会进步的理论意义和现实意义，国内外相关研究成果述评，本论文所要解决的问题，论文运用的主要理论和方法、基本思路和行文结构等

h. 正文。正文是学位论文的主体。根据学科专业特点和选题情况，可以有不同的写作方式，但必须言之成理，论据可靠，严格遵循本学科国际通行的学术规范

i. 注释。可采用脚注或尾注的方式，按照本学科国内外通行的范式，逐一注明本文引用或参考、借用的资料数据出处及他人的研究成果和观点，严禁掠人之美和抄袭剽窃

j. 结论。论文结论要明确、精炼、完整、准确，突出自己的创造性成果或新见解。应严格区分本人的研究成果与他人的科研成果的界限

k. 参考文献。论文中凡引用他人的内容应当指明其出处，尊重他人的研究成果

二、国内检索

近年来，国内一些大型文献信息机构由于有作为国家学位论文定点收藏单位的优势，一些大型学位论文文摘数据库逐渐建立并营运。同时，国内一些高校也

开始进行本校学位论文数据库的自建。随着网络信息资源需求的增加,本节主要介绍中国知网博/硕士学位论文全文数据库和万方学位论文全文数据库。

1. 中国知网博/硕士学位论文全文数据库(http://epub.cnki.net)

中国知网博/硕士学位论文全文数据库包含了381家博士培养单位和535家硕士培养单位,至2016年12月8日为止,共收录了302733篇博士学位论文以及2806903篇硕士学位论文。因此,该数据库是目前国内相关资源最完备、高质量、连续动态更新的中国博/硕士学位论文全文数据库。其产品分为十大专辑:基础科学、工程科技Ⅰ、工程科技Ⅱ、农业科技、医药卫生科技、哲学与人文科学、社会科学Ⅰ、社会科学Ⅱ、信息科技、经济与管理科学。十大专辑下分为168个专题和近3600个子栏目。

该数据库提供了"文献检索""学位授予导航""博/硕士学位论文电子期刊"等服务,用户根据输入控制条件和检索控制条件的选择可以完成自主检索,输入控制条件和检索控制条件分别如表10-18、图10-27所示。

表10-18 中国知网博/硕士学位论文全文数据库自主检索

输入控制条件	检索控制条件
发表时间、更新时间、学位单位、学位年度、支持基金、优秀论文级别、作者、作者单位、第一导师	题名、关键词、摘要、目录、全文、参考文献、中图分类号、学科专业名称

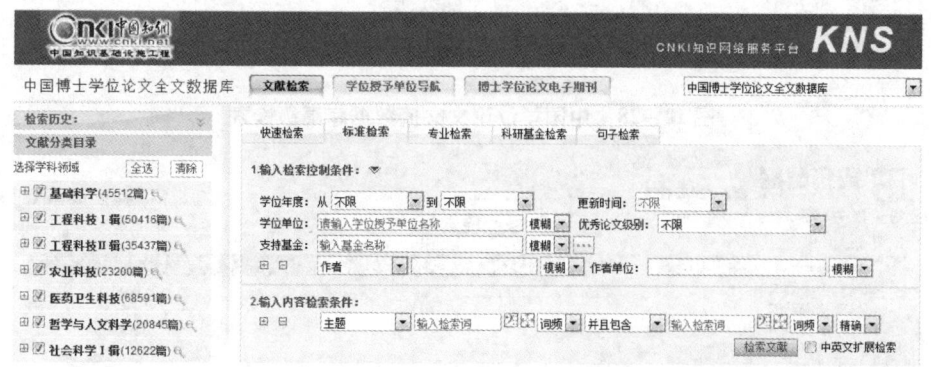

图10-27 中国知网博/硕士学位论文全文数据库自主检索

2. 万方学位论文全文数据库（http://www.wanfangdata.com.cn/）

作为我国法定的学位论文收藏机构，中国科技信息研究所于1995年委托北京万方数据股份有限公司收录自1977年以来我国自然科学领域博士、博士后及硕士研究生论文，并建立了"中国学位论文文摘数据库"（CDDB），至2016年12月8日为止，文摘已达3490607篇。其具体分类如表10-19所示。

表10-19 中国学位论文文摘数据库具体分类

学科、专业目录：哲学、经济学、法学、教育学、文学、历史学、理学、工学、农学、医学、军事学、管理学
地区分类：北京、天津、河北、山西、内蒙古、辽宁、吉林、黑龙江、上海、江苏、浙江、安徽、福建、江西、山东、河南、湖北、湖南、广东、广西、海南、重庆、四川、贵州、云南、西藏、陕西、甘肃、青海、宁夏、新疆

该数据库检索方式分为"高级检索"和"专业检索"，根据用户类型和需求的不同提供不同的服务，如图10-28、图10-29所示。

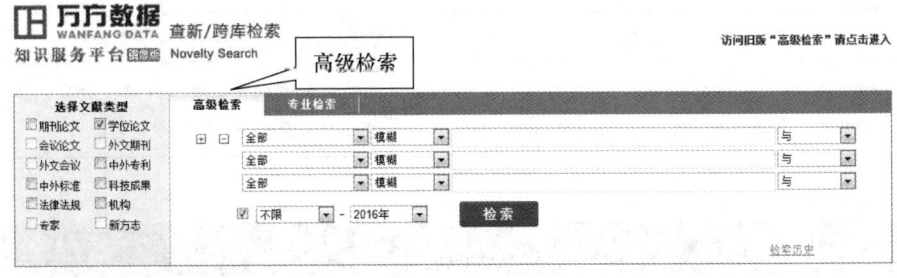

图10-28 中国学位论文文摘数据库高级检索

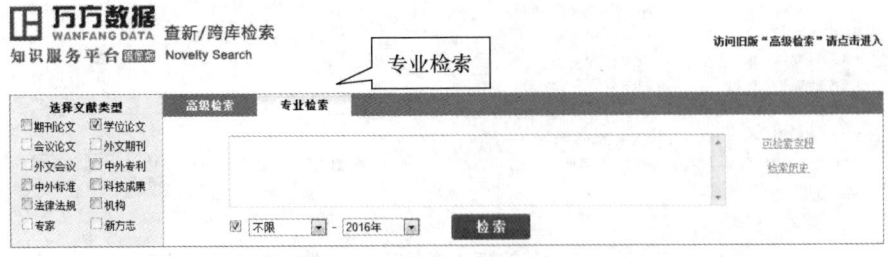

图10-29 中国学位论文文摘数据库专业检索

三、国外检索

学位论文国外检索主要应用的数据库为"ProQuest Digital Dissertations"（简称 PQDD），由美国的 ProQuest Information and Learning 公司作为资源供应商，是国外著名的博/硕士学位论文数据库。从 2002 年开始，为满足国内对博/硕士论文全文的广泛需求，国内各高等院校、学术研究单位以及公共图书馆，以优惠的价格、便捷的手段共同采购国外优秀博/硕士论文，建立了 ProQuest 博士论文全文数据库，实现了学位论文的网络共享，是目前世界上最大和应用最为广泛的学位论文数据库。其联盟的运作模式：凡参加联盟的成员馆皆可共享各成员馆订购的资源；各馆所订购资源不会重复；一馆订购，全国受益；随着时间的推移，加盟馆的增多，共享资源数量也会不断增长。该数据库本地服务（服务器所在地）主要是上海交通大学图书馆、中国科技信息所和 CALIS 全国文理中心（北京大学图书馆）。

PQDD 的字段检索主要包括摘要（AB）、作者（AU）、论文名称（TI）、学校（SC）、学科（SU）、指导老师（AD）、学位（DG）、论文卷期次（DISVOL）、ISBN、语种（LA）及论文号（PN）。检索界面如图 10-30 和图 10-31 所示。

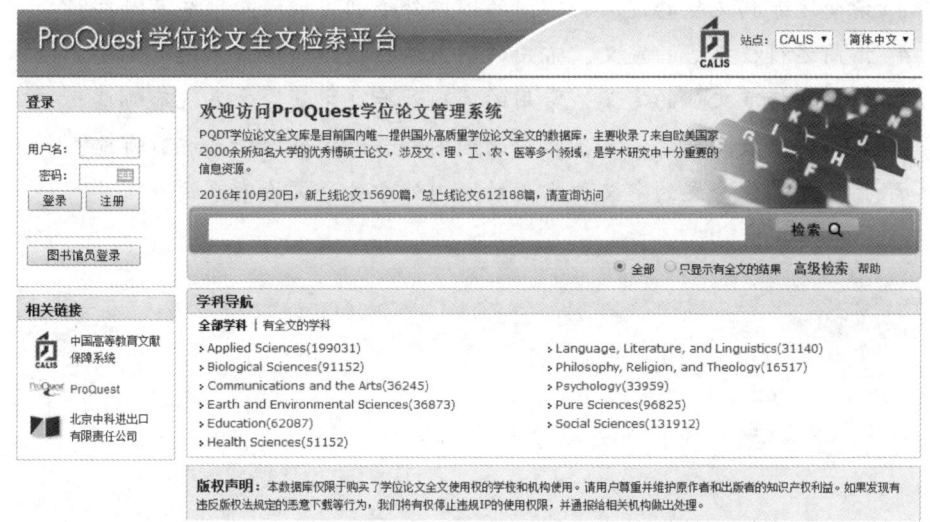

图 10-30　ProQuest 学位论文检索主界面

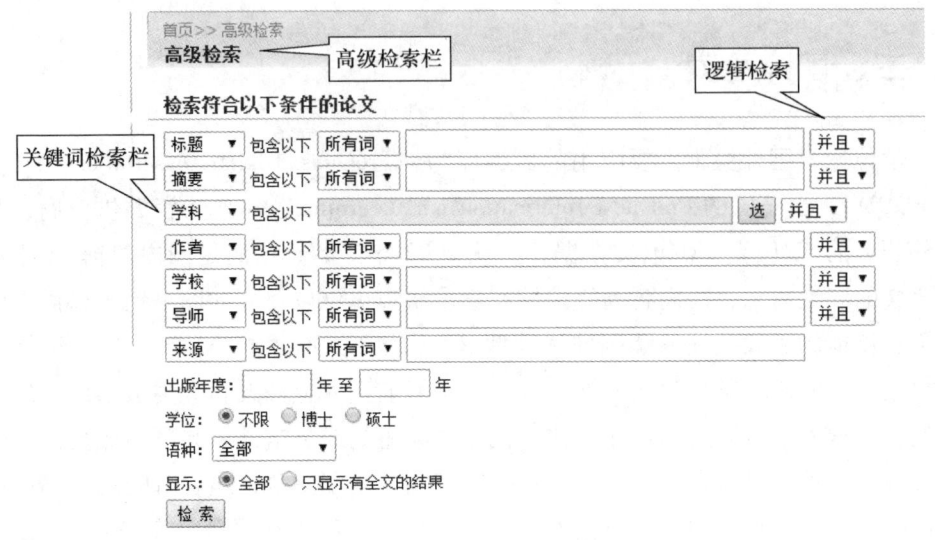

图 10-31 PQDD 高级检索

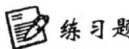

1. 什么是特种文献？主要包括哪几类文献？
2. IPC 分类号由哪几部分组成？分别代表什么？请举例说明。
3. 请简述专利文献的定义，常用的国内外专利文献检索系统有哪些？
4. 请简述科技报告的定义，常用的国内外科技报告检索系统有哪些？
5. 请简述标准文献的定义，常用的国内外标准文献检索系统有哪些？
6. 请简述会议文献的定义，常用的国内外会议文献检索系统有哪些？
7. 请简述学位论文的定义，常用的国内外学位论文检索系统有哪些？

第十一章
文献综述撰写

 本章概要

　　文献综述属于三次文献，能反映出研究领域的新水平、新动态、新趋势、新技术和新发现等，具有较高的学术价值。文献综述不是简单的知识内容罗列，而是一个理论再创造过程，其撰写是一个严谨而复杂的过程，不仅具有专门的写作方法与步骤，还具有很高的学习价值。本章在介绍文献综述的概念、目的和特点等理论知识的基础上，重点介绍其撰写格式与步骤，并反复强调在撰写中应该注意的一些事项。

学习目的

　　◇ 了解文献综述的概念、目的和特点等相关知识
　　◇ 学习文献综述的撰写格式与撰写步骤
　　◇ 了解在撰写文献综述时要注意的一些事项

 **内容框架**

文献综述撰写 ｛ 文献综述的概念、目的和特点
文献综述的撰写格式
文献综述的撰写步骤
综述撰写的注意事项

第一节 文献综述的概念、目的和特点

一、文献综述概念

文献综述是指在对某一主题所涉及的研究领域已发表文献进行广泛阅读和理解的基础上,选取有用信息进行分析研究、归纳整理而写成的一种学术论文,属于三次文献。综述能反映出研究领域的新水平、新动态、新趋势、新技术和新发现等,具有较高的实用价值。

二、文献综述目的

任何领域的研究工作都是在前人研究成果的基础上进行深化或创新,而不是凭空产生的。文献综述作为文献调研成果的书面记录,通过文献回顾说明关于某个课题的研究现状,为以后的研究工作提供框架与建议。因此,撰写综述的目的体现在以下几个方面:

其一,限定研究课题的内容与范围,避免重复研究。

其二,将课题的研究与已有知识联系起来,为自己的研究提供历史的延续性。

其三,评估研究方法的发展潜力,为后续研究指明方向、提供建议。

需要注意的是,多阅读权威专家发表的综述文章,可以高效地获取有益观点和建议。当然,综述文章只是作为新研究的参考,不能用来代替自己需要进行的大量文献阅读与汇总工作。

三、文献综述特点

1. 综合性

文献综述全面系统地介绍了在某一时期国内外某一学科或某一领域的综合情

况，以汇集文献为主，辅以注释，因此综合性是综述类论文最基本的特点。以某一课题的发展为依据，通过对国内与国外的文献进行横向比较，结合大量素材，反映课题发展研究状况，把握课题的发展规律并做出发展趋势预测。在理解原文的基础上，用简介、精练的语言按照文献内容特征与逻辑顺序进行高度概括和总结，而不是简单地照抄或摘录。因此，综合性要求综述文章既有内容的综合，又有语言的凝练。

2. 新颖性

新颖性是指综述文章在研究角度、文章内容和选取文献等方面要体现新颖。文献综述并不是写学科发展历史，而是要通过搜集最新资料，获取最新内容，将最新的学科信息与科研动向及时传递给读者，所以选题应围绕新方法、新成果、新进展和新动向等来进行。检索和阅读文献是撰写综述的重要前提，为确保新颖性，在写作过程中不宜过多地引用年代久远的文献，应重点关注近 5~10 年发表的论文。

3. 评述性

文献综述不是现有学科知识内容的罗列，而是一个理论的整合与再创造过程。它要求作者在查阅大量文献的基础上，对所收集的知识和材料进行加工处理，对所综述的内容归纳总结后进行综合的分析评价，在评价中要能反映作者的观点。评述的内容要基于客观事实，以客观的态度分析、比较、评论各种观点、理论和方法。

第二节　文献综述的撰写格式

综述类论文与一般的研究性学术论文的关注点不同，前者侧重于总结、评述主题的已有资料、动态进展和未来展望，后者则强调研究方法和结果。因此综述的撰写格式相对灵活多样，并无严格规定，但应具备的要素与一般的研究性学术论文还是基本相同的，一般包括标题、作者、作者单位、关键词、前言、正文、小结和参考文献。

综述类论文与论著类论文写作格式的区别主要体现在标题、前言和正文部分，因此本书主要围绕这三点进行阐述。

一、标题

综述的标题与论著类论文的标题不同，要求高度概括、重点突出，使读者一眼就能了解综述的大致内容，并能反映学科研究范围和学术深度，既简洁又有涵盖性。标题多用名词词组表达，可以直接写出综述的主题内容，也可以在主题内容后加上"……研究现状""……研究进展""……研究热点""……概述""……鸟瞰"等字样。

二、前言

用200～300字的篇幅简要说明综述的写作目的、范围，介绍课题相关的历史背景及研究方向，避免冗长，使读者和审稿专家在读完前言之后能够大体了解综述包含的主要问题，引起进一步阅读全文的兴趣。

三、正文

1. 正文的内容

正文是整个综述的重点，是价值最高的部分。根据选题不同，写作方法也不同，因此在写作上没有固定格式，只要能较好地表达综述内容即可。主要包括论据和论证两大部分，通过提出问题、分析问题和解决问题，比较各种观点的异同点及其理论依据，从而反映作者的见解。为把问题说得透彻，可分为若干个小标题分述。这部分应包括历史发展、现状分析和趋势预测几个方面。①历史发展：按时间顺序简要说明该课题的提出及各个历史阶段的发展状况，体现各阶段的研究水平。②现状分析：介绍国内外对该课题的研究现状及各派观点，将归纳、整理的科学事实和资料进行排列和必要的分析。对有创造性和发展前途的理论或假说要详细介绍，并引出论据；对有争论的问题要介绍各家学说的观点并进行比较，指出问题的焦点和可能的发展趋势，并提出自己的看法；对过时的或已被否定的观点可简单带过。③趋势预测：指出所综述课题的研究水平、存在问题和不同观点，提出展望性意见。这部分内容要客观、准确，而且要提示捷径，为有志于攀登高峰者指明方向。

2. 正文的写作方法

正文的写作方法分为纵式写法、横式写法和纵横结合式写法三种。

（1）纵式写法。它是指按照时间先后顺序，将所综述主题的历史演变、现状、发展趋势等其自身发展轨迹进行纵向描述。纵式写法强调在时间推进过程中研究课题的动态发展情况。对于一些时间跨度很大、科研成果丰富的主题在描述时要对各阶段的发展动态进行扼要描述，重点介绍具有突破性和重大创新性的成果，对于一般性的研究成果可以简单介绍，从简从略，这样做到重点突出、详略得当。纵式写法适合动态性综述，这种综述描述专题的发展动向能够很好地按时间走势展示课题发展动向，层次清晰。

（2）横式写法。它是指对于某一主题在某一时间阶段内的国内外的各项研究成果、学术进展、各种观点、各派方法等进行描述并加以比较。通过横向之间的对比，既可以分辨出各种观点、见解、方法和成果的优劣利弊，又可以看出国际水平、国内水平和本单位水平，从而找到差距。横式写法适用于成就性综述，专门介绍某个方面或某个项目的新理论、新观点、新发明、新方法、新技术、新进展等。

（3）纵横结合式写法。在同一篇综述中，可以同时采用纵式与横式写法。例如，写历史背景时运用纵式写法，写目前状况运用横式写法加以分析对比。通过纵横结合的描述，能更加广泛地综合文献资料，全面系统地认识某一主题及其发展方向，做出比较可靠的趋势预测，为新的研究工作取得突破口或者提供参考依据。

无论是横式、纵式还是横纵结合式写法，都要做到：全面系统地搜集资料，客观公正地如实反映；分析透彻、综合恰当；层次分明、条理清晰；语言精练、详略得当。无论何种方法撰写综述，都要求对所搜集的文献资料进行归纳整理、分析比较，阐明与主题相关的历史背景、现状和发展趋势，以及对所述问题的评价。引用文献时一定要忠于原文，不能主观臆断、捏造数据与结论，篡改别人的观点。参考文献要依据引用的先后顺序排列在综述文末，并将序号标注在引用内容的右上角。引用文献必须确实，以便读者查阅。

四、综述例文

下面给出一段文献综述的例文，节选自《中国图书馆年鉴》。由于篇幅所限，部分正文省略。

近些年来，以英美为代表的国外图书馆学情报学研究非常活跃。网络的发展、信息技术的广泛应用和用户迫切的信息需求的结合，为图书馆学情报学的研究提供了肥沃的土壤。图书馆学情报学无论在理论上还是在技术方法的应用上，都发生了重大的变化。本文追踪国外主要专业核心期刊上2001~2002年两年来发表的重要的论文，以管窥国外同行图书馆学情报学研究的进展。

1. 基本理论

图书情报学（LIS）如何定义是南卡大学图书情报学院的Curran教授关注的一个问题，他认为对图书情报学如何定义是能否将实践与理论结合起来的关键。他在《图书馆员和情报学家的职责》一文中，将图书情报学定义为"研究信息的创建、采选、管理和传递的学科"，并提出图书情报学研究信息的下列方面：产生、传递、获取、特性、分类、存储、检索、表征、利用。D. Bawden讨论了在英语环境下"信息"一词的不同含义，重点分析了信息与相关概念之间的不同的关系，特别是与数据、知识的关系。在此基础上，讨论了信息技术、信息素质、信息管理、知识管理、文献管理以及作为虚拟的信息空间的"图书馆"的含义的变化。

L. Robinson和D. Bawden考察了图书馆和信息服务机构在促进开放社会中的作用。在开放社会的发展中，图书馆和信息机构的作用体现在提供知识与信息，提供新技术，特别是因特网，提供有判断力的思维和数字文化，并提出了7条一般性原则，以指导图书馆寻求对开放社会的建立和维护的支持；提供对各种资源的利用，而不要对资源进行消极性限制或检查；根据开放和客观的标准，对资源的利用提供积极的指导；认识到信息的自由流动尽管必要，但是不够的；认识到提供事实性信息尽管是有价值的，但是不够的；需要特别关注新的信息与通信技术的影响，特别是因特网；促进理性思维和数字素质；需要深入思考图书馆的伦理价值观。

国外同行对图书馆的发展抱有积极、乐观主义的看法。耶鲁大学图书馆馆长认为现在是"图书馆的黄金时代"，主要是因为计算机技术可以大大地促进图书馆的教育使命。为了实现这个时代的全部潜能，图书馆员必须加强数字资源的公共利用，保存数字资料，使信息系统能使民众学习享用得起。他还提出了图书馆在这个黄金时代的三个主要责任（三大挑战）：存取、保管和规模化。针对大学图书馆的教育功能有处于边缘化的危险，有作者提出加强信息素质教育的必要性，指出我们不仅要向用户提供信息服务，而且还要使用户自己能够在日益发展的电子时代满足其信息需求，图书馆和图书馆员的作用将会显著增强。D. Stallings 预言，将来多数的交流与学习将在远程实现，虚拟大学的形成是不可避免的。但人（而不是计算机）将继续主导中学以后的学习，不管这种学习是联机形式还是在校园里。他还分析了知识工作者所起的越来越大的作用和联机教育市场的前景。

把网络作为一种研究资料来源的满意度引起了许多人的兴趣。调查表明，尽管教师通常对网络是满意的，但他们常常质疑大多数网络信息的可靠性和利用网络资源进行研究的充分性。教师们对网上多数信息的准确性和可靠性表示怀疑，因为有时网络信息不是来源于正式渠道或权威渠道。不同的学科，人们的态度也各不相同。K. C. Fountain 利用调查数据，研究了图书馆员和教师对网络的接受度，发现人们对网络作品通常是满意的。网络获得了越来越多人的接受（其他内容省略）。

2. 知识管理（略）

3. 图书馆管理（略）

4. 资源建设（略）

5. 学科门户（略）

6. 用户服务（略）

7. 服务质量评价（略）

8. 数字图书馆（略）

9. 信息伦理（略）

10. 情报学（略）

标题"国外图书馆情报学 2001～2002 年研究热点"使读者一眼就明白综述的大体内容。前言简要说明本综述的研究背景、意义与文献来源等内容。正文采用了纵横结合式写法，将 108 篇文献的内容分为 10 个主题横向介绍，每个主题内容根据时间脉络说明不同专家的观点。文末列出 108 篇参考文献，并在正文中标注出来。

第三节　文献综述的撰写步骤

综述包含大量的知识点，是在查阅大量文献的基础上，对文献资料进行综合分析撰写而成，它是一个理论再创造过程，不是简单的知识内容罗列。因此，要写出高水平的综述，必须做好必要的准备工作，并按照一定步骤进行。

一、确定主题

主题是综述的着眼点，选题的恰当与否是综述撰写的先决条件，直接关系到综述的完成质量与学术价值。所选主题要具有科学性、先进性、可行性与实用性，一般应遵循如下几个原则。

1. 新颖

新颖的主题才能反映学科研究趋向，对读者有吸引力，具有发表价值。因此在选题时要着眼于研究领域的新理论、新技术、新成果和新动向等，依据国内外学科发展现状与水平，选择能代表该领域发展方向与水平的主题，或者具有重大突破的理论或成果，为后续研究提供建议。

2. 熟悉

选题要结合自己的研究工作，与自己的研究课题或成果有机结合。只有在熟悉的基础上才能把握新颖，使文献综述更好地描述相关主题的发展历史、现状与发展趋势。

3. 大小适中

过大或过小的主题都是不合适的。一篇文献综述容量有限，主题过大会导致内容不够精细，不易把握重点，使综述内容不够深入；主题过小会使得综述扩展面不够，不能全面反映主题内容与进展。但对于初学者而言，建议遵循"宁小勿大"原则，先从范围较小的主题入手，积累多次写作经验之后再逐渐将主题范围扩大。

二、检索文献

论文综述中不同的知识点来源于不同的文献资料，因此检索文献是综述撰写的重要准备工作与步骤之一。在确定主题之后，围绕所选择主题搜集大量相关文献。检索文献要注意以下几点：①尽可能收集近五年的文献，其中最好半数以上为近三年的文献，这些文献最好能体现最新的研究动态；②尽可能收集在权威期刊发表的、具有被引次数较高的文献。

检索文献的方法有手工检索与计算机检索。随着计算机的普及与互联网的运用，手工检索在检索时的运用比例逐渐降低，但仍然是一种传统的检索方法。计算机检索速度极快，可以节省大量时间与精力，是现在应用最广泛的检索方式。常用的中文数据库包括国家知识基础设施（China National Knowledge Infrastructure，CNKI）系列数据库、万方数据库、维普中文科技期刊全文数据库等。常用的英文数据库包括《科学引文索引》（Science Citation Index，SCI）、美国《工程索引》（The Engineering Index，EI）和《科学文摘》（Science Abstracts，SA）等。

三、总结资料

从检索到的文献中选择具有代表性、科学性和可靠性的文献进行阅读，根据文献的价值将其分为细读、精读和粗读三类。对于与主题关系密切、在影响因子高的权威期刊发表的最新文献应该仔细反复阅读，透彻理解论文信息；对于相对次要的论文仔细阅读、理解其内容含义；对于参考价值低、内容质量不高的论文可以粗略阅读甚至弃读。在细读与精读文献时，应仔细分析，对文献中的背景、方法、结果和理论等认真理解，做好"读书笔记""读书心得"和"文献摘要"。用自己的语言记录文献的精髓、阅读文献时的心得体会、所获启示等，这不仅为撰写综述论文提供了有益资料，也提高了自己的阅读与写作能力。此外需要注意的是，在阅读文献时不能曲解原文的结果与结论，对于难以理解的内容应该在彻底理解之后及时做好笔记。在上述工作的基础之上整理、分析、归纳读书笔记等内容，从中形成自己的观点，为撰写综述准备好资料。

四、拟定提纲

在检索文献、总结资料后，综述的大体思路已经成形。为确保写作时思路连贯、层次分明、条理清晰、防止遗漏，通常会在正式写作前先拟定一个提纲。提纲要紧扣主题、层次分明，应包括各级标题以及标题下要讨论的大体内容。初步拟定提纲完成后，要继续对提纲内容进行检查，看文献资料是否充足，各部分内容是否翔实，对不合理的地方及时调整。反复几次后提纲逐渐完善，整个综述的骨架搭建完成。

五、撰写成文

撰写成文是所有步骤中的核心，之前的一切准备都是在奠定正式写作成文的基础。撰写时按照提纲形成的框架逐项将内容展开，要注意论点清晰透彻、重点突出。在陈述不同观点时，作者可有客观倾向性和有自己的观点与评论，但不同的观点也要列出，并注意引用参考文献。对于目前存在的问题，作者可给出合理化建议并对研究前景进行展望。全文的论点应集中并贴近主题思想，内容应如实反映原作者观点，对于文章中出现的专有名词要按照规范撰写。整个综述文章的内容要客观严谨、语言精练、逻辑通透。初稿形成之后继续斟酌、加工。

六、修改定稿

文献综述初稿完成后，作者需要对文章内容进行反复修改与补充。应注意以下几点：①反复核对原始文献，保证文章内容准确无误。②语言表达凝练，语句通顺，逻辑清楚。用正式的学术语言撰写综述，在讨论他人的研究成果时，必须保持尊敬的学术性口吻，避免使用带有强烈感情色彩的语言，尽量使用中立化的语言。③文中引用参考文献的序号要和文后所列参考文献匹配，文后参考文献的标注要全面，格式要正确。之后可将论文交给专家进行审核，进一步提高综述的学术与文字水平。

第四节　综述撰写的注意事项

文献综述不是文献资料的简单堆砌，是在广泛阅读和理解的基础上，对某一领域研究成果的综合思考。本节再次强调撰写综述时的一些注意事项，帮助大家尽快掌握综述写作。

一、选题要新，大小适宜

无论在哪个研究领域，通常已经出现大量的综述类文章，并且内容也可能有很大重复性。作者要尽量从新角度、新方法和新思路去撰写综述，并尽量在熟悉的内容中把握新的切入点。在选题时必须要检索近期是否有类似主题的综述论文发表，如果主题撞车就要另选主题。要想写出较为创新的综述文章，从选题来看，主题过大或过小均不合宜，应该缩小范围，选择稍小但具体的主题，确保综述内容重点突出、有深度、穿透力强。

例如，在服务质量和顾客满意度研究领域，初学者不宜选择"服务质量研究综述""顾客满意度研究综述"等作为文章标题，可以选择"发展中国家服务质量研究综述""基于不同文化背景的顾客满意度研究综述""服务失败和服务补救下的顾客满意度研究综述"等有具体场景且涵盖面较小的题目。

二、搜集资料避免太旧与不全

一篇具有较高学术价值的文献综述，检索和查阅文献是其基础工作。综述一定要能反映他人的最新研究情况，如果所引用文献太过陈旧，则不能反映最新的研究动态，学术价值也相对较低。因此选用文献尽量为近五年发表的文章，依引用先后顺序依次列于文末。引用文献必须准确，以便读者查阅。参考文献的数量没有具体要求，但数量的多少在一定程度上可以反映作者对本课题研究的广度与深度。要注意论文中讲述的观点均要做到有据可查，此外还要注意多引用权威期刊的文献。

三、避免堆砌材料，缺乏自己观点

综述文章中要把有关主题的所有重要学术观点，包括不同的观点和见解都清晰陈述，并且还要提出作者自己的观点，能够有所评论或总结。一篇好的综述文章中"述"与"评"的比例一般以7∶3为宜。在评述时要有原创性观点提出，不能仅仅对已有文献进行简单的与统计式的描述性评论。止步于文献而没有建设性观点，不对文献的未来可能研究做探讨，这不属于文献综述类文章的范畴。旨在发展新理论的综述文章则要进一步加强创新性评述，要在综述的基础上提出新的命题或模型，为后续研究指明研究重点与方向，在综述类文章中具有很高学术价值。

四、忠实原文，避免主观化处理

撰写文献综述要基于事实，作者自己对文献进行评述时要分清自己的观点与文献的内容，对其他学者的研究成果要基于客观、公正的认识，切忌断章取义、篡改研究成果。避免个人利益考量，不能因师承、学统关系就奉承，因学术争论就贬低；不能因学者个人问题就一概否定其学术成果；不能为了综述结论的需要而人为性地取舍文献，甚至过分夸大自己研究的意义等。对他人研究成果要保持一种尊重的态度，谋篇行文犹如为人处世，处处要遵守学术伦理。此外由于综述篇幅有限，一般只引用主要研究结果与结论性观点，不详细列举具体细节，如研究材料、过程等。

 练习题

1. 什么是文献综述，它有什么特点？
2. 撰写文献综述的目的是什么？
3. 文献综述的撰写格式是什么？
4. 文献综述的撰写步骤包括哪些？
5. 在撰写文献综述过程中需注意哪些问题？

第二部分

论文写作

第十二章
学位论文写作概述

 **本章概要**

  学位论文是考核学位申请人是否达到所申请层次和专业的学历水平的重要依据之一，也是申请人对某一专业领域的理论或实践问题进行科学探索研究取得成果的体现。它具有十分重要的意义，同时它又是非常复杂的，尤其对于缺乏经验的申请人来说，所以了解论文写作的基本步骤和基本原则非常重要。本章将主要介绍学位论文的概念、分类、特点以及撰写学位论文的要求和目的等基本概况，让读者对学位论文有一个初步的了解和认识。

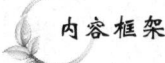 **学习目的**

  ◇ 了解学位论文的基本概念和分类
  ◇ 了解学位论文的基本写作步骤

内容框架

学位论文写作概述 ├─ 学位论文简介
      ├─ 意义
      ├─ 要求
      └─ 撰写过程

第一节 学位论文简介

一、概念

1981年,《中华人民共和国学位条例》颁布实施,全国开始实行学位制度,并正式要求提交学位论文进行答辩,学位论文答辩以条例的形式正式确定。同时随着国家标准的制定,对于学位论文也就有了标准的定义。根据中华人民共和国国家标准《科技报告、学位论文和学术论文编写格式》(GB7713—87)中的规定,学位论文是表明作者从事科学研究取得创造性的成果,或对某一问题有不一样的见解,并以此为内容撰写而成、作为申请授予相应学位的学术论文。一般来说,学位论文是高等院校的毕业生在老师指导下,综合运用所学的专业知识、基本技能等,针对学科内某一现象、问题进行分析研究,从学术角度提出自己的观点,得出相应结论的研究论文。它是提供给学位答辩委员会并申请以此获得相应学位的书面材料。撰写学位论文并进行论文答辩,是高等教育中必不可少的重要内容,也是实践性教学的重要环节。其目的是指导学生运用已有知识独立进行科学研究,学习并掌握分析和解决学术问题的方法,培养学生综合运用所学知识和技能解决实际问题的能力。它着眼于研究方法的学习和科研能力的培养,为今后的科学研究奠定基础。

二、分类

根据标准的不同,对学位论文类别的划分也不同,这里介绍最常见的分类方法。

1. 按学位等级分

根据《中华人民共和国学位条例》(以下简称《学位条例》)的规定,我国实行国家学位制度,学位有学士、硕士、博士三级,相应地,学位论文也相应分为学士论文、硕士论文、博士论文三类。

(1) 学士论文。《学位条例》第四条规定,高等学校本科毕业生,成绩优良,达到下述学术水平者,授予学士学位:其一,较好地掌握本门学科的基础理论、专门知识和基本技能;其二,要求具有从事初步科学研究工作或担负专门技术工作的能力。

学士论文是大学本科毕业生为获得学士学位和本校毕业资格所需撰写的学术论文。学士论文应反映出作者大学阶段所掌握的专业知识,综合运用所学知识进行科学研究的能力,以及作者对研究课题的独到见解。学士论文选题范围不宜过宽,一般选择所学专业领域中某重要问题的一个侧面或难点为研究对象,运用所学理论知识,深入细致地剖析,需要注意的是,论文选题应避免过于狭窄和陈腐,要有时代感和创新性,同时需要把握价值原则和可行性原则。通常在正式撰写学士论文之前,先要拟定提纲,安排好全文结构内容,构建论文基本框架。论文的基本内容涵盖标题、摘要、关键词、目录、前言、正文、参考文献等七个方面。

(2) 硕士论文。《学位条例》第五条规定,高等学校和科研机构的研究生,或具有研究生毕业同等学力的人员,通过硕士学位的课程考试和论文答辩,成绩合格,达到下述学术水平者,授予硕士学位:其一,在本门学科上掌握坚实的基础理论和系统的专门知识;其二,具有从事科学研究工作或独立担负专门技术工作的能力。

硕士论文是硕士研究生所撰写的学术论文。优秀的硕士论文应能够反映出作者对所学专业的理论知识掌握程度,还应反映出作者的科研能力和学术理论的应用水平,对研究课题的思考和见解。较之学士论文,硕士论文应当具有一定的理论深度和较高的学术水平,更加强调作者思想、视角、观点的创新性,其研究成果应具备更强的实用价值和更高的科学价值。因而撰写硕士论文对作者的要求会更高,需要数据、资料翔实充分,论证分析详尽缜密,推理演算思路清晰,论文结构规范清楚,专业词汇运用更精准。一般来说,硕士论文在 5 万字左右,能够基本上达到公开发表的水平。

(3) 博士论文。《学位条例》第六条规定,高等学校和科学研究机构的研究生,或具有研究生毕业同等学力的人员,通过博士学位的课程考试和论文答辩,成绩合格,达到下述学术水平者,授予博士学位:其一,在本门学科上掌握坚实宽广的基础理论和系统深入的专门知识;其二,具有独立从事科学研究工作的能力；其三，在科学或专门技术上做出创造性的成果。

博士论文是由攻读博士学位的研究生所撰写的学术论文，它要求作者在博士生导师的指导下，选择自己能够把握和驾驭的有价值的研究方向，开辟新的研究领域。由此可见，博士论文对作者提出了更高要求，它要求作者必须掌握本学科大量的专业理论知识，并对所学专业的理论知识有相当深入的理解和思考，同时还要具有相当水平的独立科学研究能力，能够在学科领域提出独创性的见解，取得有价值的科研成果。因而，和学士论文、硕士论文相比，博士论文有更高的学术价值，对相应学科的发展具有重要的推动作用。博士论文一般在5万字以上，有的博士论文长达十几万字。论文摘要不超过6000字，在论文答辩之前要求其论文在公开刊物上发表。经过成果鉴定或20位以上同行专家评议通过后才能进行博士论文答辩，通过博士学位答辩的博士论文具有发表和出版价值。

2. 按内容性质分

从内容性质划分，可以将其分为两大类：社会科学类学位论文和自然科学类学位论文。两个类别下面又可分出许多分支，如社会科学类还可以分成文学、哲学、历史学、教育学、社会学等学位论文，自然科学类也可细分为数学、物理学、化学、生物学、动物学、生理学等学位论文。

3. 按研究内容和方法分

如果从不同的研究内容和方法去划分，学位论文又可以分为理论性论文、实验性论文。文科类学生一般多采用理论性的论文写法，理工科学生一般多采用实验性的论文写法。

另外，除了以上三种主要的分法，还可以从文体角度将学位论文分为"研究型论文"和"报告型论文"，或以综合的方法把学位论文分成专题型、论辩型、综述型和综合型四种。按研究问题的大小，又可将学位论文分成宏观论文和微观论文。

总之，学位论文分类办法因内容、性质、研究领域、表现方法等方面的差异，可以有多种划分方法，学生在写作前有必要对它们做认真了解，以从中选择适合自己的论文类型进行写作。

三、特点

学位论文,从文体归属上来看归属于学术论文的范畴,是学术论文的一种。学术论文标准定义是指某一学术课题在实验性、理论性或观测性上具有新的科学研究成果、创新见解和知识的科学记录,或是某种已知原理应用于实际中取得新进展的科学总结。学术论文应能够提供新的信息,其内容应有所发明、有所发现、有所创新、有所发展,而不是重复、模仿、抄袭前人已有成果。据统计,目前世界各个学科领域,每年发表的学术论文有几百万篇之多。学术论文已经成为现代学术领域交流、学习和沟通的重要手段。

虽然学位论文根源于学术论文,但较之一般叙述论文,其也有一些自身的特点。

第一,作者要求不同。只要是社会公民有科研能力都可以撰写学术论文,没有任何条件限制。而在我国,学位论文的作者,必须是攻读相应学位的在读学生。学生以外的人即使有申请学位的能力,因为没有攻读相应学位的资格,就不能撰写学位论文用来申请学位。同时,学术论文可由研究者自己独立完成,或与他人合作(需要署名)完成;而学位论文的写作主体是学生,且一定要在教师指导下完成一系列相关的准备工作,直到论文的完成都需要得到教师的帮助与指导。所以,和正规的学术论文相比,大部分学位论文都带有习作的痕迹,它是为论文写作者今后的研究作技能的准备和铺垫。

第二,写作目的不同。学术论文是研究者在某一方向取得了一定的研究成果进行公开发表,或者促进学术交流而写作;撰写学位论文的主要目的是申请学位,是科学研究的初级形式,是学生对科学研究方法的学习和尝试。它只要求能抓住本学科的某一问题或现象,能代表写作者水平的观点、见解,形成一篇形式完整、内容有一定创新的论文即可,这是与一般学术论文最大的区别。同时可以看出,因为目的不同,学位论文是通过写作让学生建立起初步的研究意识。所以相对于学术论文的高要求来说,学术价值相对低一些。

第三,选题范围不同。学位论文研究的内容应在学生所学范围之内,不能超出专业范围,包括公共课和专业课等,要求学生运用所学知识对确定性的问题作定向研究。因此,论文的选题被限定在一定的范围之内。通常是老师根据学生的专业提出若干参考题目,由学生自主选择。硕士生和博士生的论文题目是指导教师根据研究生的研究方向指定的，没有自由撰稿人选题时那么大的自由度。学术论文一般不限制写作范围，只要研究者有能力，任何领域、任何方向研究者都可以涉足，并以论文形式发表相关的研究成果。而学位论文则要求学生从所学专业出发，对所学知识进行梳理与运用，一般不允许超出所学专业的学科范围。

第四，限制条件不同。一般的学术论文在时间和程序等方面没有要求，由研究者根据自身情况灵活掌握，学位论文的写作则有一定的规则限制。首先题目是在指导老师的指导下选择的，接着在一定的时间内完成资料收集、实验观察、分析研究，最终撰写成文；然后准备论文答辩，写出提交答辩委员会成员阅读的比较详细的论文提纲或者摘要，准备答辩内容，如制作幻灯片等，最后进行答辩。答辩没通过，还要对论文进行补充、修改、加工、提高，甚至重打鼓另开张，新起炉灶。答辩通过后学校给予颁发学位证书，这时学位论文的写作过程才算结束。学位论文的写作在时间上来说也有一定的限制，撰写学位论文一般是在毕业前的最后一个学年，在毕业之前通过答辩，答辩专家根据论文和答辩情况给出相应成绩。另外，学位论文也是学业的一个重要组成部分，与毕业证书和学位证书的授予有密切联系。

第二节　意　义

一、教育意义

首先，学位论文是取得学位的必要程序。国家学位条例明文规定，正常情况下学位申请人都必须先通过教学大纲规定的全部课程并取得相应的学分，最后进行论文写作和答辩，只有通过了答辩才能获得学位证书。

其次，学位论文有训练同学掌握和了解科学研究工作的一般程序和方法的作用。学生在校期间，学完了教学计划规定的每门课程之后都要进行考试，这主要检验学生对本门课程内所学知识的理解和掌握程度，各科成绩合格，只能说明达到了各科的培养要求，并不能证明学生综合运用所学知识解决和研究问题的能力。而学位论文的写作则是综合调用学生掌握所学知识的过程，虽然只以某一学科内的某一问题或现象为研究对象，但解决该问题所需要的知识和能力则是综合的、全面的，需要调动学生的整个知识体系，对问题进行深入的分析、研究、判断，从中得出比较新颖的结论，以体现学生对学科知识的系统掌握程度，更能促进学生研究能力的初步形成。

最后，撰写学位论文，还可以培养学生独立解决问题的能力和创新能力。对学生而言，掌握知识不是目的，目的是培养自己的创造能力为将来的科学研究或工作发展做准备。当代人才应具备开拓精神，既能独立工作，又能发挥无限创造力；既能解决实际问题，又敢于向人类未知领域大胆挑战。撰写学位论文的过程实际也是从事科学研究的过程。如资料收集、归纳整理、提出问题、分析问题、解决问题的能力，在学位论文的写作过程中都可以得到训练和提高。

二、社会意义

学生获得学位走向社会后在不同的岗位上发挥作用，将会进一步开展科研活动，写各类文章，成为各行各业的骨干，他们的素质和能力高低会对社会科学文化事业的发展产生不同的影响。大学时代是学生心智成熟、思想和理论水平逐步提高的阶段，从学位论文写作可以感知到一个人的世界观、价值观以及他对待生活的态度。教师对学生进行必要的指导，可以使其通过学位论文的写作，在思想和理论水平上得到相应的培养和提高。另外，学位论文写作过程还有答辩等过程，是全面展示和调高自己的勇气、雄心、才能、智慧、风度和口才的最佳时机之一。

提高大学生的写作水平是社会主义物质文明和精神文明建设的需要。在新的历史时期，无论是提高全民族的科学文化水平，掌握现代科技知识和科学管理方法，还是培养社会主义新人，都要求具有较高的写作能力。在经济建设中，作为领导人员和机关的办事人员，要写指示、通知、总结、调查报告等应用文，要写说明书、广告、解说词等说明文，还要写科学论文、经济评论等议论文。在当今信息社会中，信息对于加快经济发展速度，取得良好的经济效益发挥着愈来愈大的作用。写作是以语言文字为信号，是传达信息的方式，信息的来源、收集、储存、整理、传播等都离不开写作。

所以，学位论文阶段的训练对大学生将来的成才过程来说，其作用不可低估，同时具有深远的社会意义。

第三节　要求

一、独创性

独创性是指学位论文作者的创造性,研究某一课题得出独创的、新鲜的见解,是衡量学位论文科学价值的根本标准。学位论文是科研成果的反映,应该有自己的独创性。不管是在提出问题的角度方面还是方法的应用方面都应有一定的创新性。论文价值有大有小,但都强调和鼓励思考及发现的精神,因此对于学士、硕士、博士的论文,要求有所不同。主要要求作者能在独立思考的基础上,去发现、创新,有所建树。学位论文的创新性表现如下:能在论文中提出有创新意义的新观点、新方法;能在继承前人理论方法的基础上,对一些有定论的问题有所创新和突破;能对一些有争议的问题、现象,提出自己与众不同又能言之有理的独立见解。对学生来说,对于学术上的创新、突破不能操之过急,关键是培养起一种独立思考的精神,再在坚持的基础上去发展完善、逐步提高自己的创造能力。

怎么直观判断独创性呢?黄津孚在《学位论文的写作与研究方法》一书中提出了判断论文价值的八个"新",可以借以对学士、硕士、博士的学位论文的独创性进行判别,这八个"新"是:新现象、新事实的揭示;新概念的提出或对概念的新界定;新的观点或思想的提出或对既有观点的新表述;对已有结论或实践方法的新解答;新方法的提出和应用;新工具、新手段的发明和采用;新政策、新策略的提出和实施;建立新的政策体系和策略体系。

二、学术性

学位论文的学术性,又称为理论性,是学位论文的基本特点。学位论文的学术性是指在研究客观事物时,不是停留在具体的现象、外表上,而是要透过现象、外表找出事物的本质,掌握事物的规律。由此,学位论文不是要求详细地描绘事物运动的全过程,或者简单地堆砌数据、机械地罗列证据,而是要求通过大量的概念、定义、定理、公理和真凭实据进行说理，令人信服；要求对形成和引用的材料进行认识上的深入加工，达到从具体到抽象，从感性认识上升为理性认识，把研究工作的结果提高到理论高度来认识。反之，没有学术性，也就不称其为学位论文。

三、规范性

中华人民共和国国家标准1988年颁布实施的《科学技术报告、学位论文和学术论文的编写格式》，对学位论文的格式有明确规定，甚至连论文的封面都严格按照规定要求填写。例如学位论文的封面内容包括分类号、密级、编号、题名和副题名、作者姓名、指导教师姓名、申请学位级别、专业名称、论文提交日期、论文答辩日期、学位授予单位和日期、答辩委员会主席、评阅人，最后是填制年月日。论文的层次上分为前置部分、主体部分、附录部分和结尾部分四大块。每一部分又分几个层次，如主体部分分为正文、结论、致谢、参考文献表。参考文献表又要按照GE7714—87《文后参考文献注录规则》的规定执行。

学位论文的这种规范性要求，一方面体现了学位论文的特殊逻辑思维，另一方面也是为了达到文献检索的要求。这与文学创作和普通文章在写作上存在很大的不同。文学作品和普通文章的结构，可以一线贯穿，也可以双线结构；可以有明线，也可以有暗线；可顺序，可倒序，可穿插，可平行；可按时间结构组织文章，也可按空间结构组织文章；等等。

四、科学性

学位论文的科学性，有多层含义：其一，内容的科学性，是指要从实际出发研究客观事物，揭示其本质及规律，所研究的结果能经得起实践检验；其二，方法上的科学性，即认识问题和解决问题都必须坚持辩证唯物主义和历史唯物主义，不能以主观随意性代替科学研究；其三，结构上的科学性，要求论文的逻辑性强，层次分明，说理清楚；其四，表达上的科学性，即所用的材料应该是系统的、完整的，不是片面的、零散的，观点应该是前后一致，不能首尾矛盾；其五，知识的科学性，科学性还表现在知识的准确性上，如果知识不准确，就不能正确地反映客观事物的规律，得出错误的结论。

五、真实性

真实性是要求研究的客观真实性，科学研究要求实事求是，要求一切从实际出发。真实性要求对于客观事物进行周密的调查研究，从中得出符合实际的结论，就是对具体问题作出正确的分析，提出符合实际的观点，得出实事求是的结论。列宁说："偏见比无知离真理更远。"论文作者决不能根据自己的好恶，主观臆断，面壁虚构，或想当然地下结论；材料必须是真实的，只有建立在真实材料的基础上，得出的结论才可靠，才能经得起科学的推敲和实践的检验；社会科学论文，材料多属旁征博引间接得来，要使其真实可靠，就要对材料进行一番筛选和鉴别，去粗取精，去伪存真，刨根问底，查明出处；不能道听途说，无稽可考。自然科学论文应尽量使用第一手资料，因为第一手资料是自己在实验或观察中得到的，是原汁原味的没有经过人为加工的资料，可信度很高。当然，有时也可能用到别人的实验结果或数据来证明自己的观点，但使用之前要证实这些材料正确无误。

真实性还要求作者必须谨守学术规范，不能弄虚作假、抄袭，对材料的引用一定要注明，不是自己的观点要说明来源。如今信息社会，通信发达，越来越多的人借助网络，轻而易举抄袭论文，获得想要的荣誉或权利。抄袭是一种严重侵犯他人著作权的行为，违背社会道德，同时侵犯他人著作权，这是要负相应的法律责任的。

第四节　撰写过程

学位论文的撰写是一项复杂的工作，其步骤可分为选择课题、研究课题两大步骤，也可以细分为选题、搜集与分析资料、明确论点、执笔撰写、修改定稿五个步骤。论文写作一般步骤如下：

一、选题

选题是毕业论文撰写的第一步，是论文撰写成败的关键，只有确定了范围，我们才能进行论文写作。其基本原则是，无论是申请人自己任意选择课题，还是在院校公布的指定课题中选择课题，都要坚持选择有科学价值和有现实意义的、切实可行的课题。

二、搜集与分析资料

选好课题后，接下来的工作就是研究课题，首先要做的就是搜集相关的资料。一般来说，可以从查阅图书馆、资料室的资料，做调查研究、实验与观察等方面来进行搜集。搜集资料越具体、越细致越好，但也不能搜集过多，资料搜集要合理。最好把想要搜集资料的文献目录、详细计划都列出来，然后把最后搜集到的资料浏览一遍，熟悉资料，分门别类地列出来。

在熟悉资料的基础上，有针对地选择阅读、选读、研读等，选出自己认为有用的内容，尤其是对与研究课题密切相关的内容进行全面、认真、细致、深入、反复的阅读。要以书或论文中的论点、论据、论证方法与研究方法来触发自己的思考，要眼、手、脑并用，发挥想象力，进行新的创造。在研究资料时，最好做资料的记录。

三、明确论点

明确论点是论文写作的核心步骤。在对材料分析的基础上，要提出自己的观点和见解，根据选题确立基本论点和分论点。提出自己的观点要突出新见解，创新是灵魂，不能只是重复前人或人云亦云。同时，还要防止贪大求全的倾向，生怕不完整，大段地复述已有的知识，那就体现不出自己研究的特色和成果。根据已确立的基本论点和分论点选定材料，这些材料是在对所搜集资料加以研究的基础上形成的。组织材料要注意掌握科学的思维方法，注意材料前后的逻辑关系和主次关系。

四、执笔撰写

确定了论点就可以开始撰写了，具体撰写时要先拟定提纲，包括题目、基本论点、内容纲要。拟定提纲有助于安排好全文的逻辑结构，构建论文的基本框架。对于论文格式每个学校和研究机构都会有一个具体的规定,但一般来说,学位论文均由标题、摘要、正文、参考文献这四方面内容构成。标题要求直接、具体、醒目、简明扼要。摘要即摘出论文中的要点,放在论文的正文之前,以方便读者阅读,所以要简洁、概括。正文是毕业论文的核心内容,包括绪论、本论、结论三大部分。绪论部分主要说明研究这一课题的理由、意义,要写得简洁。要明确、具体地提出所论述课题,有时要写些历史回顾和现状分析,本人将有哪些补充、纠正或发展,还要简单介绍论证方法。本论部分是论文的主体,即表达作者的研究成果,主要阐述自己的观点及其论据。这部分要以充分有力的材料阐述观点,要准确把握文章内容的层次、大小段落间的内在联系。篇幅较长的论文常用推论式(即由此论点到彼论点逐层展开、步步深入的写法)和分论式(即把从属于基本论点的几个分论点并列起来,一个个分别加以论述)两者结合的方法。结论部分是论文的归结收束部分,要写论证的结果,做到首尾一贯,同时要写对课题研究的展望,提及进一步探讨的问题或可能解决的途径等。参考文献即撰写论文过程中研读的一些文章或资料,要选择主要的列在文后。

五、修改定稿

在初稿出来之后,都要有一个修改的过程,可以请求导师进行点评。通过这个过程可以看出写作意图是否表达清楚,基本论点和分论点是否准确、明确,材料用得是否恰当、有说服力,材料的安排与论证是否有逻辑效果,大小段落的结构是否完整、衔接自然,句子词语是否正确妥当,文章是否合乎规范等。在评审和答辩之后,还要就评审人员的意见再一次对学位论文进行一次修改,这样才算真正的定稿。

 练习题

1. 学位论文有哪些特点?
2. 学位论文的类别有哪些?
3. 简述学位论文的写作要求。
4. 学位论文的一般写作步骤是什么?

第十三章
学位论文的选题

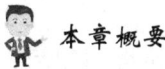**本章概要**

  选题，包括选择研究课题和确定论文的题目，是学位论文写作的第一步，也是培养科研能力的开端，其本身就是一项重要的科研工作。一般来说，本科生的选题是在大四的上学期，且导师会给出一个范围供选择；研究生的选题是在研究生入学后第三个学期内完成，主要根据自己的研究方向进行选择；博士学位论文选题是在第二学期至第三学期完成，形式虽然不同，但选题的重要性不言而喻。选题是否得当将直接影响论文的质量，关系论文的成败，且选题是一个复杂的过程，需要足够的知识储备和理智的选择判断，所以论文的选题是十分重要的。本章主要介绍选题的意义、原则、方法和选题步骤。

**学习目的**

  ◇ 了解研究选题的意义
  ◇ 了解研究选题的原则
  ◇ 了解研究选题的具体方法
  ◇ 了解选题的步骤

内容框架

学位论文的选题 { 选题意义 / 选题原则 / 选题方法 / 选题步骤

第一节 选题意义

一、撰写论文角度

1. 影响学位论文的价值

虽然只有学位论文完稿以后才能评估其最终的价值,但是在选定题目以后,就能大致得出一个初步的评估。选题是否正确,直接与论文的写作水平有关,好的选题可以提升论文的质量,不好的选题大大降低论文的水平。选题不是简单地给所要写的文章选定题目或者是确定文章的主要范围及主要内容,更是进行研究工作的开始。一旦确定题目,证明作者已经确定了文章的主要内容、主旨、研究方法以及文章的大纲与轮廓等。选择过大的题目,以作者的科研水平或写作能力,难以掌握文章的范围,写出来的文章肯定不符合要求;选择较小的题目,又局限了作者的写作水平,使文章不能走向更高层次,也不符合写作要求。然而,选择的题目更要具有一定意义,有意义的论文才具有科研价值,才是一篇合格的论文;如果所选课题毫无意义,即使耗费数月,花费更多的精力,利用创新的研究方法,写出来的文章也是没有意义、没有价值的论文。

2. 可以提高学术研究能力

选题是一项科学的研究过程,为什么选题可以提高学术研究能力?具体基于以下几个原因:

其一,在选题过程中,我们要对研究的问题进行分析判断。首先我们是基于感性认识对研究问题进行分析的,通过一系列思考及归纳总结后,对研究问题也由初步的感性认识上升到理性认识,最后加以条理化,使整个研究问题初步系统化。

其二,查阅问题的历史和现状研究相关文献,找出与研究问题关联的症结和关键,可以清晰地认识研究问题,研究工作也比较容易。

其三，对问题的研究要以一定的专业知识为基础，但专业知识不是唯一写作的要求，专业知识丰富不一定能写出高质量的文章，因为不具有相应的研究能力。有的人查阅很多文献，知识丰富，成绩优秀，可是缺少研究能力的培养，最后仍然写不出好的文章。由此可见，丰富的知识并不等于研究能力，研究能力不是先天具有的，也不是自发产生的，能力必须在使用知识的过程中，在研究文章主旨的实践中，通过自觉培养和锻炼而形成。

选题位于研究工作实践的第一步，我们需要对整个选题工作进行思考，需要一定的研究能力才开始选题。从开始选题，到列出各种选题，再到确定题目的过程，我们研究工作的各种能力在锻炼中都能得到提高。一般文章在进行选题前，要对专业知识进行系统学习，了解相关知识的应用以及知识的应用方法，解决什么样的问题，更要学会怎样去收集、整理、查阅资料。论文选题时，结合专业知识对所要研究的问题进行认真思考，从不同角度、不同方面对问题进行认识，使自己的思维能力得到锻炼和提高，思维能力有归纳和演绎、分析和综合、联想和发挥等各种能力。

对于学位论文的选题，有的是老师已经给定了相应的题目，有的是在导师的指导下完成的，这导致了学生没有选题的能力，不能独立思考，不能依靠自己的努力去选择题目，产生了依赖心理；还有的学生没有研究分析，随便选择一个题目，就开始文章的写作。这些做法都是错误的，以上的选题方法抑制学生的思考，使学生缺乏实践经历，缺乏研究能力的锻炼。

二、科学研究角度

学位论文可以认为是学生向社会提供的知识产品，理论上应当有一定价值。所谓知识产品的价值，就是其社会效用。国内外著名大学都十分重视优秀学位论文的出版工作，认为这里面有值得挖掘的精神财富。因为学位论文从选题开始，就要求作者具有严肃的科学态度和正确的方法，站在科学的前沿选题，不仅能反映出作者的科学水平和科研能力，对科学研究的发展也有重要意义。

爱因斯坦说过："提出一个问题往往比解决一个问题更重要。"因为解决一个问题可以是数学方法上的应用，是已掌握知识的积累，是在不断实验过程中解决相应的难点；而提出新问题是创造迄今不存在的可能性，是大脑活动的体现，是创新的思想，创新是难能可贵的，创新能够另辟蹊径解决问题。对于学士论文和硕士论文来说,要求在科学前沿选题似乎并不现实,但古往今来年轻的时候就做出一番科学成就的学者比比皆是。而对于博士论文有此要求则并不过分。因为博士研究生已经进入了高级研究阶段,有能力也有理由对科学的发展进行预测,提出一些科学假想和推断。

学位论文选题的两大重要性统一在论文的意义上,作者的学识和能力的提高应当体现在科学知识的研究上面。

第二节 选题原则

论文的题材范围十分广泛,社会生活方面的问题,经济建设中存在的问题,甚至是科学文化事业的各个方面、各个领域的问题,都可以从中选择论文的题目。就学科而言,无论是自然科学还是社会科学,其内部都有很多不同的学科门类,每门学科的内容又很广泛,可用作学位论文的题目也有很多。因此,选题可以看作一项系统性工作,只有遵循一定的原则和方法,才能找到适合自己特点的题目。

一、价值原则

选题最基本的原则之一就是要选择具有实用价值和现实意义的题目,这样才能体现论文的科学价值。学位论文可以算作全社会研究工作的一部分,社会在进步,科学在发展,所以进行学位论文创作要有严谨负责的态度,选择具有科学理论支撑、有科学价值的课题,得出合乎科学的结论。

论文的题材来源十分广泛,从实用价值出发,可以选择与社会生活密切相关的问题,甚至是所有人都关注的问题,或者是当下比较热点的问题,特别是社会主义现代化建设事业中亟待解决的问题,也可以选择某地区、某部门、某行业在工作实践中遇到的理论和现实问题,可以是某学科中比较热点的问题,还可以选择本人在工作学习实践中遇到的现实问题。从现实意义出发,可以选择具有普遍的社会意义、与国计民生有关、社会公众关注度高的问题,也可以选择那种虽不是全局性的,但却是人们关注的或期待解决的,或有疑虑需要进行理论探讨和解答的问题。从这些大的方向出发，再细化问题，可大可小，最后找出自己想要研究的课题。

二、专长原则

申请学位都有专业之分，学位论文的作者一般是在对专业进行深入学习之后才开始写作学位论文，申请学位。也就是说论文题目必须是在自己的专业范围内选择，才能申请该专业的相应学位。同时就个人而言，每个人都有自己的特长，有的擅长思辨，有的善于考证；有的知识广博，有的知识精深；有的数学底子好，有的外语水平高。扬长避短而驾轻就熟，研究就容易出成果。在选题的过程中，确定什么样的题目要量力而行，各人的能力有大有小，要根据自己的能力结合自己现有的资源，选择自己擅长的领域且能发挥自己专长的题材。专业知识的储备是循序渐进的过程，是在长期的学习过程中获得的，分析问题也是在不断的实践过程中积累的，不可能只是一篇文章的写作就能突飞猛进。所以，选题要根据自己的能力进行，要客观地看待自己的能力，经过分析评估后，结合自己的专业知识以及所拥有的写作资源来选题。若理论知识强，具有较强的逻辑思维以及分析概况能力，那可以针对较难、较复杂的领域确定研究问题的题目，挑战高难度的题目，有助于锻炼自己，增强自己的研究能力；如果自己所拥有的资源以及专业知识比较薄弱，分析复杂的问题比较困难，研究能力弱，那么可以把题目范围定得小些，减少研究问题的难度，集中所有力量，关注重点，透彻分析问题，解决问题。

从实践上来说，发挥专长就从选择自己熟悉的课题开始。自己经历过的实践或正在进行的实践自己是熟悉的，当然，自己熟悉的选题并不一定只限于自己所实践的范围，有些问题自己虽然没有亲身实践，也不一定不熟悉。选择自己熟悉的选题较容易发挥自己的特长。

另外，自己感兴趣的地方一般都是自己熟悉的。选择符合自己兴趣的题目，可以提高科研工作的积极性和思维的敏捷性。科学研究是一种理性活动，因此它需要运用知识和逻辑推理、分析综合等理性方法；同时科学研究又是一种创新活动，因此又有非理性的一面，它需要人们有激情，有坚定的信念，有时要运用直觉、想象力，这些都来源于兴趣。另外，论文写作是一项十分艰苦的脑力劳动，对于辛苦的脑力劳动，只有兴趣是不够的，特别是论文写作处于瓶颈时期，就需要产生更高的兴趣去激发论文写作者。若缺乏激情,便失去了论文写作的动力。一个人在研究的道路上,无论遇到什么困难,都会因为有兴趣和激情的作用而勇往直前,百折不挠。这正是科学研究工作者所需要的。

另外,专长还表现在,学生选题尽量选择导师的研究领域,这样可以得到导师更多的帮助和支持,站在别人的"肩膀上"看问题,也许可以看得更远。

三、可行性原则

选题的可行性包括主观和客观两个方面。

从客观方面来看,选题首先要在自己的专业领域进行,要选择自己擅长的专业学科。经验证明,精通一门学科的人,选题在熟悉的领域进行,可以较为透彻地分析研究问题;对于交叉学科的人或者掌握两门以上学科的人,可以跨学科研究选择题目;外语水平高且检索资料能力强的人,可以选择那些依靠外文资料进行研究的课题;研究实践经验丰富的人,可以侧重应用学科的研究;具有丰富基础知识、较强思维能力的人,可以侧重理论研究的课题。

从主观方面来看,选题要与自己的兴趣爱好相一致。实践证明,人们对自己的兴趣爱好往往会倾注极大的心血,或为其付出较多的时间与经历,也更易取得成功。

选题还要考虑时间、实验条件等因素。一般来说,学士论文写作时间只有2~3个月,硕士论文也只有6~8个月,博士论文时间可以长一些,但再长也不能超过一定的年限。如果选择的课题过大,造成研究时间过长,就会影响论文的写作,达不到预期的结果。还有,对于理工科的学生来说,可能对实验设备的要求比较高,但不是所有的大学或机构都能提供,实验条件有限,在这种情况下,即使实验设想和设计很好,也完不成所选课题。

四、适宜性原则

选题中还有一个很重要的原则就是选题要适宜。在选题过程中,常见的问题有下列几种:

其一,选题过大,超出作者所学以及能力范围。大题涉及面广,可写的东西多,但不容易写深,四面出击,容易出现漏洞;小题可集中精力,但又要求研究得深一些。其实大题与小题是相对而言的，主要还是决定于研究创新的空间。

其二，选题过难，即选择的题目难度较大，学生除了时间、精力的限制，在资料方面也有局限。

其三，选题陈旧。选择陈旧的题目，不仅缺乏创新精神，文章没有新意，也可能因为文章题目过于陈旧，缺乏科学性及合理性。应该在前人的基础上，敢于提前人没有提出过或未能完全解决的问题。学位论文的选题最好多选一些与现实生活、当代经济与科学技术发展关系比较密切的课题，注意研究现实生活中存在的新问题，用科学的方法给予新的解释。

这就涉及选择冷门还是选择热门的问题。选择热门课题好处是材料比较多，但研究的人多了，你必须比别人高出一块才有价值，许多文章其实是鹦鹉学舌，没有多少新的知识提供给读者；选择冷门课题即许多人不大注意的问题可借鉴的东西较少，但容易出成果，犹如市场营销中的缝隙战略，当然首先要考虑选题的学术价值和实际应用价值，这里所说的冷是一时的冷，如果永远无人感兴趣，就没有研究价值。究竟选择热门还是冷门，这要根据自己的实力来定。实力比较强，可以选择热点领域，进行创新；实力不很强，可以选择冷门课题，占先机之利。

合理的选题应遵循如下原则：首先，题目的难易要适中。选题既要有"知难而进"的勇气和信心，又要做到"量力而行"。有的人在选题时，不知论文的写作方法盲目进行选题；有的人选题时，想发挥自己的才能，跃跃欲试，把所学专业知识充分地体现在论文的写作中，他们有着初生牛犊不怕虎的精神，着眼于一些内容较为新颖、学术价值较高、角度较新的题目，这种精神是值得钦佩的，写作能力也可以得到提升，但是选择题目如果难度过大，超出了自己的能力，可能会中途停笔，不能进行论文的写作研究，或者会使文章偏离主旨，写出来的文章不符合标准，最后只有迫使自己另起炉灶、更换题目，这样不仅浪费时间和写作精力，而且也容易使自己失去写作的自信心，不想写作，随便应付论文的写作。反之，自己具备了一定的能力和条件，具有丰富的专业知识，却将论文题目选得过于容易，这样也不能反映出自己真实的水平，而且也达不到通过撰写毕业论文锻炼自己、提高自己的目的。其次，题目的大小要适度。论文的题目要具体到某一点上，并且论文题目的范围要变窄，但也不能把题目的范围定得太具体、太窄，以致作者不能真实掌握文章的主旨，浪费写作的价值。论文题目选择太大，作者很难理解题目的含义，把握不住题目的要旨，以至于对文章的思考较浅，文

文献检索与论文写作

章的整体研究易泛泛而论。因为题目过大需要查阅、收集丰富的材料，整理分析材料，但由于写作时间及个人精力的限制，研究工作者很难在短时间内收集大量的写作材料，并且分析整理丰富的材料。

另外，对于研究工作者来讲，尤其是掌握理论较少者（如一些本科生或研究生），只掌握基本理论，缺乏相对经验和实力，驾驭不了大范围题目，使论文主旨不清晰，且收集资料过于散乱，浪费精力及时间。如果题目很具体，则材料好组织，研究好开展，理论水平也具备，这样写起来就事半功倍。

第三节 选题方法

笛卡儿曾经说过："最有价值的知识是关于方法的知识。"要选好学位论文的题目，只了解选题意义和原则还不够，我们还要做有"价值"的事情，要了解和掌握选题的一些具体方法。

学位论文的选题方法一般有三种：

第一种是学校直接公布一些题目供学生选择，学生可以在这个范围内任意选择自己喜欢的且有能力完成的题目。这种情况一般发生在本科论义选题的时候，学生的任务相对轻松多了，但因为题目范围有限，容易造成大家选题撞车，然后不得不退而求其次，不能选到合适的题目。

第二种是根据作者自己的研究方向来选择课题，这种方式主要针对的是研究生和博士生。这个范围就比较宽泛，而且一般都有导师指导。

第三种是完全的自由自主选题，这个方式具有较高的自由度，且最能发挥作者个人兴趣所在和专长，但这种方式的选题难度较大，对少数博士论文选题时可以采用这种方法。

无论哪种方式，都有一些具体的方法可以参考。

一、从学科发展入手

从学科发展入手，寻找学科本身发展过程中存在的基本范畴和基本理论问题。科学一直在发展，其本身存在很多的问题可待研究。我们可以从以下几个方

面出发寻找课题:

第一,科研领域的空白点。科研领域的空白点主要是指前人还没有研究过的课题,科学领域的处女地。这种课题具有很高的开垦价值,从中可以发现许多新理论、新发现。很多有经验、有学识的人一般都会选择这种课题,一旦取得突破,就是一份相当大的成就。所以这是重要成果诞生的领域,应该在选题中处于最前列的位置。虽然困难重重,但是追新求异应该是每个科学工作者努力奋斗的目标之一。

第二,理论和实际不相称的地方。在人类历史的发展史上,常有理论和实际相违背的情况,比如亚里士多德的大球比小球先落地理论,那么多年都没有人怀疑,伽利略用实践证明它的谬误。所以我们在进行论文写作的时候,除了要看到理论,也要看到实际。解决得好,社会就会前进,科学就会进步,生产力就会发展,人类文明就会提高,人民的物质生活和精神生活也会因此而得到改善。

第三,理论或者研究结果已经过时。人类史是一部发展的历史,科学史也是。世界上没有适用一切的理论,只有不断前进的真理。对于那些前人的研究成果,我们不能一概而论,而应该批评性地接受并进行分析,找出需要的成果。在科学发展史上,常常出现旧理论与新事实之间的矛盾,这种理论与那种理论之间的矛盾,以及不同学科之间的矛盾。这些矛盾就是很好的选题,从中可以开辟新的研究方向,建立新的科学分支。选择有矛盾的课题,还可以纠正和补充前人的理论,使之更加完善。科学研究在许多情况下总是先提出假说或论断,然后经过不断验证、补充、修订和丰富,才能成为完整的理论体系。即使已成定论的说法,或者权威们的研究成果,如果发现有不完善和不正确的地方,也可以大胆地作为自己的选题,这也是很有意义的事情,可以成为学位论文选题时应该考虑的方面之一。

第四,不同领域的交叉区。当今世界迅速发展,越来越多的新学科诞生,其中就有很多是不同领域交叉的结果。在论文写作过程中,可以选择多学科交叉的课题进行研究。

二、从实际需要出发

从实际需要出发,选择现代化建设实践中提出的理论和实际问题。现代生产实践急剧向科学的深度和广度进军,亟待解决诸多问题。这就要求我国的大学生、硕士生和博士生在做学位论文的时候从实际需要出发,从发展生产、提高经济效益的迫切要求出发,选择那些在经济建设中影响广泛、使用性强的生产技术或管理科学的研究开发。有了这个指导思想,我们就可以通过一些比较实际的需要来寻找研究课题。

1. 各种研究基金课题指南和研讨会

政府、民间组织和一些大企业设立了多种人文社会科学基金来鼓励科学研究,其中多数基金定期发布研究指南,提出一些重点研究课题,这些课题是经过相关专家经过认真研究后,认为比较重要的理论或实践问题,可供论文选题参考。这些课题都是关系到国计民生的重大问题。有的还是科学发展中的关键问题。尽管大学生、研究生申请这些基金很难获得批准,但基金课题指南可以作为论文选题的依据和参考。科学在不断发展,每个时期都会有新课题出现,我们也可以从各种有关研究报告、学术研讨会和科学著作中发现研究课题。

2. 密切注视实践

与实际部门保持密切联系,了解国内外改革和现代化进程,从中发现研究课题。对于研究生和大学生来说,与实际部门保持密切联系的办法就是尽可能多地参加社会实践,特别应重视实习。生产实践是人类最基本的实践活动,是自然科学产生和发展的最基本源泉和动力。人类的生产实践每前进一步,就会提出各种各样的新问题。因此,学位论文的作者也应该从生产实践中去发现问题和确定选题。

第四节 选题步骤

选题是一个复杂的过程。一般来说遵循以下几个步骤:

第一步,选择研究课题和题目。本科阶段选题时,学生所在学院老师都会给学生一些题目供学生多项选择。本科生便可根据老师提供的题目确定研究课题和论文题目。对于研究生和博士生来说,导师在招生之前就大致准备好可供选择的一些研究课题和题目。入学之后,随着研究生和博士生研究方向的确定,学生在导师指导下，根据已确定的研究方向，查阅和整理文献，以备选课题和题目。

第二步，查阅文献。选定研究课题和题目之后，查阅所选的题目和课题文献资料。无论是本科生、研究生还是博士生，都需要深入细致地查阅文献资料，了解自己所研究课题的背景、意义、重点、难点、前沿方向等。同时还必须了解此课题国外最新研究进展和趋势，研究生和博士生进行选题时尤其需要通过对文献的认真阅读和分析，摸清前人的工作及达到的水平。在此基础上，再经过自己的综合分析、判断和整理过程，独立写出针对性强的个人见解和对深入研究有参考价值的文献综述，以此作为选题的重要依据。

第三步，确定研究目标。在对文献进行认真仔细的研读之后，可以对所研究课题有一个充分的认识，这个时候就要确立自己的研究目标。研究目标是研究工作者对学位论文写作的具体目标以及目的。不同学科领域有不同的研究内容，不同课题也具有不同的研究内容，因此必须确定一个要达到的目标，有目标就不会在研究的道路上"迷路"。目标定了，论文作者就可以顺着这个方向努力进展下去。

第四步，拟定方案。在确定了目标之后，就要对自己的研究有一个清晰的安排。为了合理高效地完成目标，我们要对所确定的目标进行设计，毕竟时间和精力有限。一般原则是通过周密策划、精心设计、可行性来拟定几个备选方案，从中选出合理的最终方案。

第五步，撰写开题报告。确定研究方案后，就要开始撰写开题报告。撰写开题报告可以得出一个系统性的文章研究大纲。同时还可对所选课题及其研究目标、方案等的所有选题要素进行可行性论证。撰写开题报告是对论文选题工作的总结概括。

五个步骤具体如图13-1所示。

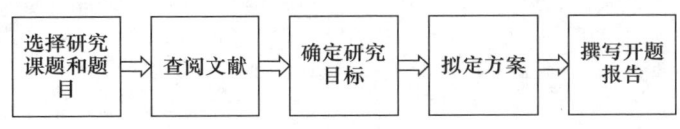

图13-1 选题步骤

练习题

1. 论文选题的意义是什么？
2. 试述论文选题的原则。
3. 论文选题的方法有哪些？
4. 学位论文作者在进行选题时，一般有哪几种方式，具体是什么？
5. 试述论文选题步骤。

第十四章 材料准备

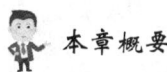 **本章概要**

选好课题后,接下来的工作就是研究课题,研究课题需要搜集大量的材料。材料是写作学位论文最基本的原料,是构建论文的物质基础。同时材料是论文论点的依据和支撑,论点往往从材料中提炼而来。可以说材料制约着论文写作,具有非常重要的意义。

材料是写作的根基,作者在整理、分析、研究材料的基础上,对所研究课题有一个充分的认识,形成一些感受和观点,逐渐确定论文的主题。同时,通过搜集到的材料来表述和证明论文论点。材料越丰富,论文传递的信息量就越大,越能更好地、完整地表达自己的观点;没有或缺乏材料,论文只是空泛的,难以成文。可以说论文的好坏在一定程度上取决于材料的质量。材料能对论文的结构形成制约,间接影响论文观点的表达。在写作过程中,很多同学苦于没有材料,也不知道如何去寻找合适的材料。可以说材料的搜集、整理及分析也是一个复杂的科学研究过程。我们需要掌握一定的方法和原则,这一章将主要介绍学位论文写作中材料的搜集、整理、分析、使用等方面的知识。

学习目的

◇ 了解写作材料的分类
◇ 收集材料的方法及相关注意事项

```
         ┌ 材料概述
材料准备 ┤ 搜集材料
         └ 分析材料
```

第一节　材料概述

一、材料分类

这里所说的材料是指为撰写学位论文而搜集的各种相关资料，包括进行实验、观察、调查、查阅文献等所搜集的一系列事实、道理和方法。材料是一个很综合的概念，它既包括在写作初期搜集到的各种未经加工的原始材料，也包括在进一步分析中作者形成的观点、思想等。材料既可以来源于客观存在的世界，比如现实中可以观察或者触摸的事物，也可以来源于主观世界，比如思维、意念等富有思想性和形象性的客观概念。

1. 材料分类

在搜集材料前，需要对材料有一个了解。材料涵盖范围广阔，包括一切与论文有关的资料，了解它们所处的类别有利于搜集方便。材料可以根据不同的分类标准划分，同样的材料按照不同标准可能同时划入多个类别。现在还没有统一的划分法，这里介绍几种常用的标准。

（1）按搜集方式可以分为直接材料和间接材料。直接材料，就是作者或相关工作人员通过调查或者搜集等形式所获得的第一手资料，一般第一手的资料都是比较珍贵的，具有较高的实用价值，可以说是写作论文的基础。间接材料主要是指不用自己亲自实践获得，可以从各种文献资料检索到的材料。这都是前人研究的成果的总结，可以算作"第二手材料""第三手材料"，对研究也有启示和指引作用。因为现代网络技术的迅猛发展，在网上可以轻易地找到需要的间接材料,这给学位论文写作带来了极大的方便。这时要注意两个问题:第一,必须进行核实工作,确定真实性,不能拿来就用;第二,因为涉及版权问题,只能借鉴,不能照搬照抄。

(2) 按性质可以分为理论材料和实事材料。理论材料包括名人的言论、科学定义、定律、原理、公理等理论性较强的材料,多用于证明某个观点。来源于实践抽象加工后形成的意念和已经被实践论证过的真理。具有抽象性、普遍性、规范性等特点。实事材料主要指古往今来可以用作证明论文观点的实例型材料,包括名人实例等。这类材料一定要真实可靠,同时又要新颖独特且具有典型意义。我们在使用时还要注意对所选实事材料加以概括,不能像记叙文那样注重细节的描写。

(3) 按年代可以分为历史型材料和现实型材料。历史型材料主要指历史上形成并保留下的史实、文物、作品、文献及其他资料。这些可以算作人类历史的宝贵财富,是值得研究的文化遗产。科学研究工作离不开历史材料,写论文常用历史材料为论据阐述事理。对待历史材料应持"取其精华剔其糟粕"的态度,使材料古为今用。现实型材料范围比较广阔,可以泛指当代现实生活中的一切写作材料。这里特指现今各种文化理论专著、各种刊物上的资料,这些都算现实型材料,科技论文反映当代科学研究的最新成果,是论文写作的重要信息来源。

(4) 按表现方式可以分为具体材料和概括材料。在写作论文时,需要突出表现一些内容,这就需要写得具体而翔实,要用到具体材料。具体材料主要是指全面、具体描述事物整体情况的材料,反映事物的整体面貌,一般规律和共同性质等,起到丰富论文翔实的作用。概括材料则是指比较概括的材料,内容言简意赅,文字简明扼要。概括材料能简要概括事物的全貌,给人以完整的印象,常用来提携全文。

2. 搜集材料的方法

不同类别的材料有不同的方法,比如直接材料和间接材料的搜集,前者的搜集主要来源于科学观察、科学实验和实地调查;后者的获得,一般要通过阅读、记录、检索等方式实现。所以明确搜集哪方面的资料有利于寻找材料、分析材料。

二、材料作用

撰写学位论文最基本的工作就是从搜集材料开始,依靠材料完成论文。如果没有好材料,再好、再新颖的观点,也无法很好地表现出来,结果自然写不出好论文。因为论文没有材料支持,即使写出来,也空洞无物,缺乏说服力。简单地说,学位论文的构成有两部分——论点和材料。第一,论文的论点是从材料中提炼而来。每一篇学位论文必有其中心思想,即基本观点,这是论文全部内容和思想的高度概括,是作者写作目的的集中。这个中心思想的提炼一般来源于实践材料和理论材料两方面。前者一般是在某种实践中获得,后者主要是在各种历史与现在的材料中提炼出来。由此可知观点是主观产物,来自客观存在的材料,经过去伪取真、去粗取精的;对材料的认识由感性到理性,形成和升华观点而得到。第二,材料是论文的基础。学位论文必须要有大量充分、翔实的论据材料来论证论文观点。作者的观点必须是自己的,而要使自己的观点得到承认,需要有大量的充分有说服力的理由来证明。在进行论文写作时,依靠材料这一基础依据,可以将社会实践和抽象的理论统一起来,写出来的论文就有比较好的效果。

另外,材料可以对论文研究提供借鉴参考的作用。一般来说,科学研究都是以研究现有的材料为基础来创建出新的材料,论文也不例外。作者在占有丰富材料的基础上并加以思考才能形成问题和目的,然后解决问题,阐述论点,且都是以前人的研究所达到的终点作为自己研究工作的起点的。通过搜集材料和积累知识,掌握前人或他人已经取得的科研成果,从而了解到这些成果所达到的程度,可以找到自己想要研究的方向。

最后,通过对别人研究工作所形成材料的研究,可以提高自己的研究水平以及论文写作水平。阅读和分析材料其实也是一个学习过程,从中可以学到很多,也只有认真细致地分析,才能得出科学的结论。

第二节　搜集材料

广义上的材料可以说是丰富的、海量的,但这并不代表可以轻易获得资料,必须要经过艰苦的搜集。面对浩瀚的材料，掌握一定的原则和方法可以起到事半功倍的作用。

一、搜集原则

在搜集材料时要遵循以下原则：

第一，搜集要有目的性。论文的题目确定后，就要以论题为中心，进行周密的调查研究，从实验观察和浩如烟海的书籍中，搜集那些与论文相关的材料，来构筑论文大厦。因为每个人的精力和时间都是有限的，学位论文更是强调时间性。所以找材料要有主攻方向，克服盲目性，时刻牢记自己研究的方向和课题。一般来说，对于与自己研究课题有关的材料，有吸引力、感兴趣、重要的、有用的都要重点地积累。而从事科研与写作时总是根据个人能力与专长来选择从事哪项科研研究，论文写作也是如此。盲目地收集和积累材料，兴趣很广泛，样样都收集，结果事倍功半，甚至劳而无功。

第二，材料要广博。学位论文写作是一个严谨的工作，需要足够多的材料来论证论文的主题，材料越丰富越有说服力。反之，则会造成论据不足、理由不充分，难以自圆其说，这样的论文算不上一篇好论文。换言之，材料多，知识面也宽，利于提高自身写作水平。所以我们在搜集时要注意这方面的问题，尽量多搜集与论文相关的资料。

第三，材料要真实。材料的真实性是论文写作的基本要求之一，选材一定要选择真实的、客观的材料，不能是假造的、伪造的材料。论文只能使用真实的、言之确切的材料作为论据，否则会影响其所论证论文观点的正确性。同时，论文如果存在材料失真或者弄虚作假的情况，不仅论文通不过，还会使作者的名誉受损，造成不好的影响。真实还要求我们材料与观点一致，防止张冠李戴，引用他人的事实、数据、结论甚至一句一字、标点符号都要查对核实，同时注明。

第四，材料要典型。典型材料是指能深刻反映事物本质、具有广泛代表性和说服力的材料。作者要尽可能搜集与论文相关的材料，不是对相关材料一概而论。要搜集最具代表性、最能反映事物本质、最能说明主题和证明观点的材料。一篇一万字的论文要十几万字的材料，不是所有的资料都能被使用，选进论文的材料毕竟是少数。所以这少数的材料必须是精练得当、最典型、最具代表性的材料。典型材料用得好能起到画龙点睛的作用，而不典型的材料，用得再多也只是堆砌。因此，我们在搜集材料的时候要认真考虑、仔细比较，选取典型的材料。

第五，材料要新颖。材料必须是鲜活的、生动的，这样才有说服力。新颖是指材料能反映新事物、新情况、新的理论、新的方法，在理论上做出新的概括。因此要求作者要留心获取材料、搜集材料，要在课题研究过程中细心观察新的变化、新的情况和新的问题，从别人没有涉及、没有发现的方面或问题去准备材料和选用材料，以增加感染力，使人耳目一新。这样写出来的论文才能新意盎然，观点独特。

二、搜集方法

搜集材料一般有观察、调查、文献检索、实验等方法。

1. 观察

观察是指人们对周围客观现象进行有计划的感知活动。但是，这里要说的观察是指为研究课题而进行的，对自然条件下所发生的某种特定过程或现象细致地特定考察，目的是获得初步认识，为进一步的研究工作提供第一手资料。这就说明科学的观察有别于一般的观察，有时也是通过人的感觉器官，但有时也借助科学仪器。观察法可以是进行科学研究获取资料的一种最基本的方法，观察对象、观察范围、观察条件和观察方法都已提前明确。

观察法有以下特点：

（1）要在自然存在的条件下观察。进行观察时，人们对于客观事物或现象不进行干预，不改变其自然状态。在出现异常情况下的观察会影响所得资料的真实性。无论对人、对物，要尽量减少观察对他们产生的影响，尽量控制其异常情况。

（2）观察是有目的、有计划地进行的。科学的观察是观察特定的对象，时间、地点、条件等都需要事先明确。这就要求观察者观察客观、实事求是、不带个人偏见，对自然过程或现象不进行人为加工和干预地进行观察。尽量排除外界的干扰，保持注意力集中，全神贯注地搜集被观察事物的每个细节。

（3）观察要发挥主观能动性。被观察的事物一般都是客观存在的，而一般的观察很容易只注意到最鲜明和最引人关注的现象而忽略了细节，这就难以观察到现象的本质。科学的观察就要求观察者发挥主观能动性，这样才能掌握前沿的、新颖的资料。观察必须是能动的,这样才能注意新情况、新问题,提高洞察力和判断力,一旦机会出现,就能及时抓住它,并获得成功。在探索和改造自然界的一切实践中,都离不开观察,搜集材料更需要观察。

观察应遵循如下要求:第一,态度端正,要客观地不带主观框架或成见地去观察事物或现象,并实事求是地、详细地、准确地做好观察记录。这是观察者的必备品质。态度端正还要求观察时心态要合理,要客观同时又要加入理性的思考。第二,观察全面,即观察客观事物或现象时不仅要从宏观上观察,而且还要注意从微观上观察每个细节以及观察客观事物或现象间的关系;做到不漏掉一个细节,不忽视内在联系,只有这样才能使观察全面。另外,运用好的方法或者好的观察点有利于观察。

综上来看,观察法可以说具有多种优点,比如灵活方便、感官强烈、主观性较高等。但是这个方法也存在一定的局限性。第一,人的局限性,人的感知是有限的,超过一定的度,就看不见、摸不着、听不到,完全无法感觉,更无从感受。尤其是现在研究的事物越来越复杂,可以说仅仅依靠人自身的感官系统,只能获得浅显的表面的现象,不能深入其中,不得要领。第二,仪器的局限性,在许多人的感官无法到达的领域,现在都有大量的仪器可以帮助人们观察到。虽然科学技术已经发展到一个很高的阶段,但它还不是万能的,它的观察范围还是存在局限性。第三,人的主观能动性容易造成偏差,毕竟每个人的思维方式有一定的不同,对观察的结果都有自己的认识,容易造成偏差。

2. 调查

调查指对特定的研究对象进行有目的、有计划、有步骤的研究,以获取与其相关的各种事实和资料、信息的方法。它是人们认识客观规律的重要方法,也是另一种搜集第一手材料的有效方法,调查的适用范围很广,历来为人们所重视。许多研究,都是通过调查,才取得有价值的资料,取得重要成果。毛泽东同志有句名言:没有调查就没有发言权。对于学位论文写作来说,更是如此。如果想要获得新颖的材料,最好自己调查,置身于研究对象之中搜集材料。在写作中,调查可以帮助作者对客观事物有更深的了解,丰富写作素材。

常用的调查方法有全面调查、典型调查、抽样调查、重点调查等。

(1) 全面调查,亦称普遍调查,是指对一定范围内的所有对象进行调查。这种调查方法主要用于需要精确地了解事物的总体。例如我国的人口普查、经济普查等。全面调查一般都用于范围较广的调查，所以这种方法花费的人力、物力大，时间长。除了非常重要的科研项目，一般不宜采用。

（2）典型调查，指根据调查目的，在具有某种共性的总体事物中，选择有代表性的对象进行调查。从典型中寻找共性，可以在一定程度上以调查结果推断全面情况。典型调查是一种非全面调查，所以相对全面调查来说范围小，省时省力。但它存在局限性，主要是典型对象的选择容易带有一定的主观性。

（3）抽样调查，按照随机原则从调查对象的总体中，抽取作为总体代表的某些单位或者事件作为调查对象进行调查。它具有和典型调查一样的优点，通过小范围的调查，以样本的调查结果来推算总体，可以对总体有一个细致的了解。抽样调查是以概率论和数理统计为科学依据的，应用相当广泛。因为抽样调查是按随机原理抽取的，抽样误差和总体各单位之间的差异程度成正比，和抽样数目成反比，所以精确程度比较高，是一种最完善、最有科学根据的调查方法，避免了典型调查中的主观性，保证了调查的客观性。只要掌握了统计方法和技术，就能进行大规模的抽样调查。

（4）重点调查，是选中被调查总体中的一部分作为重点调查对象，这种方法可以根据调查对象的特征间接观察出总体的特性。需要注意的是，重点对象是指总体中占较大比例的事物，不一定是典型性的单位，这是与典型调查的区别。

3. 文献检索

写作论文是一项创造性的思维活动，通常是要对某个问题作出自己的理解和判断，然而任何研究活动都不是凭空进行的，它必须以前人的研究为起点。文献就是记录这些知识的载体，要进行有价值的科学研究，及时了解该研究领域出现的新问题、新理论、新观点，首先必须全面地获取有关文献，即文献检索。检索是尽快搜集和占有资料、吸收和借鉴他人成果、高速度高质量地进行科学研究的有效途径。对于学位论文作者来说，在选题阶段，通过文献检索可以了解国内外同类课题的研究情况和发展水平，以确定自己的科研起点，还可避免选题撞车，减少重复劳动，在写作阶段，需要通过文献检索间接得来的资料来证明自己的观点，丰富论文内容。另外，当今社会，科学技术迅猛发展，新观点、新技术层出不穷。在浩如烟海的文献信息中，能否快速、准确地找到所需的信息，能否以最少的时间和精力最充分地占有所需的文献资料，已成为衡量一个人科研能力的标准之一，文献信息检索技术也因而成为科研中必须掌握的重要方法与技能。

4. 实验

实验，亦称科学实验，是根据课题要求，通过一定的仪器设备，在一定的条件下，控制或干预研究对象，使某一事物或现象在有利于观察的条件下发生或重复，从而获得经验事实的一种研究方法。实验可以说是观察方法的延伸和扩充，用来克服人自身的主观限制，提高理性认识。科学实验也是获得第一手材料的重要手段，对于很多实验型论文或设计型论文来说，实验是不可或缺的。实验活动形成的资料，包括实验对象、实验条件、实验步骤和方法、实验说明、实验结果等都是非常重要的写作材料。

实验可以根据研究工作的需要，改变研究对象的自然状态，人为地规定实验环境和条件，控制实验速度等，可以较大地发挥主观能动性。实验同时又充满客观性，研究的客观事物总是变化的，所以实验得出的结论经常是矛盾的，往往需要多次反复实验。实验结果一定要准确无误，能经得起科学的检查。

三、注意事项

在搜集材料的时候要注意材料的记录，为以后的材料分析做准备。除了思考和理解材料这一过程，搜集学位论文写作材料也要多动手记录和分类。其实做好写作材料的记录实际上也就是在对材料作分析、鉴别，在有意识地进行取舍。对搜集到的直接材料和查阅到的间接材料要做到随时记录，直接材料可以最后形成笔记、报告，有一个文字性的版本，这样不容易忘记，还能对观察到的结果进行二次分析。对于查阅到的文献等，要随时记录，写笔记或做卡片等，有条件的最好将材料存储在电脑里，总之要养成动手动笔的好习惯。另外记录材料也不能随意堆砌，最好把零散杂乱的材料加以分门别类，使材料系统化、条理化，便于查找和使用。常用的方法有主题分类法和项目分类法。主题分类法指按照一定的观点或者主题给材料分组，可以参照别人的分类标准，也可以自己决定；项目分类法指按照一定的属性把搜集的材料归类。

另外，一般来说，撰写论文必须详尽地占有资料，一篇一万字左右的本科论文至少需要几万字的材料，更不用说硕士论文和博士论文需占有的资料量。面对自己搜集到的大量的资料，怎么确定已经完善没有缺失呢？至少需要明确是否包含以下五个方面的材料。

第一，第一手的参考资料。这种资料是指能够直接与论题内容相联系的一些文字资料和数据资料，比如统计材料（包括图表）、相关案例、在实践中获得的感性认识和理性认识等。作者只有依据这些，才能在论文中提出自己的观点。没有这些资料，撰写的学位论文就只能成为毫无实际价值的空谈。在收集第一手资料的过程中，需要注意应该尽早、尽快完成相关信息的收集，同时要注意其真实性、典型性、新颖性等。

第二，相关研究成果。这一部分内容是指国内外关于论题已经得出的一些研究成果以及相关的最新研究方向。通过参考前人的研究成果，可以为自己的论文提供一个较为完善、严谨的理论框架。因此，有一些前人已经深入研究过的论题就可以不再花费过多的精力进行研究学习，以相关成果为理论基础，人们可以从中得到有益的启发、借鉴和指导。同时，对于一些自己发现的新问题，或者他人提出相关研究方向但还没有深入探究的问题，则可以在他人研究的基础上再继续研究和探索。科学合理地参考他人的研究成果和研究方法，对于自己论文的撰写是有百利而无一害的。

第三，背景材料。背景知识是研究的基础，搜集和研究背景材料，有助于拓宽思路，提高论文水平。每一篇论文尤其是社科类论文，应该大力搜集大量社会、政治、经济等背景材料，从而容易取得深入的研究成果。

第四，交叉学科知识。随着科学技术的发展，人类的知识体系也在朝着更细化、更交叉的方向前进，学科的传统分界正逐渐被打破，学科的概念也变得模糊，开始出现众多复杂纷乱的分支学科及交叉学科。这是科学发展的必然结果，具有重要的意义。论文作者努力扩大自己的学习范围，不断积累与自己研究论题相关的交叉学科知识，对于自己所要进行的学科研究、课题研究大有好处。它可以使研究视野更开阔，分析的方法更多样。一般来说，现在写一篇学位论文都要用到很多学科的知识，掌握多种学科的知识，有助于自己的研究有更宽的视野，容易写出高质量的论文。

第五，相关名人名言、政策资料等。我们可以用名人实例或者名言来论证论文的观点，因为名人名言极具权威性，对准确有力地阐述论点有很多益处。至于党的有关方针、政策，既体现了社会主义现代化的实践经验，又能反映出现实工作中面临的多种问题，因此，研究一切现实问题都必须据有和清楚这方面的材料，以防论文出现大的缺陷。

第三节 分析材料

在搜集到大量的材料后,这些材料一般是零散且互不相关的,同时不是所有的材料都能写到学位论文中去。因此要将这些材料进行整理、鉴别和分类,使所得的材料条理化、系统化,加深对材料的进一步认识和理解。在确定了主题和思路后,再选择性地把材料写进论文中去。需要注意的是,在整理材料过程中,如发现某方面的材料有欠缺,还需及时搜集和补充。

一、整理材料

整理材料是分析材料工作很重要的一环,起到承上启下的作用。该部分工作主要是作者自己对在观察、调查、实验等活动中所获得的直接材料和查阅文献所搜集的间接材料进行整理,以形成系统性的新材料,提升自己的认识,以期形成新的观点。这里的整理材料不只是简单的分类,还需要对材料核对考据,取精去糟,汇总加工。然后,再把那些零散杂乱的同类材料汇总综合。这样这些材料就形成了一个整体,可以进行进一步的研究分析。

常用的整理方法有比较法和综合法。

比较法就是将所搜集到的两种或两种以上的同类材料进行分析比较,以鉴别材料的真伪、价值的高低、作用的大小或新颖程度等。这样的比较,可以去假取真,对材料又能有一个新的认识,可以得出新的材料和新的观点。同时,论文的各种材料能相互支持,表达统一的主题,否则会出现彼此矛盾、对立、排斥的现象。用比较法整理,可以得到更详细的分类,比如各种数据之间的计数和计量分类,各种定性材料之间的主题分类和年代分类。

综合法,又称归纳法,指把占有的一系列材料进行概括分析,得出一般性的见解。按照这个一般性的见解,把不同特点、作用、性质、来源、背景的材料多角度(正反对比、具体和综合等)地组合形成新材料。这样的材料联系密切,合理有效,而不是简单地罗列拼凑。

在进行材料整理的时候一般同时使用两个方法,用比较法可以将材料分门别类，以一个或者几个方案表示出来；而用综合法可以对相似或者相反的材料进行组合，为写作论文选定材料作铺垫。

二、选用材料

对于大量整理出来的材料，能应用于写作的还是有限的。太少的材料突出不了主题，也起不到强化结构的作用，很难得出科学的结论；而选用过多的资料，即便可以增强论文的说服力，也可能因为搜集过多价值不高的重复资料而浪费许多精力，另外材料过多有时甚至会起到相反的作用。这就涉及一个材料选用的问题。我们要根据论文主题和结构来选用材料，该占有的一定占有，不该占有的必须放弃。占有材料并不等于能够很好地选用材料，只有经过认真领会、理解消化、灵活运用于学位论文写作之中，为说明问题、确立论点服务，才算很好地利用了材料。下面介绍应注意的几大原则：

1. 围绕主题，选用最能证明论点的材料

所选材料必须紧紧围绕主题，为表现和论证主题服务。凡是能有力地说明、突出、烘托主题的材料就选用，否则就断然舍弃，这是选用材料最基本的原则之一。

一个观点之所以能成立，被人们接受，是因为有确凿可信的材料支持它。学位论文的中心论点一旦确定，材料必须服从于这个中心。什么资料可用，什么资料不能用，都要根据这个中心论点来决定，不能选用不能充分证明观点的材料来牵强附会。如果不适用的资料塞入过多，虽然扩大了篇幅，但容易导致论文中心被冲淡，论文质量降低，效果就适得其反。

遵照这一原则选用材料，材料和观点就有高度的统一性。材料是观点的根据，材料可以很好地说明主题、论述观点，论文的表达就能更加圆满、全面。

2. 选用真实可靠的材料

真实性是论文必须具备的要点，是保证论文真实性的前提。因此，论文所参考选用的材料必须是真实可靠的，必须是客观的，是能反映事实真相的材料。

选择资料要有根有据，采用的第一手资料要有来历。对于写入的一系列数据、方法等必须是经过多次验证的，而得到这些事实、数据的方法也是确实可行的,也就是说,如果别人用同样的方法也会得到同样的结果。选取的第二手资料则一定要与原始文献认真核对,以求得最大的准确性,比如引用的历史人物、事件、时间、地点、数字、引文等必须认真核对,不能出现误差,这样的论文才能令人信服。

要建立科学、客观的学习态度,对于材料的选择和分析不能有先入为主的思想,夹杂个人的好恶与偏见,甚至是歪曲资料本来的客观本质,比如社科类的论文。对资料来源要加以辨别,弄清原作者的政治态度、生活背景、写作意图,并加以客观的分析、评价。

选用的材料真实与否直接关系论文的成败,只有从真实可靠的材料中才能引出科学的结论。

3. 选择典型的材料

典型材料是指能深刻反映事物本质、具有广泛代表性和说服力的材料,能集中地表现论文主题的材料。围绕主题选材是最基本的,也不可能把所有与主题有关的材料都写进去,必须精选典型材料,这样才能对论文的理性认识有更充分的影响力,典型材料数量可以不多,但其产生的逻辑力量和效果却是很明显的。

4. 选用新颖生动的材料

撰写学位论文,选用的材料要新颖。如果材料新颖,能够引人注目,能增强论文的现实性,使人耳目一新。所以在写学位论文时,要注意发现新生事物,选择这方面的材料。要写别人没有写过或很少写到的人和事,要从不同的角度选材,给人以新鲜的感觉。要注意选择新出现的有特色的材料,有的学位论文材料选用不够新颖,而是用一些过时的陈旧的事例,看上去都是似曾相识,摆出的材料是陈词滥调,没有新鲜感和现实性,文章就显得没有说服力。

材料的新颖度,不仅仅对信息的有效时间有要求,更需要结合自己的论题需要从已有的信息中发掘新的东西。新颖包括两方面的含义:一方面是指前所未有,近期才出现的新事物、新思想、新发现、新方向;另一方面是指某种事物虽早已存在,但人们尚未发现其价值,这同样是新颖的资料。

5. 要根据论文结构来选用材料

根据论文结构来选用材料,可以最大程度地利用材料。具体来说,可以根据结构,安排材料详略得当:重点材料详,次要材料略;具体材料详,概括材料略等,这样材料的运用也能完整、有深度和宽度。

练习题

1. 提前准备材料的意义是什么?
2. 材料搜集的原则有哪些?
3. 材料搜集的方法有哪些?

第十五章
研究方法的确定

 本章概要

研究方法是指在课题研究或论文写作当中研究具体问题所用的工具和手段。确定合适的研究方法在论文的写作中至关重要。一般的选择原则是根据研究内容的特点、写作者自身的爱好和写作的预期截止时间等。在实际的写作中,针对具体问题可以选用一种方法来进行研究,也可以多种方法结合进行研究。

本章主要介绍学位论文写作中常用的研究方法以及如何来确定研究方法。

📖 **学习目的**

◇ 了解常用的研究方法
◇ 了解在论文写作过程中如何确定研究方法

 内容框架

研究方法的确定 { 常用的研究方法
如何确定研究方法

第一节 常用的研究方法

一、调查法

调查法是目前科学研究中最为常用的方法之一。它是对研究对象的现实状况或历史状况的相关材料进行有目的、有计划、系统地搜集整理的方法。

调查法也是科学研究中常用的基本研究方法,它综合运用观察法、历史法等方法以及问卷、谈话、测验、个案研究等科学的方式,对研究对象进行周密的、有计划的和系统的认识,并对调查过程中搜集到的相关资料进行综合、分析、归纳、比较,从而为人们提供规律性的知识。

调查法中最常用的是问卷调查法,它是一种通过书面提问题的方式来搜集资料的研究方法,即调查者就所调查项目的内容和问题编制成相应问卷,通过访问或者将问卷分发、邮寄给有关专业人员,开调查会等方式来收集能够反映所研究现象的材料,然后回收整理、统计、分析和研究。

二、观察法

观察法是指研究者根据一定的研究目的、研究提纲或观察表,制定一定的计划,对研究对象用自己的感官和辅助工具进行直接的、连续的、系统的观察分析,从而直接获得原始资料的一种方法。

科学的观察法具有系统性、计划性、目的性和可重复性。在调查研究、科学实验中,观察法具有如下几个方面的作用:扩大人们的感性认识;启发人们的思维;导致新的发现。

三、实验法

实验法是通过主动变革、控制研究对象有目的、有计划地观察和确认事物间因果关系的一种科研方法。其主要特点如下：

第一，主动变革性。调查法和观察法都是在没有人为影响研究对象的前提下去认识研究对象，发现研究对象的性质、特点等。而实验法却要求有计划地主动控制实验条件，人为地控制研究对象的存在方式、变化过程，弄清每一变量结果的影响，使它服从于科学认识的需要。

第二，控制性。科学实验要求根据研究的需要，借助各种方法、技术手段，减少或消除各种可能影响实验结果的无关因素的干扰，在简化、纯化的状态下认识研究对象。

四、文献研究法

文献研究法是根据相关的研究目的或课题，通过阅读相关书籍、查阅相关资料和文件、调查相关文献来获得资料，从而全面地、正确地认识和掌握所要研究问题的一种方法。

文献研究法被广泛用于各种学科研究中。其作用如下：

①能了解有关问题的历史和现状、前因和后果，帮助确定研究课题。②能形成关于研究对象的一般印象，有助于观察和访问。③能得到实际资料的对比资料。④有助于了解认识事物的全貌。

五、实证研究法

实证研究法是科学实践研究的一种特殊形式。其依据现有的科学理论和实践的需要，提出设计，利用科学仪器和设备，在自然条件下，通过有目的、有计划、有步骤地操作，根据观察、记录、测定与此相伴随的现象的变化来确定条件与现象之间因果关系的活动。主要目的在于说明各种自变量与某一个因变量的关系。

六、定性与定量分析法

定性分析法就是对研究对象进行"质"的方面的分析。具体地说是运用调查、实验、运用归纳和演绎、分析与综合以及抽象与概括等方法，对获得的各种材料进行思维加工、统计分类,从而去粗取精、去伪存真、由此及彼、由表及里,达到认识事物本质、揭示内在规律的目的。

在科学研究中,通过定量分析法可以使人们对研究对象的认识进一步精确化,以便更加科学地揭示规律,把握本质,理清关系,预测事物的发展趋势。

七、数学方法

数学方法就是在撇开研究对象其他一切特性的情况下,用数学语言和工具对研究对象进行一系列量的处理(包括推导、分析、演算等),从而做出正确的说明和判断,得到用数字形式表述的结果。质和量是科学研究对象的统一体,研究对象的质和量是相互制约紧密联系的。要想真正达到对事物的科学认识,不单单要研究其质的规律性,还必须重视对其量进行分析与研究,以便更准确、全面地认识研究对象的本质特性。数学方法主要有模糊数学分析和统计处理等方法。

八、跨学科研究法

跨学科研究法是运用多学科的理论、方法和成果从整体上对某一研究对象或课题进行综合研究的方法,也称"交叉研究法"。科学发展的内在运动规律表明,科学在高度分化中又高度综合,形成一个统一的整体。据相关研究机构统计,现在世界上有2000多种学科,事实上,学科继续分化的趋势还在加剧,但同时各学科之间的联系愈来愈紧密,在方法、语言和某些概念方面有日益统一化的趋势。

九、其他研究法

1. 个案研究法

个案研究法是只针对研究对象中的某一特定的对象,深入调查和分析,弄清其特点及其形成过程的一种研究方法。个案研究有三种基本类型:个人调查,即对组织中的某一个人进行调查研究;团体调查,即对某个组织或团体进行调查研究;问题调查,即对某个具体现象或问题进行调查研究。

2. 功能分析法

功能分析法在社会科学领域应用较为广泛，其主要用来分析社会现象，是社会调查常用的分析方法之一。功能分析法通过阐述说明所研究的社会现象怎样满足一个社会系统的需要（即具有怎样的功能）来解释社会现象。

3. 数量研究法

数量研究法又称"统计分析法"和"定量分析法"，指通过对研究对象的规模大小、涉及范围、影响程度、运行速度等数量关系的分析研究，认识和揭示事物间的相互关系、变化规律和发展趋势，借以达到对事物的正确解释和预测的一种研究方法。

4. 探索性研究法

探索性研究法是一种高层次的科学研究活动。它运用已有信息，探索、发展、创造新知识，产生出新颖而独特的成果或产品。

5. 模拟法

模拟法是先依照原型的主要特征，创设一个相似的模型，然后通过模型来间接研究原型的一种方法。根据模型和原型之间的相似关系，模拟法可分为物理模拟和数学模拟两种。

6. 信息研究方法

信息研究方法是利用信息和信息技术来研究系统功能和特性的一种科学研究方法。美国数学家、通信工程师、生理学家维纳认为："客观世界存在着普遍的联系，即信息联系。"当前，人类正处在"信息革命"的新时代，人类活动产生了海量信息资源，且这些信息里蕴藏着大量的"信息宝藏"，可以开发利用。信息方法就是根据信息论、系统论、控制论的原理，通过对信息的收集、传递、加工和整理获得知识，并应用于实践，以实现新的目标。信息研究方法是一种较新的科研方法，它运用信息来研究系统的功能，揭示事物更深一层次的内在规律，帮助人们提高和掌握运用规律的能力。

文献检索与论文写作

7. 经验总结法

经验总结法是研究实践活动中的具体情况,然后进行分析与归纳,使之系统化、理论化并上升为经验的一种方法。总结并推广先进经验是人类历史上长期运用的较为行之有效的领导方法之一。

8. 描述性研究法

描述性研究法是一种较简单的研究方法,它是将已有的理论、规律和现象通过自己的理解和验证,给予详细的叙述解释。描述性研究方法是对各种理论的一般叙述,但更多的是阐述和解释别人的论证,然而这种方法在科学研究中却是必不可少的,在各个研究领域都有应用。它的优势在于能够定向地提出问题、描述现象、揭示弊端、介绍经验,它有利于普及工作,现实中也有大量应用的实例:有对实际问题的说明;有带揭示性的多种情况的调查;对某些现状的看法等。

思维方法是人们正确进行思维和准确表达思想的重要工具,在科学研究中,归纳演绎、抽象概括、类比推理、分析综合、思辨想象等是最常用的科学思维方法。它对于所有的科学研究都具有普遍的指导意义。20世纪,系统论、信息论、控制论等横向科学的飞速发展,使综合思维方式的快速发展有了强有力的手段,科学研究方法也得到了不断完善。而以系统论方法、信息论方法、控制论方法为代表的系统科学方法,又为人类的科学认识提供了强有力的主观手段。它不仅突破了传统方法的局限性,而且深刻地改变了科学方法论的体系。这些新的方法,既可以作为经验方法,作为获得感性材料的方法来使用,也可以作为理论方法,作为分析感性材料上升到理性认识的方法来使用,而且作为后者的作用比前者更加明显。它们适用于科学认识的各个阶段,因此,我们称其为系统科学方法。

第二节 如何确定研究方法

一、根据研究内容的性质选择研究方法

在选择具体的研究方式和手段之前,可根据论文写作的内容确定研究的性

质，即学位论文是属于现状研究、比较研究还是发展研究。根据研究内容的性质就能够初步确定选择研究方式的方向。具体有如下原则：

其一，现状研究类课题，一般可采用观察法、调查法和测量法。

其二，比较研究类课题分两种情况：如果是因果比较，一般采用实验法；如果是相关比较，可采用调查法、测量法和教育比较法等。

其三，发展研究类课题主要研究某一教育现象随着时间变化而表现出的特征和规律，从而推断未来某一时期的教育发展趋势与动向，一般可采用文献法、调查法、行动研究法、个案跟踪法和实验法等。

二、根据研究的目的确定研究方法

在确定研究方法之前，可根据论文写作的目的列出论文的整体框架，明确研究的目的，根据研究的目的，也就是对问题的解决要达到什么程度，来确定具体的研究方法。若是考察研究现状和进展，选用文献研究方法就可以了；若是要验证一个新的方法，那就必须要用实验法了；若是要了解当前大学生就业情况和教师指导学生学习的现实状况，就需要用调查研究的方法；等等。可见，研究方法的选择与确定也要结合选题进行深入研究。一般来说，在研究方案中一看研究方法就知道这个课题是哪一类研究，想要达到什么目的。

三、根据研究问题选取多种研究方法

方法是解决问题的途径，针对选题，究竟应该选用什么方法，应以"问题"为中心去思考和选择，不能以"方法"为中心去思考问题，是用调查的方法、实验的方法，还是用经验总结、理论研究的方法，完全要从所要解决的"问题"出发。比如，"提高地震灾害应急物资响应时间的方法研究"课题，用文献研究方法可以，用调查研究方法可以，用实验研究方法同样可以。这就给研究者很大的选择空间。

然而对于有些问题的研究只用单一的研究方法远远不足以完成课题的研究，导致问题局部闭塞，使问题的解决陷入困境，考虑多种方法的组合应用往往是解决复杂问题的关键。在实际应用中，普遍的做法是把前一种方法的输出作为后一种方法的输入这种多方法组合应用模式。多种方法的组合有时候不仅仅可以使问题清晰明了，常常也会减少研究环节，使研究更简单。

四、根据研究者个人的偏好和能力选择研究方法

事实上，在具体的研究中可供选择的研究方法有很多，这些研究方法无优劣之分。研究方法的确定，既取决于研究的内容，同时也要考虑研究者的特长、偏好和工作实际。

选择研究方法的基本原则大体如上所述，但它们只是一种原则性、方向性的建议。在实际选择中，要具体问题具体分析。因为，实际问题的成因是复杂的，多数问题不是一种方法就能解决的，而研究的对象、研究的过程也是复杂的，因此，研究方法也应该多种组合。

 练习题

1. 常用的研究方法有哪些？
2. 一般如何确定研究方法？

第十六章
写作要求

 本章概要

　　在确定主题及选定材料之后,就开始进行具体写作工作。写作阶段也就是通过学位论文把作者的研究以文字的形式表达出来,这是一项艰苦的工作。论文必须是形式和内容的统一,内容就是确定的主题和选定的材料,而形式就是写作,所以规范写作是必须的。写作论文必须要明确写作布局(构思、结构等),同时还要注意文风以及学位论文这一规范问题的特殊要求。

学习目的

◇ 了解学位论文写作布局的基本要求
◇ 了解学位论文的构成要素及各要素写作格式的基本要求
◇ 了解学位论文表述方式的基本要求

 内容框架

写作要求 { 写作布局 / 写作格式 / 表述方式

第一节　写作布局

一、写作构思

写作布局是作者的思路和组织才能的体现，是论文正式撰写最重要也是最开始的一环。首先构思必须明确，然后才能根据思路组织结构写作。思路是作者对客观事物认识的顺序，思路可以是纵向的，研究事件的发生、发展直至结局；也可以是横向的，了解事物的正面、反面、侧面，即事物涉及的其他方面对其影响。思路的实质是作者对客观事物认识的反映，同时，思路又反映作者思维的严密程度。作者对其所研究的客观事物研究得越具体、越细致、越深刻，写作思路就越清晰、越明朗，其编排结构就必然有条不紊，写起来也顺手自如；若思路不清，结构必然零乱，写不成好的篇章。所以，精心构思是一篇论文形成的保证，是写作过程中的关键步骤。基本构思要求如下：

1. 构思要围绕主题展开

每篇学位论文都是一项科学研究工作，论文主要的作用就是阐述某一观点，这就是论文的主题。所以要使学位论文条理清晰、脉络分明，必须要使全文有一条线贯穿主题。这是学位论文与其他文体在本质上的不同，作者围绕研究领域的某一问题进行研究或展开讨论，反映出作者对所研究问题的深度与广度，是其学术见解与专业素养的集中体现。所以在正式动手写作论文之前，必须先围绕主题进行构思，才能做到论文内容为主题服务。

2. 思路必须完整、严密

在论文写作之前的构思中，对论述的问题需要具有一定的逻辑顺序与内在联系，符合科学研究和认识事物的逻辑规律。有时会用纵向思路，有时也会运用横向思路，这就容易形成几种写作方案。但不管属于何种情形，都应保持自己的思路合情合理，连贯、完整、严密。写作思路的经历一般是一个由庞杂到单纯、由千头万绪到形成一条明确线索的过程,其逻辑结构层层推进,最终实现由问题到结果的导出。

二、写作提纲

从写作程序上讲,写作提纲的拟定是动笔行文前的必要准备,是作者谋篇构思的具体体现。提纲是一篇学位论文内容的结构骨架,由论题与一系列论点按一定逻辑顺序组成。在正式撰写学位论文之前先拟定写作提纲,可以保证文章层次清晰、内容连贯、逻辑清晰、重点明确,便于在正式写作中安排材料、展开论证,可以极大地帮助作者锻炼思想,提高构思能力。这一办法是被长期实践证明的有效办法。

第一,因为学位论文的写作是一个复杂烦琐的工作,不能像写诗、散文那样随感而发,信手拈来,需要用大量的材料、较多的层次、严密的推理来展开论述,从各个方面来阐述理由、论证自己的观点。写作提纲,类似一张建设蓝图,可以帮助作者提纲挈领,掌握全篇论文的基本骨架。

第二,拟制整个写作提纲之前,应首先确定全文的中心论点。其次确定文章架构,即总论点、分论点与论据的逻辑顺序。之后将分论点与论据具体写至三级标题,在写作时只需要运用一些简单的句子或词组加以提示即可,工作量并不大,也容易办到。最后反复修正、增减提纲内容,直至完善。

第三,提纲作为文字性的东西保持,可以起到记忆性的作用,以保持作者原有思路。

写作提纲的拟定非常重要,一个好的提纲使总论点和分论点有机地统一起来,使论文的结构完整统一,然后按照各部分的要求安排、组织、利用资料,取舍得当,最大限度地发挥资料的作用。

三、结构要求

结构的基本内容主要包括层次、段落、过渡、照应、开头、结尾等几个方面。

1. 论文结构要为表达主题服务

主题是文章的中心,是灵魂、是统帅。要写好论文,就要抓住中心。写作布局的目的是为了表现主题；安排结构是为使主题有所寄托。如果离开主题去孤立追求什么结构形式，必然是舍本逐末，收不到预期效果。因此，论文的结构包括层次的确定、段落的排列，叙述的前后与详略等都应紧扣主题，为表达主题服务。

2. 论文结构必须具有一定的逻辑顺序

文章采用的基本推理形式，决定文章的内在结构形式，文章的结构也影响论文的思路。也就是说，论文作为一种想法的表达，其结构顺理成章，依理定型，有一定的逻辑顺序。

3. 论文结构要有层次、有条理

文章结构要有层次、有条理。首先，学位论文的结构形式已程式化，是由绪论、本论和结论三部分组成。绪论是论文开头部分，其作用是提出问题或点出中心论点。本论是分析问题、论证中心论点的主体部分。结论是论文的结尾部分。其次，材料之间的相互关系不同，处理方式也不同，不能错乱；反之则层次不清楚，不具有条理性。所以应将其中的相互关系理清楚，并在结构中体现出来。

4. 论文结构必须完整统一

结构是文章内容的组织安排形式，论文的结构应顺畅有序，层次清晰，前后呼应，合乎逻辑，完整统一。这就要求结构符合以下几点：第一，结构完整，指论文的开头、中间和结尾，缺一不可，协调一致，前后呼应。第二，各层次要明白清晰，无重复或相互矛盾的地方，也无缺少或多余之处，在意思上连贯通畅，达到了各分论点的证明要求。第三，各层次之间的过渡与照应得当，起承转合自然得体，各段落之间衔接紧密。总之，一定要使结构安排得首尾圆合，严谨周密，通篇一贯，浑然一体，达到高度的完整和统一。

第二节　写作格式

由于学位论文文章的具体格式有其特定的规范与要求，根据国家标准《科学技术报告、学位论文和学术论文的编写形式》（GB7713—87），学位论文构成要素包括以下部分：

一、前置部分

1. 封面

封面是学位论文的外表面，起到保护正文的作用并注明相关信息。封面内容可包含如下信息：

（1）分类号。一般应注明《中国图书资料类法》的类号并应尽可能注明《国际十进分类法UDC》的类号，在论文封面左上角标注。

（2）本单位编号。一般标注于右上角。

（3）密级。根据国家规定的保密条例，在封面右上角标注。如系公开发行，则无须标注。

（4）题名和副题名。用大号字体标于封面明显处。

（5）卷、分册、篇的序号和名称。如系全一册，无须此项。

（6）责任者姓。包括作者、作者导师、评阅人等，必要时需注明相关责任人的单位名称、职务、职称、学位等。

（7）申请学位级别。按《中华人民共和国学位条例暂行实施办法》中规定的名称标明。

（8）专业名称。指学位论文作者所在的专业名称。

（9）工作完成日期。包括论文提交日期、答辩日期与学位授予日期。

2. 封二

可在论文封二标注相关版权规定与其他应注意事项等。

3. 题名页

题名页上应注明名称和序号，置于封二和衬页之后，学位论文如分装两册以上，则每一分册均应各有其题名页。

4. 题名

题名又称题目、标题、篇名等，包括正题名与副题名，其中副题名可根据需

文献检索与论文写作

要选择是否添加。题名是对学位论文内容最简洁与恰当的反映，并具有画龙点睛、启迪读者兴趣的作用。题目用词尽量精练，字数要少，一般不超过20个字，并且在写作时要避免化学结构式、数学公式、非常见缩略词、首字母缩写、代号等。

5. 摘要

摘要是对论文内容的简要陈述，是对论文精华内容的高度浓缩，并且注意在摘要陈述时不应有作者的主观评论。

在中文摘要后通常还附有外文摘要，且多为英文摘要。

论文摘要内容具有独立性与自明性，包括作者的研究内容、研究方法与结论，拥有与一次文献同等量的主要信息。它回答了研究什么、如何做以及得到什么这三个问题。

中文摘要一般为 200~300 字；外文摘要不宜超过 250 个实词。

摘要中不要使用图、表、化学结构式、非公知公用的符号和术语，不使用一次文献中列出的章节号、图号、表号、公式号、参考文献号等。

排除在本研究领域已成为常识的内容。

论文摘要可用另页置于题名页之后。

6. 关键词

关键词是为了满足文献标引与检索的需要，从论文题名、摘要、主体、结论内容中选取出可用来表示全文主题的单词或术语。关键词对词性没有具体要求，可以是名词、动词、形容词、复合名词等，其中使用较多的是名词与复合名词，其他词性相对较少。一篇论文一般选取 3~8 个关键词，格式上作为独立部分排在摘要段落之后。

在撰写关键词时要选择意义确定的词语，避免概念含糊的词语出现。词义相近的关键词不能同时出现，要避免重复。在关键词选出后要根据论文主题内容进行逻辑排序，通常遵循研究对象、目的、方法、结果和结论的顺序进行。

7. 目录页

以另页排在摘要之后，由论文的章、条、款、项、附录等内容的序号、题名与页码组成。

8. 插图与附表清单报告

如果全文中的图表较多，可分别列出图表清单，置于目录页后。其中图清单包括序号、图题和页码，表清单包括序号、标题和页码。

二、正文部分

1. 引言

引言作为论文的开头，其作用是表明作者研究的目的、范围、理论基础、研究设想、研究方法、预期结果与意义等。引言内容应不与摘要内容雷同且不是摘要的注释，要做到简明扼要、言简意赅，字数通常控制在 200~600 字范围内，最多不超过 1000 字。在学位论文引言中关于历史回顾和表明前人工作成果的评述与分析等，可以独立成章进行描述。在评述他人研究工作时应客观中肯，防止吹嘘自己和贬低他人。

在撰写引言前作者需要系统查阅文献，对前人的研究有基础性的了解，这样才能确保在写作中做到内容全面、层次分明。

2. 正文

正文是论文的核心内容，它详细地回答了如何做以及所得到的成果，其内容可包括研究对象、实验方法、材料原料、实验与观测结果、计算方法和编程原理、数据资料、相关图表、形成结论等。由于研究工作涉及的学科、选题、研究方法、工作进程、结果表达方式等有很大的差异，对正文内容不能作统一的规定。但是内容必须做到有理有据、客观真切、合乎逻辑、层次分明。在对已有知识进行描述时要避免重复论证，尽量采用参考文献标注的方法；在数据、资料的选取上要尊重客观事实，对资料或数据的取舍不能主观决定，并且不能忽视偶发性的现象或数据。因此，论文的正文内容标志着整篇论文的学术水平。

由于研究所涉及的学科、领域、专业、课题等不尽相同，并且研究方法和相关研究结果的表达方式有差异，所以不同类型学位论文的正文写作方法也各不相同。下面试将几种主要类型论文正文内容要点列出，供写作时参考。

（1）实验型学位论文的正文。实验型论文正文的核心内容就是实验，通过实验设计和实验方法对研究对象进行观测,最后对实验结果进行分析。实验型论文包括两种类型:一类是论文着重介绍实验本身,重点在说明实验装备、实验方法和实验内容;另一类是论文重点通过对实验结果和对在实验过程中出现的有研究价值的问题进行分析与研究,进而揭示研究对象的本质或规律。

实验型论文的格式一般包括以下内容:①实验对象(材料)。包括实验用的原料、样品、试剂等,其中标准产品需列出型号与规格,非标准品还需说明其物理性能、化学成分、制备方法、功能特点等。②实验装量和方法。包括实验过程中使用的装置及其精度,对通用设备和仪器要注明型号,对自制设备需作简单说明并附原理因式构造图。③实验结果。对所取得结果作出说明,比如对实验中测得的数据进行科学处理,形成能反映研究对象本质与特征的图表,然后分析说明。④理论分析。要对实验结果进行深入分析,揭示研究内容的本质规律等。如果出现同作者预期不一致的结果,应作出合乎逻辑的解释,或提出新的假设等。

(2) 理论型学位论文的正文。理论型论文是以理论阐述为主的论文。其一种类型是以抽象的理论问题为研究对象,可以完全不涉及实验;另一种类型虽涉及实验,但是实验部分不是论文的核心,实验只用来作为假说的出发点和理论或结论的依据等。

理论型论文的正文一般包括以下内容:①从研究出发或从实验出发,运用已有且公认的理论、实物等对所研究课题进行逻辑推理、理论分析,或提出新的假设、建立新的模型进行计算等。②实验(或仿真)结果与分析。③结论。

(3) 设计型学位论文的正文。设计型论文的核心是对所研究课题进行设计,选出最佳方案,并通过设计说明(理论分析或实验论证)对方案进行全面论述。

设计型学位论文的正文一般包括以下内容:①理论分析;②方案设计及其理论依据;③采用的工艺方法、实验材料等;④结果与性能分析;⑤结论。

(4) 描述型学位论文的正文。描述型论文的核心是对新发现的或观察到的客观现象或事物进行描述和说明,指明客观现象,证明其价值。

描述型学位论文的正文一般包括以下内容:①研究对象与方法;②观察的描述和说明;③结果与讨论。

3. 图

图包括曲线图、构造图、示意图、图解、框图、流程图、记录图、布置图、地图、照片、图版等。图的题名与编号应置于图片之下。必要时还要通过简洁的文字描述将图上的符号、标记、代码、实验条件等进行图例说明，并将其描述置于图片的题目之下。

4. 表

表要具有自明性，表中内容一般是由左至右横读，数据依序竖排。论文中每一表格均有题名，连同表号置于表上。必要时通过简洁的语言作为表注将表中的符号、标记、代码、说明事项等标于表题下。表内附注的序号宜用小号阿拉伯数字并加圆括号，置于被标注对象的右上角。表中的缩略符号必须与正文一致，且表内同一栏的数字要上下对齐。

5. 公式、算式或方程式

正文中的公式、算式或方程式等应编排序号，序号标注于该式所在行的最右侧。较长的式应另行居中横排。式子转行只能在 +、-、×、÷、<、> 处进行，上下式之间在等号"="处对齐。

6. 计量单位

学位论文必须采用《中华人民共和国法定计量单位》中的要求进行使用，此外还要遵照《中华人民共和国法定计量单位使用方法》。单位名称与符号的书写方式需采用国际通用符号。

7. 符号和缩略词

符号和缩略词应符合国家相关标准的要求。在引用某些较为生僻或系作者自定的符号、记号、缩略词、首字母缩写字等时，应在第一次出现时说明相关含义。

8. 结论

结论是对正文中实验结果和讨论过程的总结，它不是研究结果的简单重复，而是对研究结果更深入一步的认识，进而形成作者的总体观点。其内容要点应包括论文研究结果说明的问题、得到的规律性内容、解决的理论或现实问题、研究的不足之处与遗留问题等。结论内容应该做到完整、准确与精练，避免冗长拖沓。对成果的评价应该公允恰当。如果通过论文内容导不出相应的结论，则可以没有结论，但必须要进行分析与说明。

三、结尾部分

1. 参考文献

参考文献又叫参考书目，列在学位论文正文之后，用来表明作者写作论文的过程中查阅参考过的相关专著、文献、论文、期刊等。它说明了学位论文研究的科学依据，是对前人成果与著作权的尊重与肯定，同时便于读者查阅原始资料。论文所列的参考文献必须是与本论文内容密切相关的主要文献，应做到全面准确，多参考近年来发表在权威期刊上的文献。所列参考文献应注明书名或篇名、作者、出版者和出版年份等。

2. 附录

附录是对学位论文主体的补充项目，不是必要组成部分，它是把一些不便于写入正文的有关资料另行编号排列，附于论文主体之后，不是必要的组成内容。比如重要的原始数据、数学推导计算过程、工艺文件、计算机输出结果等；对于一般读者非必要但对于专业同行学者具有参考价值的资料；不便于编入正文的罕见珍贵资料等。

附录中图、表、公式、参考文献等的序号要与正文分开，另行编制。

3. 感谢

作者为了向在论文写作过程中给予过指导和帮助的单位和个人表示谢意，同时也是对他人贡献的一种肯定，可在论文正文之后书写一段致谢词。致谢是作者可以选择的部分，并非强制性内容。在写致谢词时应真挚诚恳，有分寸，常用"深表谢意""谨致谢忱"等词。

第三节　表述方式

论文表述方式是指表现论文内容的方式和方法。如何用科学的语言将论文的主题、材料、结构表述出来，则就要靠表述方式的运用。

一、表现手法

1. 议论

论文最主要的任务就是要组织论证、以理服人、围绕论点、通过运用论据开展论证过程。议论是一种评析、论理的表述方法。议论分为两大类，即"立论"和"驳论"。立论称"证明"式文章，驳论称为"反驳"式文章。在说理性的文章中，议论是一种主要的行文方式，它要求论点明确、论据充分、论据周密。

议论的特点是用说理的办法，以概念、判断、推理等逻辑形式，直接对客观事物进行分析、评论、证明。在写作时，更要进行议论，以交流思想、宣扬观点、阐明理论来影响读者。学位论文的"论"包括三要素：论点、论据与论证。论点就是作者的观点，论据是证明观点的证据，论证就是用论据说明论点正确或反驳论点错误的过程。

（1）论点是文章的灵魂，是选择材料的依据，是论证的出发点和落脚点，在全文中起统率作用。写作时注意：论点应正确、鲜明、有现实意义；论点一经确立，在写作时就必须紧紧把握住中心论点来选择结构，不能缩小、扩大或者转移论点；对提出论点的方法进行恰当的选择。

（2）论据是论点的基础。论点是在论据的基础上推论出来的，没有充分可靠的论据，论点只是一个空洞的口号，因此论据在议论中十分重要。

（3）论证是组织论据、证明论点的方法，它好像一条线，把论点和论据有机结合起来。论证方式有归纳论证（归纳法）、演绎论证（演绎法）、类比论证（类比法）、引证论证（引证法）、因果论证（分析法）、举例论证（例证法）等。论证方法有以下几种：

第一种，证明（立论），是指正面阐述自己的观点，说明它是正确的，从而把论点建立起来。证明又称"立论"。

1）举例：是一种用真事实例作为论据进行立论的论证方法。夹叙夹议，就是用"叙"表述事实材料，提出论据"议"进行评论，证明自己的观点。

2）分析：是一种通过分析问题进行论证的方法。要求作者分析问题、剖析事理，来揭示论点和论据间的因果关系，从而证明观点的正确，以确立论点。

3）引证：是一种通过引用经典名言或科学公理、常识常理作为论据来证明论点的论证方法。要注意的是，被引用的言论、事理必须经得起考验，是客观真理，还要注意引用不可过多。

4）对比：也是一种例证法。它与一般例证法不同的是除了举例外，还要用事例加以比较，突出事物本质，确立论点。这种方法的好处是，在比较之中，容易开启人们的思想，扩展人们的眼界。它比一般论证包含更丰富的内容，因此道理也说得较为透彻。

5）类比：是一种通过打比方来证明论点的方法，是一种形象化的论证方法。论证时可以讲故事、打比方、引用成语典故，以此说明抽象的道理。

第二种，反驳（驳论），这是一种反证法，作者通过议论，设法证明对方论点是错误的，从而驳倒对方，树立起自己的正确论点。反驳有三种方法：

其一，反驳对方论点，即直接反驳对方论点的错误。具体写法：①用事实证明对方论点错误，这是例证法在反驳中的运用，但这里不是用事实证明什么对，而是证明什么错。②剖析论点的错误及危害性。③引申对方论点，以暴露其谬误。④建立对立的新论点，以驳倒对方论点。

其二，反驳对方论据。错误的论点有时是建立在虚假、错误论据基础上的，有时是捏造的事实和理由。从反驳这些论据入手，将对方的论据驳倒了，其论点也就无法成立。

其三，反驳对方的论证。错误的论点，有为它服务的论据，也有它的论证过程。对方论证过程中的逻辑推理错误一旦被揭露，其论点也就不攻自破。

论证或驳论方法的使用要根据论证的实际情况进行，通常情况下要将多种方法加以结合才能达到好的论证效果。

2. 说明

说明是用简明扼要的语言，把事物的实际情况恰如其分地表述出来。

说明方式有举例、列数字、作比较、分类别、下定义、作诠释、画图表等。

3. 叙述

叙述的基本特点是在于陈述"过程"。事物发生发展变化的过程、前因后果、来龙去脉，构成叙述交代和介绍的主要内容。学位论文常用的叙述是指把研究成果用一定的方法在理论上再现出来。从不同的角度划分叙述有多种方法，而最通常的是按叙述的先后顺序分为顺叙、倒叙、插叙、补叙、平叙。

二、语言文风

在学位论文中，除了要注意观点、材料和数据方面的错误外，还要注意语言的风格，通常具有如下特点：

1. 学术性

学术性是学位论文的本质特征，是区别于其他文体的根本所在，因此在语言风格上也必须体现学术性的特点，符合相应学术规范，不使用表达随意、语意模糊的措辞。学位论文是作者学术成果的载体，以学术问题为论题，以学术简介为内容核心，把学术成果作为最终描述对象，极具专业性与系统性。它揭示了事物发展的客观规律，体现了作者对研究内容的深度与广度，对促进学科发展具有重要作用。

2. 科学性

学位论文本身就是记录、验证、总结科学实践的过程，没有科学性论文就丧失了其存在意义。科学性要求学位论文内容真实可信，忠于事实与材料，以科学的方法进行论述以得到科学的结果。论文中对涉及的方法、结果与结论的陈述必须是客观科学的，不主观臆断，不带有个人偏见。通过科学的逻辑思维表述使得论文内容严谨科学、真实客观，结论经得起验证与重复。

3. 理论性

学位论文具有较高的理论价值，其所能达到的理论高度是衡量学位论文水平高低的指标之一。在论文写作过程中要运用理论知识分析数据、进行实验、寻找规律，提升论文发现与认知的理论高度。在论文书写过程中准确选择名词术语，记录实验过程要符合理论依据，记录现象精确翔实，不篡改实验数据与结论。在书写结论时通过层层推进进行分析、概括、总结，做出符合理论依据的推理。

 练习题

1. 论文写作布局有哪些？
2. 论文写作格式有哪些？
3. 论文表达方式有哪些？

第十七章
评审与答辩

 本章概要

  论文的评审与答辩是论文基本完成后接受专家组评审和自己答辩的一个过程,也是完成一篇学位论文非常重要的环节,它不仅关系到学生成绩的评定,也是对教、学双方情况的综合检验。本章将介绍学位论文的评审和答辩的基本情况。

学习目的

  ◇ 了解评审与答辩的概念
  ◇ 了解论文评审与答辩的意义
  ◇ 了解答辩的程序

 内容框架

$$\text{评审与答辩}\begin{cases}\text{评审}\\\text{答辩}\end{cases}$$

第一节　评审

论文定稿之后,学位申请人要按有关标准对论文进行自我评测,然后再经过指导老师、有关专家学者和答辩委员会成员依据有关标准规定进行审阅评定,作出能否参加答辩的判定。

一般流程是作者先将论文提交指导老师初审,再根据导师意见修改后提交给论文评阅人。评阅人对论文进行认真评阅并写出评审意见后,再将论文和评审意见在答辩前送交相关管理部门,学位评定委员会主席综合审理评阅人的评价意见后作出是否同意参加答辩的决定。

论文评审的内容包括论文选题、文献综述、论文成果、技术难度、理论深度与工作量、论文写作及科学作风。

第二节　答辩

国家学位条例规定学位授予单位,应当设立学位评定委员会,并组织有关学科的学位论文答辩委员会。只有通过答辩才能获得学位。了解答辩的概念、意义、目的、基本流程和方法技巧等,将有助于论文作者顺利通过论文答辩。

一、概念

答辩,是毕业论文最后验收的一个重要环节。它是由答辩专家、指导教师组成的答辩小组对学生的毕业论文做的集体审定,旨在了解学生对所选课题的研究情况、论文的深广程度和真实程度;了解毕业论文写作的主要过程,指出论文的不清楚、不详细、不完备、不确切之处;考查学生对提出的创见性见解理由是否充足;帮助学生总结、掌握科学研究的技能与方法;评定论文成绩,引导学生对本课题或相关课题做进一步的深入研究。

论文答辩有以下几个特点：

1. 不平等性

毕业论文答辩组成的双方人数是不平等的，参加答辩的一方是学生即论文的作者本身，只有一个人；另一方则是由相关专家组成的答辩委员会，一般有三人或三人以上。一般来说，答辩委员会始终是处在主动的、审查的地位上，而论文作者则始终处在被动的、被审查的地位上，并且双方的知识、经验、阅历、资历等方面都相差悬殊。

2. 答辩委员会具有双重身份

学生的毕业论文答辩由参加答辩会的答辩委员会成员对论文作者的论文和作者的整体答辩情况作出评价。在毕业论文答辩会上，答辩专家组成员具有双重的身份：既是辩论员，要与论文答辩者进行辩论，又是裁判员，对论文进行整体上的裁断。

3. 毕业论文作者的答辩准备范围广泛

毕业论文的作者在答辩之前要做好充分的准备，才能更有利于顺利通过答辩。必须注意的是，答辩会上的问题是由参加答辩的专家组成员根据参加答辩的学生提供的论文拟就的，所要答辩的问题有多个，一般至少是三个，并且这些问题事先是对毕业论文作者保密的，到答辩会上才会提出来。

答辩老师提出问题后，通常会有两种情况：一是让学生即论文作者根据专家所提问题独立准备一段时间（一般不超过半个小时）后再进行回答；二是不给学生时间准备，答辩专家提出问题后，学生需立即作答。因此，在答辩之前，同学们应该为参加答辩会作充分的准备，尤其针对答辩会上有可能提出的问题更要做广泛的思考和准备。

4. 表达方式以问答为主，辩论为辅

论文答辩一般是以问答的形式进行，由答辩委员会成员提出问题，论文作者回答。在一问一答的过程中，有时也会出现作者与答辩委员会成员因观点不同而辩论的情况。但从总体上说，论文答辩是以问答的形式为主，以不同观点的辩论为辅。

二、意义和目的

毕业论文答辩,是毕业论文工作中的重要环节,它不仅关系到学生成绩的评定,也是对教、学双方情况的综合检验。然而在实际的教学实践过程中,很多同学不理解为什么论文写好后还要进行答辩,他们对参加答辩没有积极性。因此,对组织毕业论文答辩的目的和意义进行说明,对确保论文的真实性和实际效果具有重要作用。

1. 意义

毕业答辩意义重大,无论从学校、教师还是学生的角度来看,都不失为一种促进教学的有效手段。答辩合格固然是大学毕业生参加毕业论文答辩所要追求的目标,然而如果同学对答辩的认识仅仅停留在这一点,那就太过于局限和片面,其态度就会是消极、应付性的。只有充分认识毕业论文答辩的多方面意义,同学们才会以积极的姿态,满腔热忱地投入到毕业论文答辩的准备工作中去,满怀信心地出现在答辩会上,以最佳的心境和状态参与答辩,充分发挥自己的才能和水平。

(1) 对学生的意义。答辩既是针对毕业论文,也是对学生综合素质的检验,如交际能力、应变能力、语言表达能力等,都会在答辩过程中得到生动表现。所以学生应该提前做好准备,把答辩视为一次锻炼和提高自己个人能力的好机会。

答辩之前,学生应该对论文的内容进行全面梳理,对文章中的论点、论据认真推敲。这可以发现文章中平时没有发现的疑点、谬误,能注意到论点的片面性和不足之处。在答辩过程中,学生可以和教师进行平等的交流,从中也可以增长知识、交流信息。

答辩过程还可以全面展示学生的勇气、信心和智慧。答辩是辩论艺术的具体实践,需要学生"能言善辩",从容面对。这对学生的论辩技巧、口才都是一种检验和促进。如果能够重视起来,借答辩之机加强训练,对今后的事业发展会有很大好处。所以,对学生而言,应该消除对毕业论文答辩的畏惧心理,以极大热情投入其中,认真准备、正常发挥,把它视为一次提高锻炼的好机会。具体而言,有以下几项要注意:

其一,为了参加答辩,同学们应在答辩之前就要积极准备,对自己文章整体进行梳理,特别是对本论部分和结论部分要作进一步的推敲,仔细审查文章对基本观点的论证是否充分,有无疑点、谬误、片面或模糊不清的地方。如果发现问题,就要进行修正和更改,作进一步矫正和解释的准备。这种准备本身也是一种积累知识、增长知识的过程。在答辩中,答辩小组成员也会就论文中的某些问题阐述自己的观点或者提供有价值的信息。这样,学生又可以从答辩教师那里获得新的知识和方法。当然,如果学生的论文有独创性的见解或在答辩中提供最新的新鲜材料,也会使答辩老师得到启迪。

其二,毕业论文答辩会是较为严肃和正式的学生和专家的交流会,大部分学生未曾经历过这样的场面,因此不少人会胆怯、不自信。其实毕业答辩是大学生跨出校门、走向社会这个时期全面展示自己素质和才能的良好机会。大学生不断拼搏奋斗,为自己今后的发展奠定牢固基础。毕业论文答辩是人生中一次难得的经历,一次宝贵的体验。所以,大学毕业生对毕业论文答辩不应该敷衍搪塞,更不可轻易放弃。

其三,毕业论文尤其是学位论文答辩委员会,一般是由经验丰富和较高水平的教师和专家组成,他们在答辩会上提出的问题一般是针对学生论文中没有阐述周全、论述清楚、分析详尽的问题,也就是论文的薄弱环节和不足之处。通过老师的提问和指点,学生就可以了解自己论文中存在的问题,为进一步修改提供参考。学生自己还没有弄清楚的问题,也可以直接向专家请教。总之,答辩会上提出的问题,不论作者能否当场作出正确、系统的回答,都是对作者一次很好的帮助和指导。

(2)对教师的意义。首先,答辩是对教学效果的展示。经过教师四年辛勤的培育,使学生由不知到知,由知之不多到知识比较广博,能独立完成一项比较有创造性的工作,初步体现出从事研究的能力和素质,这对教师来说是一种最好的安慰和回报。其次,答辩是教学环节的继续。对论文中存在的不足,可以在答辩中给予指正。通过对问题的进一步探讨,使学生通过答辩从中得到思想和学识上的收获。此外,通过答辩发现论文中存在的问题,也能使教师对自己的教学进行必要的反思,做到扬长避短,在今后的教学工作中改进不足,其中的经验则可以运用到以后的工作中。

(3)对学校的意义。答辩是倡导良好学风的手段。近年来很多高校扩大招生,为管理和教学增添了繁重的任务。毕业论文的写作基本上是由学生独自完成,要倡导良好学风,避免抄袭、代笔现象发生,答辩既是对学生能力的全面检阅，也是保证论文质量真实性行之有效的重要手段。毕业论文答辩还是一个正规高校本科教育工作的重要环节。它不仅培养学员撰写毕业论文的科学态度，检验学员分析解决实际问题的能力，同时为综合评定学员论文成绩提供依据。所以，很多学校都非常重视，对答辩工作有专门具体的计划和安排。

2. 目的

毕业论文答辩的目的，对于学生和学校来说是不同的。校方组织毕业论文答辩的目的简单说是为了进一步审查论文，即进一步考查和验证毕业论文作者对所著论文论题的认识程度和语言表达等的综合能力，同时进一步考查毕业论文作者对专业知识掌握的程度，还可以审查毕业论文是否学生自己独立完成的等情况。

（1）答辩是对毕业论文的最后审查。这种审查和指导教师的审查不同。指导教师的审查主要是对文章进行细致的指导和审查，发现存在的问题，以便学生及时改正错误。答辩的审查则主要是以一种公开的方式进行，由答辩委员会针对论文的论点、构思等，对写作者提出相关问题。学生则要在公开场合有问必答，也可以为自己的文章做出辩解。

一般情况下，答辩时主要审查以下内容：

其一，审查学生的实际水平和能力。一个人的能力、水平可通过文章得到综合表现。从文章中可以了解他的思想、观点和文字表达等综合素质和水平。但由于种种原因，有些问题不能详尽分析表述，有的也可能是限于全局结构不便展开，有的是受篇幅所限不能展开，有的则可能是问题不重要或没有必要展开详细说明的，有的很可能是作者深入不下去或没有研究透彻而故意回避的薄弱环节，有的还可能是作者自己根本就没有认识到的不足之处等。通过对这些问题的提问和答辩就可以进一步弄清作者是由于哪种情况而没有展开深入分析的，从而了解学员对自己所写论文的认识程度、理解深度和当场论证论题的能力。

答辩则还要包括回答问题的应变能力、对知识体系的合理运用以及口头表达的能力，并且表现出答辩人的综合素质和实际能力。当然，个人能力的培养不是一朝一夕可以完成的，它应该得益于平时的修养和锻炼。学生应该从大一开始就注意对各种能力的培养，积极参与社会、校园活动，如参加演讲比赛、朗诵等活动，增强自己认识、表达的能力。这样，到了毕业论文答辩时，才不至于惊慌失措。

其二，审查毕业论文的真实性。毕业论文的真实性直接关系到论文的质量、水平和成绩评定。所以从一开始指导教师就会对学生提出告诫。在指导过程中也会对其材料的来源及真实程度把好关。但是它不会像考试那样，在老师的监督下完成，往往是在一个给定的时间段内由学生自主完成，难免会有少数不自觉的学生投机取巧，采取舞弊手段。指导教师固然要严格把关，然而在一个教师要指导多个学生的不同方向或不同题目的论文时，很难做到完全纠正没有疏漏。答辩中的审查内容之一就是要对毕业论文的真实性进行再一次的把关。答辩委员会一般由三名以上教师和专家组成，鉴别论文是否有大量抄袭的情况就会更准确，而且通过提问可以了解学生对论文中研究课题的认识、体会，检查材料的来源等，以避免失实的现象发生。通过审查可以了解论文是否学生独立完成，同时也可以在一定程度上保证论文的质量。

对于答辩者即论文的作者来说，答辩的目的是顺利通过，按时修完所需课程，顺利拿到毕业证书。学生要顺利通过毕业论文答辩，就必须了解学校组织毕业论文答辩的目的，然后有针对性地做好准备，对论文中存在的问题作进一步研究。

其三，审查学生的知识结构和深度。通过论文，可以看出学生对所研究方向的认识程度。事实上，撰写毕业论文更主要目的是考查学生综合运用所学知识独立地分析问题和解决问题的能力，以及培养学生科学研究的能力。学生在论文写作中所运用的知识有的已确实掌握，能熟练运用；有的可能是一知半解，并没有转化为自己的知识；还有的可能是从别人的文章中生搬硬套过来，并没有了解其真正的含义。

在学生进行答辩时，答辩专家组成员会把论文中阐述不清楚、不详细、不完备、不确切、不完善之处提出来，让作者给出合理的解释，从而就可以检查出作者对所论述的问题是否有进行深入的研究以及对问题的见解是否独到等。有的问题直接针对论文本身，也可从侧面或者学科边缘提出问题，这就需要学生具备充足的准备和比较系统、扎实的知识结构，才能对各种提问自如应对。

其四，审查学生独立分析、解决问题的能力。主要从分析问题、解决问题的角度去审查学生的能力，看其能否抓住事物之间的内在关系进行分析、论证，使论点成立，结论是否深刻、有理，等等。大学中所学的书本知识以及培养起来的实际能力，要在论文中得到体现。如果是生搬硬套别人的成果，或者对书本知识一知半解，生吞活剥，那么在答辩中就会出现漏洞，从而暴露出能力缺陷。

（2）进行思想和学术的交流。这种交流，主要在答辩人和负责答辩的教师之间进行。对学生来说应该是一个难得的交流提高的机会。虽然在毕业论文的写作过程中,学生和指导教师之间的交流一直都在进行,但毕竟只是一对一的交流。答辩时学生要面对的是一个小组的教师和旁听的其他年级学生,答辩内容又主要集中于专业性比较强的问题,问答过程中不乏思想和学术的交流与探讨。教师对一些疑难问题还可以现场做出解答。

所以对答辩者来说,通过答辩可以加深对问题的理解,受到学术上的有益启示。对旁听的低年级同学来说,也是一次很好的毕业论文"预习",可以开阔视野,增强专业意识,为以后的毕业论文写作打下基础。对教师而言,答辩中的交流也可以为今后的教学提供有用的实证。学生提出的问题,表现出的缺陷,会使教师加强对教学的反思,使教学相长真正落到实处。所以,答辩不仅使答辩人受益,而且是一种多方参与、共同受益的交流活动。

(3) 促进科研的发展。这主要是对答辩学生而言。参加答辩的教师一般都富有教学、科研经验,答辩中教师会对毕业论文中存在的问题提出中肯的意见,对学生的思维、思想和学术研究形成动力,促使他在今后的工作中不断发展、完善。特别对那些考研或者准备到教育单位工作的学生,更是会对其今后的科研发展起到促进作用。

毕业生经过论文答辩后,至少可以从两个方面有所收益:一方面,明确自己独立研究的能力和方法,有哪些进步,取得哪些成绩,还存在哪些问题,可为今后研究其他问题时借鉴;另一方面,可以将对本论文提出的问题作为起点,再扩大纵深研究,以求得到更大的收获。在校的毕业生,一定要树立写好学术论文、毕业论文的勇气和信心,不要认为论文只有学识渊博的人才能涉及。年轻人的优势是思想敏锐、活跃,开创性强,正是从事科研的好时机。只要有好奇心、肯钻研,做事专心一致,具有顽强的耐心,多读书,读好书,勤于善于收集有关论题的文献信息资料,就有可能写出好的文章。特别是对信息资料的收集和整理,看得多了自然就会写出令人满意的论文。

三、基本程序

毕业论文答辩是一项严肃认真的工作,学校会专门派人安排布置会场,确定具体时间。学生应提前到场,做好相关准备,以保证答辩顺利进行。答辩的基本程序如下:

1. 答辩人提交论文

答辩人应该提前半个月将已经完稿，经过指导教师审定通过后的毕业论文交给答辩委员会，一式三份。按有的学校规定，还需要同时交上毕业论文的提纲、初稿，以便和定稿进行印证，为教师提问提供依据。

2. 答辩前的资格审查

答辩开始后，答辩委员会主席（或组长）宣布答辩纪律和注意事项。答辩主持人宣布答辩学生的姓名、论文题目。有的学校还需要查验学生的相关证件，对其身份、资格进行再次核实。

3. 答辩人对论文的介绍

答辩人有10～15分钟时间，主要对论文做概述性介绍。首先介绍论文的基本情况，如选题、内容、研究方法等。其次还应对论文的论点、论据、结构、结论作简要介绍，让听众对论文有整体印象。最后还可以对论文写作中的体会、感受进行概括、总结，对指导教师的帮助给予感谢。语言要做到简练、生动，体现出答辩者清晰的思路。

4. 主答辩教师提问

答辩人介绍完毕后，主答辩教师便要根据论文内容开始提问。一般会有针对性地提出三四个问题，答辩人要当场做好记录，理清楚问题的要点和回答的重心。如果听不清楚，可以要求教师对问题再次重复或者解释。

5. 答辩人准备

提问完毕后，答辩人会有10～20分钟的时间做准备。答辩者需要紧紧围绕教师提问展开思路，抓住其要点，还要调动平时的知识积累，尽快对问题进行分析、思考，得出合适的结论，并按照思考的顺序，做简要记录，以便正式答辩时能沉着冷静地回答好提问。有时没有为答辩者提供准备时间，而是要求其当场回答提问，这也是对答辩者思维能力和知识结构的快速检阅方式，更是要求答辩者做到反应敏捷，及时抓住问题要害并做出回答。

6. 答辩人进行答辩

答辩人对教师提出的问题进行正式回答的时间。这是毕业论文答辩的重要环节，也是学生展示才华和学识的重要步骤。即使做了充分的准备，还需要有好的表达，才能顺利完成任务。答辩者应该做到态度大方、庄重，有礼有节；回答问题简明扼要，层次分明；语言准确、流畅、自然；做到谦恭中体现自信，简洁中条理分明。紧紧围绕论文和教师提问展开有理有据的答辩。答辩者答辩结束后，其他答辩教师及在场的学生也许会根据其答辩的情况，再提出新的问题。答辩者需要调整好心态，耐心听取，认真回答。

7. 主答辩教师总结

答辩人答辩完毕后即可退场。答辩委员会可以暂时休会，对答辩情况进行分析、讨论，给出评语和成绩。然后再把答辩人召回，由主答辩教师对答辩情况做出结论，肯定其成绩，对存在问题也要进行适当评论，做到客观公正。同时当众宣读对论文的评语和意见。答辩人要认真听取相关意见，做好记录。最后向答辩教师及在场同学致谢，礼貌退场。答辩成绩一般不当场宣布，由学生所在院（系）综合评定后再给出最后成绩。

8. 成绩评定

毕业论文的最后成绩由答辩委员会综合评定。一般由论文、答辩两个部分组成。各个学校有不同的比例安排。有的学校规定论文的文字部分占总成绩的70%，现场答辩占总成绩的30%。如果答辩未通过，则毕业论文以不及格计。答辩委员会在评定成绩时，一般依据的原则如下：

第一，答辩人的报告水平。语言表达是否精练，问题阐述是否清楚、贴切等。

第二，撰写能力。论文思想是否正确，结构是否合理，论文撰写质量是否较高，有无创新精神等。

第三，回答问题情况。基本概念是否清楚，回答是否确切，基本理论的掌握是否牢固，基本理论的运用是否灵活等。

虽然各个学校对成绩有不同规定，但基本的原则应该是相通的。这里介绍一下成绩评定的基本标准，供教师和同学参考。

(1) 优（90分以上）。①论题有一定现实意义和学术价值。②论据丰富、真实、典型，论证充分。能综合运用所学知识，比较全面、深入地分析、解决问题，并表现出独到的见解。③论点正确、集中，结构严谨，层次分明，文字通顺、流畅。④答辩时能够准确回答问题，而且思路清晰，能做到以理服人，具有一定的应变能力。

(2) 良（80~89分）。①对所研究的论题拥有比较丰富的材料，能运用所学知识分析、解决问题，体现了一定的研究能力。②论文论点正确，中心突出。结构逻辑性强，层次分明，语言流畅。③答辩中能够比较好地回答提问，思维清楚，表达比较顺畅。

(3) 中（70~79分）。①对所研究的论题收集了一定材料，基本上能结合所学知识分析问题，中心明确，主要论据基本可靠。②论点正确，条理清楚，文字通顺。③答辩中回答问题基本清楚。

(4) 及格（60~69分）。①能掌握和论题相关的一些材料，基本上论述清楚。②论点基本正确，条理清楚，文字通顺。③答辩中经过提示能正确回答问题。表达比较流畅。

(5) 不及格（59分以下）。①政治观点存在比较明显的问题。②为论文收集的材料比较少，而且缺乏必要的分析、归纳、判断，不能为说明问题所用，或者有抄袭倾向。③文字不通顺，条理不清楚，字数达不到毕业论文的要求。④答辩中存在明显失误，经过提示后仍不能按要求正确回答问题。

四、答辩准备

要顺利通过答辩，就必须有充分的思想准备，同时也必须准备好答辩所需的内容以及技巧上的准备。

1. 答辩者的准备

答辩者是毕业论文的写作者和答辩的主体，所以更需要认真做好答辩前的各项准备，以有备而来的姿态迎接答辩，并取得好成绩，为毕业论文画上一个圆满的句号。在提交论文给答辩委员会后，答辩者应该做好以下准备：

(1) 拟好毕业论文"概述"。要在原文的基础上对全文内容进行综合、概括，提出要点，以便在答辩时进行介绍用。要点主要应该包括以下要素：论文的题目、指导教师姓名；研究这一论题的目的、动机、意义；论文的中心论点，采用的论据、论证方法；写作体会，论题的理论与现实意义。语言要简练，具有概括性。

（2）反复熟悉论文。虽然文章是自己所写，但也有一个再次熟悉的问题，以便答辩时能做到烂熟于心，能自然应对教师的提问。这里的熟悉不是指要背下全文，而是要以理性的态度对文章的论点、论据、论证方法进行梳理、总结。尤其要理清论点和论据之间的逻辑关系，检查二者之间的联系是否紧密，有无自相矛盾之处。另外，还要对论点进行多方面的考虑，比如其正确性是否得到体现，和现行政策、时代精神之间有无冲突；它是否成为全文的核心和灵魂；它是否有一定深度，体现出作者发现、创造的精神等。若发现问题，就要进行及时修正。答辩者一定要以认真的态度对待，反复熟悉论文，切不可掉以轻心。

（3）对论文论点的再思考。论点是毕业论文的核心和灵魂，也是答辩中回答问题的关键，很多问题都会围绕它展开，所以答辩前对它进行反复思考是很有必要的。要考虑几点：它的价值意义何在；是否得到有效、深入的论证；有无局限性；它和论文其他部分之间是否体现出严密的逻辑联系；等等。

（4）对相关知识的准备。这主要指和毕业论文写作有关系的知识和材料。例如，文中运用到的文献资料，其价值、意义体现在哪些方面，文章中所用的材料的来源、真实性等。再深入一点，还可对本课题涉及问题进行拓展，如这一研究论题目前国际国内所达到的水平，存在哪些有争议的问题，有哪些观点、主张。这表明答辩者在研究工作上的充分准备和深入探索精神。这些内容虽然提问中不一定都会问到，但有备无患，准备的过程也是一个全面回顾的过程，对答辩者来说是有益处的。对答辩者来说，准备的过程既是对论文的复习，也是提高思想水平的过程。应该从不同角度，以不同方法多给自己提出问题。也可以从指导教师或者同学那里寻求帮助，请他们对自己的论文"挑刺"，提出不同意见和看法，使自己从中得到有益的启示。这一过程准备得越充分，答辩时就越有信心和勇气。

2. 内容范围

答辩教师提问的目的是通过毕业论文考查学生的实际能力，涉及的范围主要以论文为主，也会有所拓展。一般可能涉及的问题范围有以下几方面：①论文选题理由、文章形成过程、文章结构。②论文涉及的一些重要概念、定义。③学员论文的基本观点、立论根据和主要思想。④学员对论文的设想，还有哪些问题需要进一步研究和探讨。⑤与学员论文相关的其他问题。

具体讲，答辩教师大致会从以下几方面提问：

（1）针对毕业论文的真实性提问。例如，通过对材料的来源、论点的确立过程提出问题，借以检验论文是否学生自己独立完成。凡是自己动手独立完成论文的同学，这类问题就应该回答得出来。如果论文是别人代笔或者抄袭而来者，就会露出破绽。

（2）针对写作者知识水平提问。这类题和论文本身关系密切，主要为了检验答辩者知识的深度和广度，以及知识体系是否完备。主要从论文中涉及的基本概念、相关理论、专业知识等角度展开。要求答辩者有一定专业功底，平时注重对知识的掌握和运用。

（3）针对论文存在问题提问。作为初学写作者，学生在毕业论文写作中不可避免地会存在一些偏差甚至错误。教师在答辩中要针对论文中不够周全、不够严密的地方提出问题，请学生阐释自己对这一问题的认识，从中帮助他发现问题之所在，达到交流提高的目的。因为教师知识结构的完备性和其一定的思想深度，对问题有比较深入的认识理解，在弥补学生毕业论文不足的同时，对其思路也会起到拓展的作用。

答辩教师一般有三个提问的机会，在遵循以上原则要求的基础上，还要根据毕业论文的具体内容提出问题。总之，通过提问既要体现出教师的水平，又要给学生发挥"辩"才的机会，在回答阐释中展示出其真实水平。

3. 答辩注意事项

（1）讲究文明礼貌。文明礼貌是一种修养，主要体现在个体的言谈举止上。在答辩会场上，对面坐的是学生和教师，学生应该对教师体现出必要的敬重。中国自古就是礼仪之邦，有尊师重教的优良传统。答辩会上的文明礼貌，只会增加人们对答辩者的良好印象，如进场、退场时都应该有礼貌用语，有身体的体态语，让人感知到答辩者的修养。

另外，在倾听提问时要全神贯注，和教师有目光的交流，体现出应有的尊重和礼貌。在回答问题时则要有谦虚的态度，坦诚相待，把自己对问题的理解有条理地表达出来。除了尊重教师外，对旁听的同学也应该体现出礼貌和修养，和他们有适当的交流，如果有人提问也要认真回答。文明礼貌的行为，虽然是一种外在的表现，但却是修养的体现。在答辩会场这种精神和思想交流的高雅场所，它是必需的行为，对毕业论文的答辩可以起到良好的辅助作用。

（2）分清问题的主次。这主要针对教师提问而言。教师一连两三个问题提出来，都需要答辩者现场进行回答。这时就要充分发挥自己的主观能动性，调动思维能力参与到对问题的分析判断中去。关键要学会分清主次，三个问题中哪个是最重要的，哪个是次要的，都要有清醒的把握。对重要的问题要深入分析，抓住要害。次要的问题则安排在后面回答。对问题作所谓主要和次要之分，是指它们对答辩者的意义而言。有的问题有一定理论深度，能展示出答辩者的知识和理论水平；有的问题只是对一般知识的检测；有的问题和中心论点紧密相关；有的只是一般印证。

（3）回答问题的技巧。首先，认真听清教师提问，并做好记录。其次，在很短的时间内，要对所提问题进行分析判断，经过认真思考找到正确答案。最后，就是语言表达的方法技巧，即回答问题时声音要洪亮、清晰，以自信的语调阐释自己对问题的理解。切忌犹豫，含混，声音太低，容易给人造成不自信的印象。

回答问题还要注意理清楚问题之间的逻辑关系，对它们进行简明扼要的表述。对某些有难度，回答不出的问题，不可强辩。有的同学因为要面子，对自己不理解的问题会硬着头皮回答，结果反倒暴露出自己的弱点。学生应该明白一点，你面对的是教师、专家，在他们面前偶尔有一个问题回答不上来是正常的。可以当场向教师请教，倾听他们对问题的解答并致谢。遇到和教师观点不一致的问题时，可以适当展开辩论，以澄清对问题的认识。但必须是有独到的理解，或者确有新的发现，以求知的态度进行求证。否则不可强辩，注意分寸感，也可以在答辩结束后另找时间和教师进行交流。

总之，答辩是一门艺术，需要我们平时就注重学习和训练，提高自己的综合素质，以扎实的专业基础和良好的个人素养使自己向成才的方向迈进。

 练习题

1. 论文答辩的特点有哪些？
2. 答辩的意义是什么？
3. 答辩的基本程序是什么？

参考文献

[1] 王诚德. 什么是伪信息——从元哲学责任、社会使命、科学发展三个角度看 [J]. 井冈山大学学报（社会科学版），2012，33（2）：54-59.

[2] 吴玉荣. 互联网与社会主义意识形态建设研究 [D]. 中共中央党校博士学位论文，2004.

[3] 乔振林. 试论网络环境下的信息检索和服务 [J]. 成功（教育版），2007（8）：166-167.

[4] 文献信息资源检索与利用课件 [EB/OL]. http://www.docin.com/p-62031459.html，2017-01-13.

[5] 王永丽. 图片内容查询方法的历史与现状 [J]. 情报杂志，1999，18（3）：56.

[6] 张丽莎. 林业动态信息快速搜索与集成 [D]. 中南林业科技大学硕士学位论文，2013.

[7] 任茉莉. 信息技术课堂教学讲授法的变化研究 [D]. 南京师范大学硕士学位论文，2008.

[8] 王成营. 数学符号意义及其获得能力培养的研究 [D]. 华中师范大学博士学位论文，2012.

[9] 文献与文献检索 [EB/OL]. http://www.docin.com/p-441423140.html，2012-07-15.

[10] 文献类型识别 [EB/OL]. http://www.docin.com/p-32361959.html&endPro=true，2017-01-09.

[11] 高丽丽. 关于文献综述的认识和思考 [J]. 西部论坛，2005，15（s1）：210-211.

［12］周晓燕，代根兴．信息资源构成研究［J］．图书馆，2000，17（5）：606－608．

［13］姜灵敏．信息市场决定信息资源的开发与价值［J］．科技情报开发与经济，2005，15（2）：76－78．

［14］文献检索论文［EB/OL］．http：//www.doc88.com/p－9959960634302.html，2017－01－12．

［15］文献信息检索原理［EB/OL］．http：//www.doc88.com/p－9965363324864.html，2017－01－16．

［16］李静．基于概念匹配度模型的文献检索系统［D］．西南交通大学硕士学位论文，2009．

［17］信息获取与信息检索［EB/OL］．http：//wenku.baidu.com/view/9fd25e39915f804d2b16c1…，2017－01－05．

［18］信息检索基础知识［EB/OL］．http：//www.lib.hdu.edu.cn/wxjs/SIR－BaseInfo/SIR－Ba…，2017－01－05．

［19］王海波．21世纪信息服务的发展特点及对策［C］//全国网络环境下信息资源共享学术研讨会，2003．

［20］邱瑾．综述普赖斯对文献计量学的贡献「J］．群文天地，2010（6）：116．

［21］文献信息检索［EB/OL］．http：//max.book118.com/html/2016/1210/70652361.sht…，2017－01－09．

［22］金芳．我国图书馆编目工作现状及发展趋势探讨［J］．高校图书馆工作，2001，21（2）：26－28．

［23］朱水芳，童海．图书情报检索语言与档案检索语言之比较［J］．科技信息，2013（1）：248－249．

［24］文献检索课讲义［EB/OL］．http：//www.docin.com/p－662240766.html，2017－01－02．

［25］信息检索与利用整理［EB/OL］．http：//www.docin.com/p－977496506.html，2017－01－01．

［26］第二章信息检索语言［EB/OL］．http：//www.docin.com/p－1714220231.html，2016－12－13．

［27］检索语言和检索工具［EB/OL］．http：//wenku.baidu.com/view/

c036a63f6bd97f192279e9…, 2016 – 11 – 23.

[28] 王蓓. 浅议现代文献检索方式 [J]. 成功（教育版），2012（4）：132.

[29] 数字化信息资源检索与利用 [EB/OL]. http://library.gdrtvu.edu.cn/webcourse2.0/main/Cou…2017 – 01 – 02.

[30] 高晶霞. 公共图书馆地方年鉴的利用现状、问题与对策——以长春市图书馆为例 [J]. 图书馆学刊，2011（10）：51 – 53.

[31] 白文锋. 关于企业年鉴编纂工作的几点思考 [J]. 陕西档案，2015（2）：37.

[32] 刘家真. 馆藏文献优先数字化的策略思考 [J]. 图书馆学研究，2003（5）：14 – 18.

[33] 陈志兵，曹挥，郭华等. 植物保护学的文献检索 [J]. 农业技术与装备，2011（24）：9 – 11.

[34] 文献信息检索的基本知识 [EB/OL]. http://max.book118.com/html/2016/1016/59492123.sht…, 2016 – 10 – 16.

[35] 洪跃，崔海峰. "学科馆员"制度的管理模式探析 [J]. 图书馆学研究，2006，21（1）：63 – 65.

[36] 王波. 射洪电力公司用电信息查询系统的设计与实现 [D]. 电子科技大学硕士学位论文，2013.

[37] 孙丹. 中山市公安局内网信息检索与文件共享系统的设计与实现 [D]. 电子科技大学硕士学位论文，2013.

[38] 宁洪梅. 浅议计算机信息检索的原理与过程 [J]. 廊坊师范学院学报（自然科学版），2008，8（5）：41 – 43.

[39] 吴志鸿. 中国化学文献数据库（CCBD）检索系统的构建与实施 [D]. 华东师范大学硕士学位论文，2004.

[40] 黎明. 基于语义网的信息检索技术的研究 [D]. 南京理工大学硕士学位论文，2007.

[41] 盛晓晨. 沈阳新松公司档案管理系统的设计与实现 [D]. 大连理工大学硕士学位论文，2015.

[42] 唐杰. 信息检索技术在期刊资源整合中的研究及应用 [D]. 中南大学硕士学位论文，2007.

[43] 齐红艳. 检索策略式的制定对科技查新质量的影响 [J]. 高师理科学刊, 2009, 29 (3): 75-77.

[44] 第 5 章电子资源检索基础 2 [EB/OL]. http://wenku.baidu.com/view/e44c1a49cf84b9d528ea7a…2011-05-17.

[45] 李育嫦. 自然语言检索中的词汇控制研究 [J]. 图书馆学研究, 2006 (4): 75-78.

[46] 苏军. 科技文献检索技巧研究 [J]. 山东电力高等专科学校学报, 2008 (1): 62-64.

[47] [转载] 第三章计算机检索基础 [EB/OL]. http://blog.sina.com.cn/s/blog_ 148110b8e0102vn1o.h…2015-03-11.

[48] 文献检索相关教材 [EB/OL]. http://wenku.baidu.com/view/01048918fc4ffe473368ab…2012-08-19.

[49] 徐春燕. 网络环境下的信息检索策略 [J]. 管理学家, 2012 (5).

[50] 刘秀深. 论知识经济时代高校图书馆在信息素质教育中的地位 [J]. 国际商务: 对外经济贸易大学学报, 2003 (3): 93-95.

[51] 网络免费资源的检索与利用 [EB/OL]. http://www.docin.com/p-76045289.html, 2010-09-01.

[52] 利用网络资源进行检索 [EB/OL]. http://wenku.baidu.com/view/ccaadaf8910ef12d2af9e7…2012-06-07.

[53] 李圭雄. 网络环境中档案信息资源呈现的若干特点 [J]. 湖北档案, 2003 (7): 22-23.

[54] 黄如花. 网络信息的分布式组织模式——数字图书馆 [J]. 图书情报工作, 2003 (8): 11-15.

[55] 袁向东, 任芬. 网络信息资源检索工具的比较与综合使用 [J]. 江西图书馆学刊, 2001, 31 (4): 55-56.

[56] 黄飄. 基于组件的软件系统构建方法的研究与应用 [D]. 上海师范大学硕士学位论文, 2006.

[57] 张骞. 传统搜索引擎与智能搜索引擎比较研究 [D]. 郑州大学硕士学位论文, 2012.

[58] 谢亮, 李淑芬. 我国 30 所高校图书馆 OPAC 系统的调查分析 [J]. 图书馆工作与研究, 2007 (1): 54-57.

[59] 王志红. 我国数字图书馆的发展现状及思路探析 [J]. 许昌学院学报, 2006, 25 (5): 154 – 156.

[60] 论文资料查询地址 [EB/OL]. http://wenku.baidu.com/view/72f04d7002768e9950e73805.html?from=search.

[61] 戴滨. 核心期刊对职称评定的影响——解答读者咨询的一个案例 [J]. 2004年度中国索引学会年会暨学术讨论会论文集, 2004.

[62] 祁业凤, 刘新云, 刘孟军. 浅析中国枣科学研究现状——中文枣文献计量分析 [J]. 全国干果生产与科研进展学术研讨会, 2007.

[63] 杨彩霞.《中国科技期刊研究》1998～2007年论文被引分析 [J]. 中国科技期刊研究, 2009, 20 (1): 77 – 81.

[64] 邓翀, 陈守鹏, 孙玲. 论信息化时代中医药全文文献的获取 [J]. 中医研究, 2007, 20 (7): 55 – 58.

[65] 学术期刊及其利用 2013 [EB/OL]. http://wenku.baidu.com/link?url=OdfnV0SK7mUfvIk0hX_VfGaDwmlqXX-yTA9ohAl9pwmj9_3IoJBFJmf87T6FqhYYlSh6ZZL4eAJRunYggj2lxzoaNyTJycP1lo2BlKdmCK_.

[66] 于世花, 王荣宗. 石油相关课题科技查新数据库选用及介绍 [J]. 内蒙古科技与经济, 2010 (11): 130 – 131.

[67] 胡爱东. 利用现代信息技术获取全文医药文献 [J]. 医学信息学杂志, 2009, 30 (2): 51 – 54.

[68] 池晓波. 期刊冗余现象探析 [J]. 农业图书情报学刊, 2007, 19 (12): 66 – 69.

[69] 祝晓云. 图书馆如何利用网络信息源为科研服务 [J]. 实事求是, 2007 (4): 77 – 78.

[70] 李艳菊, 赵春霞. 浅议灰色文献的作用与获取 [J]. 科技情报开发与经济, 2006, 16 (12): 101 – 103.

[71] 王应宽. 中国科技界对开放存取期刊认知度与认可度调查分析 [J]. 中国科技期刊研究, 2008, 19 (5): 753 – 762.

[72] 杭州科技创新资源导航服务平台正式免费对外开放 [EB/OL]. http://www.docin.com/p-506350795.html.

[73] 关于开展传承百年农大辉煌, 共建共享一脉书香读书活动的通知 [EB/OL]. http://wenku.baidu.com/link?url=NkLGGRkSMk5TLd0exqQGVNN6

KmQ8wwurD8QbsiWc68e6Kz0vXKEzrXqsVtFwrOn6ACdUd_H2-gCPpre4WJfLDo 1RN3XP6sEGornocC4FI03.

［74］中国专利全文数据库使用指南［EB/OL］. http：//wenku. baidu. com/view/6ef705bca32d7375a5178064. html？from=search.

［75］李国华, 宋爱芳. 网络环境下高校图书馆服务于中小企业自主创新的调查研究［J］. 现代情报, 2010, 30（6）：80-84.

［76］丁立宁. 简述高校图书馆电子资源［J］. 中外企业家, 2012（8）：51.

［77］美国工程索引 EI 简介——技术总结［EB/OL］. http：//www. doc88. com/p-28744523712. html, 2011-05-01.

［78］学术信息资源的检索与利用［EB/OL］. http：//wenku. baidu. com/view/06853a8f49649b6648d74765. html, 2014-09-22.

［79］阎国伟. 正确认识美国"三大索引"在科技工作中的作用［J］. 山西科技, 2002（3）：44-45.

［80］汪洁, 张厚生. EI 辅助索引的编制对我国检索工具索引编制的启示［J］. 大学图书情报学刊, 2008（3）.

［81］EI 检索方法［EB/OL］. http：//www. ei-istp. com/New_76. html, 2012-04-23.

［82］王冰. 浅议《工程索引》的特点及使用方法［J］. 现代情报, 1999（1）：4-7.

［83］唐宏伟. 美国《工程索引》检索语言变化比较分析［J］. 青海大学学报（自然科学版）, 2003, 21（5）：94-96.

［84］杨阳. 新版 EI Compendex Web 查找收录文献的技巧［J］. 现代情报, 2005（1）：192.

［85］参考数据库——著名综合检索工具介绍［EB/OL］. http：//scholar. google. com/schhp？hl=zhCN&as_sdt=af60c75d783ff408fb065557dbe417b6.

［86］美国科学引文索引［EB/OL］. http：//www. docin. com/p-433172277. html, 2012-06-30.

［87］世界著名三大检索工具［EB/OL］. http：//www. docin. com/p-230308558. html, 2011-07-08.

［88］吴家桂. SCI 功能评析［D］. 合肥工业大学硕士学位论文, 2007.

[89] SCI、EI、ISTP 以及 SSCI、A&HCI 检索系统介绍［EB/OL］. http：//wenku. baidu. com/view/b5be3cfbbb4cf7ec4afed0c8. html，2014 -03 -04.

[90] 谢朋林. 科技文献引用关系分析及其量化算法研究［D］. 河北大学硕士学位论文，2013.

[91] 王亮. 基于 SCI 引文网络的知识扩散研究［D］. 哈尔滨工业大学博士学位论文，2014.

[92] 赵岩碧. SCI 的版本及其检索［J］. 西北工业大学学报（社会科学版），2001（3）：92 -94.

[93] SCI 检索方法［EB/OL］. http：//wenku. baidu. com/view/0318d60f52ea551810a6870d. html，2011 -02 -25.

[94] 论文写作第二章重要数据库简介［EB/OL］. http：//wenku. baidu. com/view/6a297012a9114431b90d6c85ec3a87c240288a7f. html，2016 -09 -07.

[95] 刘兆文，米亚，张莉等. 基于 JCR 分区法合理评价科技论文［J］. 产业与科技论坛，2011（2）：99 -100.

[96] 高丽. 高质量 OA 期刊文献的选取方法研究［D］. 西安电子科技大学硕士学位论文，2014.

[97] Inspec 数据库简介——讲义教程［EB/OL］. http：//www. doc88. com/p -739495415606. html，2013 -01 -29.

[98] 诸平. 1968～2004 年 INSPEC 数据库收录中国期刊统计报告［J］. 中国科技期刊研究，2006，16（5）：628 -634.

[99] 徐萌萌. 纠纷在线解决机制问题研究［D］. 复旦大学硕士学位论文，2008.

[100] 刘春雷. 浅谈网络应用的利和弊［J］. 太原城市职业技术学院学报，2008（6）：159 -160.

[101] 洪波. 中国互联网 13 年［EB/OL］. http：//tech. sina. com. cn/i/2007 -04 -20/09211475447. s…2007 -04 -20.

[102] 李谊. 我国网络立法现状分析及对策初探［D］. 贵州大学硕士学位论文，2010.

[103] 伍飞鸽，钱艳飞，王振. 互联网与体育信息交流研究［J］. 剑南文学（经典阅读），2013（2）.

[104] 季云龙，邵国强. TCP/IP 协议的网络安全［J］. 电脑学习，2011

(2): 29-30.

[105] 徐峰. 基于嵌入式的 HTML 文本浏览器的设计与实现 [D]. 电子科技大学硕士学位论文, 2009.

[106] 文献检索计算机检索 1 [EB/OL]. http://m.doc88.com/p-9915179075392.html, 2015-01-15.

[107] 曾祥麒. 网络信息资源评价指标体系研究 [D]. 江西财经大学硕士学位论文, 2006.

[108] 论文资料查询地址 [EB/OL]. http://wenku.baidu.com/view/72f04d7002768e9950e738…2011-07-07.

[109] 张春红, 宋皎, 王本欣. 网络学术资源导航的现状与发展 [J]. 图书馆建设, 2003 (4): 17-19.

[110] 韩秀梅. 网上免费期刊资源获取的探讨 [J]. 科技情报开发与经济, 2005, 15 (22): 43-44.

[111] 王苏舰, 李鹏, 吕华侨. 个性化搜索引擎应用于信息服务业初探 [J]. 现代情报, 2010, 30 (4): 16-19.

[112] 王蓉, 邓婷. 医学网站站内搜索引擎研究与实现 [J]. 科技信息, 2008 (36): 93.

[113] 刘丽, 须文波. 一种新型的互联网智能元搜索引擎 [J]. 江南大学学报 (自然科学版), 2002, 1 (1): 30-37.

[114] 向阳. 搜索引擎在中国的发展现状及营销 [J]. 科技致富向导, 2010 (36): 163-164.

[115] 何源源. 迅雷资源搜索引擎的研究与实现 [D]. 西北工业大学硕士学位论文, 2007.

[116] 王庆民. 互联网搜索引擎的发展、应用和特点 [J]. 农业网络信息, 2009 (5): 98-101.

[117] 肖坤. 面向用户兴趣的校园网聚类搜索引擎的研究与实现 [D]. 国防科学技术大学硕士学位论文, 2010.

[118] 晏一平, 岳泉. 中外元搜索引擎的比较研究 [J]. 图书馆学研究, 2005 (11): 5.

[119] 王淑敬. 基于 Web 的个性化信息检索技术研究 [J]. 电脑编程技巧与维护, 2010 (12): 58-60.

［120］舒康元．Boosting 算法在搜索引擎中的应用［D］．上海交通大学硕士学位论文，2009．

［121］杜永萍．基于模式知识库的问题回答关键技术研究［D］．复旦大学博士学位论文，2005．

［122］精品搜索引擎的应用［EB/OL］．http：//www.docin.com/p - 505841896.html，2012 - 10 - 24．

［123］孙博阳．Google 学术搜索工具及其在我馆的应用［J］．大学图书馆学报，2008（2）：79 - 82．

［124］吉喆．打开互联网教学资源之门——网络时代教师必备 ICT 技能之信息检索篇［J］．信息技术教育，2007（2）：55 - 59．

［125］戴佩芝，李璞．搜索引擎冲击下图书馆的应对措施［J］．科技情报开发与经济，2007，17（34）：51 - 52．

［126］唐利，蓝强．对网络搜索引擎的比较研究［J］．重庆文理学院学报（自然科学版），2006，5（4）：98 - 102．

［127］杨永升．搜索引擎质量评价体系实证分析研究［D］．合肥工业大学硕士学位论文，2006．

［128］常为领，孙瑞志，高万林．基于 ROBOT 的农业信息搜索引擎设计［J］．农业网络信息，2006（8）：61 - 67．

［129］李莉，魏进民．生物医学搜索引擎检索研究［J］．科技情报开发与经济，2008，18（30）：44 - 45．

［130］李小米．大数据时代的物流江湖［J］．中国储运，2013（9）：71．

［131］邬贺铨．大数据时代的机遇与挑战之一：无线网络革命［J］．唯实（现代管理），2013（2）：34 - 35．

［132］张卓琳．基于大数据思维的上海服装销售与经济统计数据的相关关系研究［D］．东华大学硕士学位论文，2015．

［133］周亮，李妍，施良．基于大数据的房地产估价数据仓库构建［C］//中国房地产估价师与房地产经纪人学会 2013 年会，2013．

［134］赵鹿鸣．大数据下的产品精准化生产初探［J］．青年时代，2015（2）：43．

［135］赵志刚．异构数据汇交及挖掘共享平台的研究［J］．黑龙江科技信息，2014（17）：138．

［136］刘思明．大数据时代的企业信息管理［J］．通讯世界，2015（10）：183．

［137］孙建中，徐晓海．大数据时代的思维变革［J］．信息通信，2014（11）：137－138．

［138］蒋萍．"大数据"的时代对旅游业的影响［J］．现代经济信息，2015（1）．

［139］刘兆明．"融合架构"下的新闻业转型研究——基于新闻生产社会学的视角［D］．复旦大学博士学位论文，2013．

［140］黄荷．大数据时代降临［J］．党政论坛（干部文摘），2012（11）．

［141］王晓艳，李慧颖．大数据环境下信息检索的变革［J］．科技情报开发与经济，2015（4）：117－119．

［142］孔为民．信息检索技术的新趋势［J］．农业图书情报学刊，2009（3）：95－98．

［143］张翠玲．论大数据时代的信息检索工作［J］．江苏科技信息，2016（14）：24－26．

［144］钱卉．浅谈大数据与房地产［J］．房地产导刊，2015（3）．

［145］张兰廷．大数据的社会价值与战略选择［D］．中共中央党校博士学位论文，2014．

［146］情报数据在服务行业四大创新性应用［EB/OL］．http：//www.knowlesys.cn/ab/key/BigData/Intelligenc…

［147］想提高餐饮利润，要把好这16关［EB/OL］．http：//qoofan.com/read/Mnwp0NjZlY.html．

［148］陈杰．大数据支撑家居行业收益管理［EB/OL］．http：//blog.sina.com.cn/s/blog_ ac4d2ec10102wfn9.ht…2016－09－09．

［149］IDeaS叶佳晶．如何通过大数据来做收益管理［EB/OL］．http：//blog.sina.com.cn/s/blog_ 131358b840102v65s.html．

［150］王珊，王会举，覃雄派等．架构大数据：挑战、现状与展望［J］．计算机学报，2011，34（10）：1741－1752．

［151］洪文昌．大数据在泉州食品行业中的应用策略［J］．福建电脑，2015，31（11）：16－18．

［152］李国杰．大数据研究的科学价值［J］．中国计算机学会通讯，2012，

8（9）：8-15.

［153］周瑜，曹俊．基于细分差别定价的物流服务定价方法［J］．物流技术，2014，33（11）：331-332.

［154］刘凯，宋炳博，朱永玲等．基于netfilter的防火墙设计［J］．福建电脑，2015，31（11）：1-3.

［155］郭恒．现代信息技术与数字图书馆建设［J］．中国管理信息化，2013（17）：90-91.

［156］李会英．图书馆人文精神解读［J］．发展，2008（8）：53-54.

［157］董焱，刘兹恒．网络环境下我国图书馆的发展方向［J］．中国图书馆学报（双月刊），1999（6）．

［158］侯闽．数字图书馆的建设及发展方向［J］．河北省社会主义学院学报，2008（3）：47-49.

［159］李果仁．数字图书馆研究综述［J］．信息窗，2001（1）：1-4.

［160］黄连庆，张彦民．数字图书馆互动服务及其实现［J］．图书馆论坛，2008（5）：50-52.

［161］苗玲．数字图书馆知识社区的研究［J］．速读旬刊，2014（10）．

［162］于春艳．数字图书馆建设的重点及关键问题分析［J］．社科纵横，2010（11）：50.

［163］和香梅．论高校图书馆数字化资源的建设［J］．教育教学论坛，2012（26）：261-262.

［164］王知津．数字图书馆及其相关概念［J］．图书馆学研究，1999（4）：42-45.

［165］图书馆收藏着大量的文献信息资源［EB/OL］．http://wenku.baidu.com/view/6f6cd81414791711cc791785.html？from=search.

［166］赵鑫玺．数字图书馆环境下的网络入侵检测研究［D］．曲阜师范大学硕士学位论文，2010.

［167］金琪．试论数字图书馆对版权的保护［J］．晋图学刊，2008（1）：3-6.

［168］数字图书馆产生的背景和建设过程［EB/OL］．http://www.edu.cn/ruan_jian_ying_yong_1720/20061108/t20061108_204167.shtml.

［169］肖碧云．高校图书馆特色馆藏的数字化建设［J］．高校图书馆工作，

2000,20(1):36-38.

[170] 刘蕴秀. 美国大学数字图书馆考察报告[J]. 教育信息化,2002(4):12-13.

[171] 左少凝,胡燕崧. 国外数字图书馆项目的建设进展研究[J]. 现代情报,2005,25(10):80-82.

[172] 于智勇. 数字图书馆21世纪图书馆发展的主流趋势[J]. 冶金信息导刊,2002(4):11.

[173] 法国举办首届"阅读之夜"活动[EB/OL]. http://blog.sina.com.cn/tllj.

[174] 廖剑岚. 国外数字图书馆研究比较[J]. 图书馆杂志,2001,20(7):9-11.

[175] XML在数字图书馆信息资源组织中的应用研究[EB/OL]. http://xueshu.baidu.com/s?wd=paperuri:(7fd3f8d5f8bdd97a1fddb81d51464bf9)&filter=sc_long_sign&sc_ks_para=q%3DXML在数字图书馆信息资源组织中的应用研究&tn=SE_baiduxueshu_c1gjeupa&ie=utf-8&sc_us=16252232563256737606.

[176] 中央电大《信息检索与利用》形考册(4)[EB/OL]. http://www.diandazuoye.com/diandazuoye/971.html.

[177] "自主创新"促进数字图书馆建设[EB/OL]. http://xueshu.baidu.com/s?wd=paperuri:(f228905976e6a3070757d0a2cc38413a)&filter=sc_long_sign&sc_ks_para=q%3D"自主创新"促进数字图书馆建设&tn=SE_baiduxueshu_c1gjeupa&ie=utf-8&sc_us=6329772907473651549.

[178] 夏传炳. 我国数字图书馆建设策略研究[J]. 图书馆工作与研究,2001(6):6-8.

[179] 肖明,王永红. 国内外数字图书馆实践最新进展[J]. 海洋信息,2001(3):1-5.

[180] 数字化图书馆高可用存储系统研究与实现[EB/OL]. http://xueshu.baidu.com/s?wd=paperuri:(2a08c075e0f4f7bc44d570675907058b)&filter=sc_long_sign&sc_ks_para=q%3D数字化图书馆高可用存储系统研究与实现&tn=SE_baiduxueshu_c1gjeupa&ie=utf-8&sc_us=17386541341537902891.

[181] 长江大学科技文献检索[EB/OL]. http://wenku.baidu.com/view/bf813399700abb68a982fbec.html?from=search.

[182] 李丽. 中学英语教育游戏——基于 CNKI 的国内文献回顾与总结 [J]. 科技信息, 2013 (26): 186-187.

[183] 谢筠. CNKI 网格知识资源组织与开发 [J]. 信息技术, 2005, 29 (7): 155-157.

[184] 李宏伟. 清华同方知网知识服务模式研究 [D]. 大连理工大学硕士学位论文, 2009.

[185] 林爱群. 信息网络传播权: 立法、缺陷及完善——以图书馆网络访问服务为主要视角 [J]. 现代情报, 2007, 27 (12): 81-83.

[186] 刘香华. 试论图书馆在社会发展中的重要作用 [J]. 科技情报开发与经济, 2009 (17): 93-94.

[187] 高建明, 李斌. 论晚清时期中国科学技术传播模式 [J]. 自然辩证法通讯, 2008, 30 (3): 14-20.

[188] 夏淑芬. 浅析图书馆如何进入社区并发挥其作用 [J]. 承德民族师专学报, 2011, 31 (3): 56-57.

[189] 苗喜德, 高智慧. 关于电子读物文件格式简介 [J]. 河北科技图苑, 2003, 16 (3): 79-80.

[190] 曲宁, 军宇, 王晨. 基于数字水印技术的电子图书系统的开发 [D]. 中国海洋大学硕士学位论文, 2009.

[191] 袁杰, 吴雪涛. 网络编辑与出版资源 [J]. 惠州学院学报, 2002, 22 (4): 108-112.

[192] 仲炜. 高校数字化校园网络系统设计与规划 [D]. 中国海洋大学硕士学位论文, 2006.

[193] 王兰. 基于价值链的电子图书商业模式创新研究 [D]. 汕头大学硕士学位论文, 2010.

[194] 平悦. 移动出版的产业运作模式探析 [J]. 科教导刊, 2012 (35): 247-248.

[195] 高任喜. 核化冶院图书馆铀矿采冶特色数据库开发与应用 [J]. 中国核科学技术进展报告 (第二卷) ——中国核学会 2011 年学术年会论文集第 10 册 (核情报 (含计算机技术) 分卷, 核技术经济与管理现代化分卷), 2011.

[196] 钱晓彤. 方正 Apabi 数字图书馆使用评价 [J]. 江西图书馆学刊, 2005, 35 (2): 89-91.

[197] 裴瑜. 方正阿帕比：定位移动数字出版产业 [J]. 中国电子商务, 2007 (4)：83 – 84.

[198] 张雅男. 云计算在图书馆中的应用及有关问题探究 [J]. 图书馆理论与实践, 2013 (4)：94 – 97.

[199] 程豆豆. 云计算模式下的客户关系管理及其在企业中的应用 [D]. 新疆大学硕士学位论文, 2013.

[200] 李宜伟. 浅谈云计算和物联网技术的结合 [J]. 无线互联科技, 2013 (6)：28.

[201] 杨学俊. 云计算——计算机技术发展的新方向 [J]. 科技资讯, 2011 (25)：17.

[202] 方巍, 文学志, 潘吴斌等. 云计算/概念、技术及应用研究综述[J]. 南京信息工程大学学报（自然科学版）, 2012, 4 (4)：351 – 361.

[203] 郭清溥, 张桂香. 云计算中的虚拟技术 [J]. 中国科技信息, 2012 (6)：82.

[204] 李晚辉. 云计算技术研究与应用综述 [J]. 电子测量技术, 2011, 34 (7)：1 – 4.

[205] 顾新天. 浅谈云计算技术及其在智能油田的应用 [J]. 信息技术与信息化, 2014 (7)：72 – 75.

[206] 2016 年中国云计算发展四大趋势预测 [EB/OL]. http：//iot. ofweek. com/2016 – 05/ART – 132214 – 8120 – 29101943. html, 2016 – 05 – 30.

[207] 长江大学学术搜索（超星百链云图书馆）[EB/OL]. http：//lib. yangtzeu. edu. cn/Detail2. aspx？Newsid = 541, 2011 – 11 – 22.

[208] 刘晓坤, 任俊革, 李维云. Google 学术搜索与百链云图书馆文献检索比较研究 [J]. 大学图书情报学刊, 2013, 31 (4)：43 – 46.

[209] 王贵娟. 基于云计算的中小图书馆 IT 管理与服务研究 [D]. 曲阜师范大学硕士学位论文, 2012.

[210] 百链云图书馆 [EB/OL]. http：//lib. lzjtu. edu. cn/2links/BAllian. htm.

[211] 四川工程职业技术学院. 百链学术搜索 [EB/OL]. http：//lib. scetc. net/s/59/t/74/25/c5/info9669. htm, 2012 – 05 – 30.

[212] 百链使用手册 [EB/OL]. http：//wenku. baidu. com/view /4deb831

65acfa1c7ab00cc0a. html, 2014 – 11 – 24.

[213] 饶宗政. 现代文献检索与利用 [M]. 北京: 机械工业出版社, 2016.

[214] 超星发现系统建设方案 [EB/OL]. http: //www. docin. com/p – 862419037. html, 2014 – 07 – 12.

[215] 海涛, 任卷芳, 王丹. 基于元数据整合的框式检索系统分析 [J]. 电脑知识与技术: 学术交流, 2015 (1): 7 – 9.

[216] 数字资源远程访问系统 [EB/OL]. http: //www. docin. com/p – 21813693. html, 2009 – 05 – 29.

[217] 宋爽, 张国栋. 高校图书馆校外访问系统最优建设策略研究 [J]. 大学图书馆学报, 2013 (5): 101 – 105.

[218] iReader 数字资源远程访问管理系统 [EB/OL]. http: //ebook. fjrtvu. edu. cn/, 2017 – 01 – 20.

[219] 黄群庆. 崭露头角的移动图书馆服务 [J]. 图书情报知识, 2004 (5): 48 – 49.

[220] 姜颖. 我国移动图书馆服务现状及发展对策——中美移动图书馆服务的比较分析 [J]. 图书馆建设, 2011 (12): 75 – 78.

[221] 魏群义, 侯桂楠, 霍然. 移动图书馆理论研究与实践应用综述 [J]. 图书情报知识, 2012 (1): 80 – 85.

[222] 覃起琼. 近年来国内外移动图书馆研究述评 [J]. 图书与情报, 2013, 151 (3): 118 – 120.

[223] 宋恩梅, 袁琳. 移动的书海: 国内移动图书馆现状及发展趋势 [J]. 中国图书馆学报, 2010 (5): 34 – 48.

[224] 叶爱芳. 移动图书馆在我国的发展现状与展望 [J]. 图书与情报, 2011, 155 (4): 69 – 71, 93.

[225] 赵夏丽, 李峥. 移动图书馆的发展和前景分析 [J]. 软件导刊, 2012, 11 (7): 130 – 131.

[226] 陈路明. 国外移动图书馆实践进展 [J]. 情报科学, 2009 (11): 1645 – 1648.

[227] 魏群义, 侯桂楠, 霍然等. 国内移动图书馆应用与发展现状研究——以 "985" 高校和省级公共图书馆为调研对象 [J]. 图书馆, 2013 (1):

114-117.

[228] 武龙龙, 杨小菊. 基于微信公众平台的高校移动图书馆服务研究 [J]. 图书馆学研究, 2013 (18): 57-61.

[229] 叶莎莎, 杜杏叶. 国内外移动图书馆的应用发展综述 [J]. 图书情报工作, 2013 (6): 141-147.

[230] 刘景亮. 面向移动信息服务的图书馆现状及发展策略 [J]. 中国新技术新产品, 2012 (9): 250.

[231] 龙泉, 谢春枝, 申艳. 国外高校移动图书馆应用现状调查及启示 [J]. 图书馆论坛, 2013, 33 (3): 60-64.

[232] 张群乐. 公共图书馆以"手机图书馆"为基础的信息服务模式 [J]. 黑龙江科技信息, 2015 (7): 109.

[233] 姜海峰. 移动图书馆的兴起和解决方案 [J]. 大学图书馆学报, 2010 (6): 12-15.

[234] 梁美健, 周阳. 知识产权评估方法探究 [J]. 电子知识产权, 2015 (10): 10.

[235] 第九章特种文献检索课件 [EB/OL]. http://www.docin.com/p-1417541211.html, 2016-01-06.

[236] 王韬, 杨文韬. 专利侵权问题与专利权的滥用 [J]. 临沂大学学报, 2013, 35 (5): 95-97.

[237] 徐旭良. 科技型企业专利工作策略探讨 [J]. 电子制作, 2015 (11): 248.

[238] 田晓阳, 肖仙桃, 孙成权. 国际专利大国与中国专利发展态势 [J]. 图书与情报, 2005 (6): 95-99.

[239] 朱新超, 霍翠婷, 刘会景. 合作专利分类系统 (CPC) 与传统专利分类系统的比较分析 [J]. 数字图书馆论坛, 2013 (9): 38-44.

[240] 李玉平. 基于本体的专利信息动态监测与分析系统的研究与实现 [D]. 山东理工大学硕士学位论文, 2011.

[241] 庄子昂. 我国专利行政执法的发展困境及对策研究 [D]. 华中科技大学硕士学位论文, 2011.

[242] 中国专利公报——国家知识产权局 [EB/OL]. http://www.sipo.gov.cn/xxcp/zlgb/200804/t20080407_370309.html, 2005-03-09.

[243] 第一讲：文献资源检索［EB/OL］. http://www.docin.com/p-1534674373.html，2016-04-14.

[244] 特种文献信息检索［EB/OL］. http://www.docin.com/p-822319528.html，2014-05-30.

[245] 科技成果和报告检索指南［EB/OL］. http://scholar.google.com/schhp? hl = zhCN&as_ sdt = 328d17f74a999c46bd24bb16396cab18.

[246] 科技报告［EB/OL］. http://wenku.baidu.com/view/1f62ca81b9d528ea81c7792b.html，2012-01-16.

[247] 何青芳，陆琪青. 中外科技报告的检索方法与获取途径［J］. 现代情报，2005，25（9）：116.

[248] 何绍华. 我国标准化与质量信息的获取与利用［J］. 情报科学，2002，20（5）：483-486.

[249] 曹彩英. 中国标准网上免费信息资源与检索技巧［J］. 河北工业科技，2005，22（3）：158-161.

[250] 陈珍芳. 网上免费标准文献信息的检索方法［J］. 科技情报开发与经济，2008，18（30）：96-97.

[251] 张新明，方小洵，吴国栋. 专利文献和标准文献检索系统及网站的研究［J］. 广东科技，2010，19（16）：5-7.

[252] 孙博. 国际非政府组织 ISO 与中国［J］. 现代经济信息，2014（20）：138-139.

[253] 邢晓昭，程如烟. 我国参与国际标准化组织的现状及对策研究［J］. 全球科技经济瞭望，2013，28（11）：42-50.

[254] 赵厚麟. 国际电信联盟（ITU）简介［J］. 南京邮电学院学报（社会科学版），2002，4（3）：9-14.

[255] 郭华. 论重要的科技信息资源——会议文献［J］. 图书馆工作与研究，2006（1）：25-27.

[256] 王超. 科技查新视角下三大中文数据库的比较研究［J］. 现代情报，2011，31（10）：163-165.

[257] 赵文媛. 中国图书馆联盟研究近况［J］. 图书馆学刊，2009，31（8）：1-4.

[258] 魏闻潇. 高校图书馆知识联盟研究［D］. 南开大学硕士学位论

文,2008.

[259] 赵婧. 基于 NSTL 资源的关联数据构建与应用研究 [D]. 中国科学技术信息研究所硕士学位论文, 2012.

[260] 温泽宇, 关毅. 学术期刊质量评价体系分析 [J]. 科技与管理, 2015 (4): 47-51.

[261] 金雪梅, 刘维华. 试论图书馆学位论文管理系统的功能需求 [J]. 图书馆工作与研究, 2013, 1 (7): 46-49.

[262] 党寒东. 国内几种常用论文全文数据库在科技查新中的作用 [J]. 数字化用户, 2013 (20).

[263] 吴福源, 袁丽芬. 外文本学位论文检索平台导览 [J]. 江苏科技大学学报 (社会科学版), 2006, 6 (3): 101-104.

[264] 李达, 李玉成, 李春艳. SCI 论文写作解析 [M]. 北京: 清华大学出版社, 2012: 59-65.

[265] 王良超, 高丽. 文献检索与利用教程 [M]. 北京: 化学工业出版社, 2014: 215-218.

[266] 花芳. 文献检索与利用 (第二版) [M]. 北京: 清华大学出版社, 2014: 268-278.

[267] 崔彦红, 高凌. 综述的写作 [J]. 国外医学 (卫生学分册), 2008, 35 (2): 124-128.

[268] 屈顺海, 李蓟龙, 王晓亭. 综述的写作方法与技巧 [J]. 张家口医学院学报, 2002 (6): 38.

[269] 左红梅. 怎样利用国外文献进行医学综述的写作 [J]. 医学信息 (西安上半月), 2005, 18 (7): 769-772.

[270] 王树松. 怎样写好一篇综述 [J]. 中医临床研究, 2015 (6): 82.

[271] 如何写一份文献综述 [EB/OL]. http://gysj.hdu.edu.cn/News/a/?id=413.

[272] 综述怎么写 [EB/OL]. http://zuoye.baidu.com/question/f6d4cd2f54657535bbb9f72c06054d11.html, 2014-11-13.

[273] 文献研究法 [EB/OL]. http://www.docin.com/p-265125636.html, 2009-11.

[274] 王松, 肖宏伟. 本科生毕业论文文献综述撰写: 问题与对策 [J].

教育教学论坛，2015（8）：3-4.

［275］《中国图书馆年鉴》编委会．中国图书馆年鉴［M］．北京：北京图书馆出版社，2003：65-76.

［276］秦宇，郭为．管理学文献综述类文章写作方法初探［J］．外国经济与管理，2011（9）：8.

［277］支运波．人文社会科学研究中的文献综述撰写［J］．理论月刊，2015（3）：79-83.

［278］人文社科类学术论文文献综述范文（2）［EB/OL］．http：//bylw.yjbys.com/kaitibaogao/69546_2.html，2016-01-05.

［279］刘微微．国防高校科研能力评价指标体系设计研究［D］．哈尔滨工业大学硕士学位论文，2007.

［280］张冉，申素平．国家学位制度与大学学位制度比较分析［J］．学位与研究生教育，2013（9）：39-44.

［281］刘慧，陆康．读者利用图书馆资源进行论文撰写方法［J］．河南图书馆学刊，2012（5）：109-111.

［282］赵燕．体操硕士研究生优秀学位论文的调查研究［D］．山西大学硕士学位论文，2011.

［283］张英丽．论学术职业与博士生教育的关系［D］．华中科技大学博士学位论文，2008.

［284］任小平．《学位论文编写规则》新国标的变化和特点［J］．广东第二师范学院学报，2008，28（5）：109-112.

［285］胡振．通过形成性评价帮助学生成为自主学习者［D］．江西师范大学硕士学位论文，2005.

［286］学位论文写作［EB/OL］．http：//www.docin.com/p-506634113.html，2017-01-03.

［287］杜健．浅析本科毕业论文撰写中存在的问题［J］．太原城市职业技术学院学报，2012（12）：90-91.

［288］谢红霞．如何撰写毕业论文［J］．山西财政税务专科学校学报，2001，14（2）：58-60.

［289］刘斌．浅析如何指导开放教育学生撰写毕业论文［J］．当代教育论坛，2010（21）：22-24.

[290] 刘玉英,王雪玲. 高校英语专业本科毕业论文的选题与写作 [J]. 当代教育论坛,2009 (8):86-88.

[291] 张玉鹏. 做好大学毕业论文为求职就业奠定坚实基础 [J]. 中国大学生就业,2014 (21):26-27.

[292] 庞颖,韩丽. 浅议教师专业素养 [J]. 齐齐哈尔师范高等专科学校学报,2008 (6):145-147.

[293] 张桂云. 浅谈选题 [J]. 商情,2011 (15):126.

[294] 选题的重要性 [EB/OL]. http://www.cz88.net/fanwen/jiaoxue/608786.html,2015-11-09.

[295] 中华读书报. 科学研究需要问题情结 [EB/OL]. http://www.gmw.cn/01ds/1998-09/30/GB/218^DS1605.ht…1998-09-30.

[296] 精品学位论文写作 [EB/OL]. http://www.doc88.com/p-2159986907473.html,2013-06-07.

[297] 精品毕业论文写作指导 [EB/OL]. http://www.doc88.com/p-9039007471577.html,2014-01-25.

[298] 如何写作论文 [EB/OL]. http://www.51lunwen.com/Assignment/2009/0504/lw200…2009-05-04.

[299] 强月霞. 浅谈学术论文的选题原则和方法 [J]. 语文学刊(高等教育版)2005 (5):137-138.

[300] 选题和观点方面的毛病 [EB/OL]. http://wenku.baidu.com/view/1cda64230722192e4536f6…2011-11-16.

[301] 李代红. 毕业论文选题原则 [J]. 重庆科技学院学报(社会科学版),2006 (s):94-95.

[302] 学位论文写作 [EB/OL]. http://www.docin.com/p-506634113.html,2012-03-21.

[303] 王林林. 选题——撰写学术论文的关键一步 [J]. 法制与社会,2008 (28):195.

[304] 赵雨. 论文写作和论文资料收集及选题原则 [EB/OL]. http://blog.sina.com.cn/s/blog_6d68d7400100ueat.ht…2011-05-15.

[305] 毕业论文撰写要求 [EB/OL]. http://wenku.baidu.com/view/56b3cbd44afe04a1b171de…2014-01-05.

［306］图书馆资源利用与毕业论文写作［EB/OL］. http：//wenku. baidu. com/link？url＝YQ30FITF453NIAXXIDp37XGh_lgr_ZbSQh77tDZqdGunyMv5jT31G8iovrgdYbrc1ZVYdFMhOiDy0Ucgv76vZhhAKZwQIEBlAJRzNIokWQi.

［307］学位论文写作要求［EB/OL］. http：//wenku. baidu. com/view/c1a1a48efad6195f312ba6ef. html？from＝search.

［308］学位论文写作指南［EB/OL］. http：//xueshu. baidu. com/s？wd＝paperuri：（69cc9bd17b8f189c18b9da613822b83a）&filter＝sc_long_sign&sc_ks_para＝q%3D.

［309］毕业论文——资料查找与整理［EB/OL］. http：//wenku. baidu. com/view/89bf25d87f1922791688e8a3. html？from＝search.

［310］朱妞. 浅谈作文选材［J］. 读写算（教育导刊），2014（11）：134.

［311］怎样写好一篇文章的结尾？［EB/OL］. http：//www. zybang. com/question/86ecb19c414734940cff3dd8cf7a00a2. html.

［312］师高康，于莲华. 调查研究有讲究［J］. 农村经营管理，2012（8）：40－41.

［313］罗矛，张丽芳，胡北军. 因特网信息检索初探［J］. 红河学院学报，2010，8（2）：90－91，95.

［314］论文材料的整理方法［EB/OL］. https：//www. baidu. com/link？url＝2aCFuDYZS5WUlxt5u_UJYb0BDS_bjQJwBIuvj448rEJ3ogtgFOMlvMxwXH8TgPCnM1－7ClKuGPARdDiFZ95U7ZFcMyF2e8CzHL_0HP7Y1n7&wd＝&eqid＝dd55ac140009185b0000000358776e61.

［315］资料搜集的主要方法有哪些［EB/OL］. http：//pinglun. sohu. com/s403268060. html.

［316］论文写作和论文资料收集及选题原则［EB/OL］. http：//blog. sina. com. cn/s/blog_6d68d7400100ueat. html.

［317］学术论文写作［EB/OL］. http：//wenku. baidu. com/view/4636073bb90d6c85ec3ac637. html？from＝search.

［318］最后总结学位论文写作方法［EB/OL］. http：//www. docin. com/p-205394204. html.

［319］文献综述的写作方法［EB/OL］. http：//wenku. baidu. com/view/52e577593b3567ec102d8ab0. html.

［320］学术论文和读书报告如何写［EB/OL］. http：//blog. renren. com/share/221992054/2284708219，2017－01－02.

［321］资料准备［EB/OL］. http：//wenku. baidu. com/link？url＝jwKIdaNvnqIexyAq3gd8cHMqGar6mHfZIfGg8pTUoblhTfp7ux2z5fOsBs－xLE0OX1jD9pCkDJAJkR8WRt0GKy1gR34NGV6bXeGaxmj8HCm.

［322］如何撰写本科毕业论文［EB/OL］. http：//wenku. baidu. com/view/981a6d9b2e3f5727a4e96206. html？from＝search.

［323］李俊. 新课程标准下高中"推理与证明"内容及教学研究［D］. 苏州大学硕士学位论文，2008.

［324］孔灵娜. 北京市电力行业工作要素与薪酬水平关系研究［D］. 北京交通大学硕士学位论文，2014.

［325］魏一静. 研究性学习中研究方法面面观［J］. 综合实践活动，2010（11）.

［326］李艺湘. 音乐教育研究方法的多元化——近十年国内音乐教育研究方法概述［J］. 无线音乐·教育前沿，2014（8）.

［327］科学研究方法［EB/OL］. http：//3y. uu456. com/bp_7u9wf1vq7f6tzp833x39_2. html，2017－01－01.

［328］卢玉卿. 文学作品中言外之意的翻译研究［D］. 南开大学博士学位论文，2010.

［329］周三红. 高等教育专业的硕士学位论文研究方法的调查与思考——以湖南师范大学、湖南大学、中南大学为例［D］. 湖南师范大学硕士学位论文，2010.

［330］学术论文写作的谋篇构思［EB/OL］. https：//www. douban. com/note/241093590/，2012－10－11.

［331］李文富，严雅莉. 学术论文之表达与编辑［J］. 黄河科技大学学报，2010（3）：109－112.

［332］学位论文写作方法［EB/OL］. http：//www. docin. com/p－205394204. html，2011－05－19.

［333］学位论文写作［EB/OL］. http：//wenku. baidu. com/view/0f4f570c581b6bd97f19eaae. html，2012－03－21.

［334］学位论文规范［EB/OL］. http：//3y. uu456. com/bp_8puts8oiq

955mbu22qlu_ 4. html.

[335] 学术论文 [EB/OL]. http：//www. docin. com/p – 1762476122. html，2016 – 10 – 21.

[336] 欧阳晓黎，郭修起. 研究生从学位论文到学术论文的写作 [J]. 中国电力教育，2009 (16)：40 – 41.

[337] 郭海燕. 规范学位论文写作 提高学术质量水平 [J]. 中国高等教育，2003 (7).

[338] 汪晓囡. 我国高校学位论文标准化现状、问题与对策 [J]. 大学图书情报学刊，2010 (5)：54 – 57.

[339] 王睿. 学术论文的编写格式 [J]. 科技编辑研究，2003，15 (1)：42 – 47.

[340] 金顺爱. 学术论文结束语的撰写要求探讨 [J]. 天津科技，2014，41 (11)：68 – 69.

[341] 什么是毕业论文参考文献 [EB/OL]. http：//scholar. google. com/schhp？hl = zhCN&as_ sdt = 334897a73d46e76a9241d5f40bfe80c1.

[342] 文献检索整理 [EB/OL]. http：//scholar. google. com/schhp？hl = zhCN&as_ sdt = c3497b74e79b43a9b48d35ef4263a34c.

[343] 议论文的特点和作用 [EB/OL]. http：//wenku. baidu. com/view/82ccd925dd36a32d73758172. html，2011 – 11 – 13.

[344] 陈军. 表达方式之议论 [EB/OL]. http：//zy. lsjyw. net/blog/index. php？file = viewlog&uid = 2462&id = 6183，2012 – 05 – 18.

[345] 如何议论 [EB/OL]. http：//www. zybang. com/question/911958db0bfa7101d9414c0a9aeebb71. html，2014 – 09 – 29.

[346] 齐鑫. 中医药大学教务管理系统的开发应用 [D]. 华东师范大学硕士学位论文，2011.

[347] 杨朝晖. 论美国研究生学位授予权管理 [D]. 河北大学硕士学位论文，2006.

[348] 郑勤华，陈丽等. 现代远程教育中毕业论文管理现状与对策研究 [J]. 现代远程教育研究，2010 (5)：55 – 59.

[349] 郭永兵，陈中义. 谈本科生毕业论文答辩的问与答 [J]. 科技创新导报，2007 (24)：238 – 239.

[350] 陈洁. 浅谈技师论文答辩的意义及技巧 [J]. 职业, 2010 (12): 137-138.

[351] 周红康. 研究生学位论文答辩制度的治理 [J]. 煤炭高等教育, 2006, 24 (4): 89-91.

[352] 姜孝军, 辛国强. 毕业论文答辩中存在的问题及对策研究 [J]. 吉林工程技术师范学院学报, 2007, 23 (10): 65-66.

[353] 孔繁敏. 答辩制在大学生党员思想理论教育中的尝试和摸索 [J]. 高教论坛, 2009 (6): 14-16.

[354] 陶雄. 函授教育毕业论文的问题与对策 [J]. 教育学术 (月刊), 2008 (10): 71-72.

[355] 张翠峰. 新型工业化背景下成教毕业论文管理现状的几点思考 [J]. 企业家天地 (旬刊), 2013 (1): 119-120.

[356] 蔡英. 法学本科毕业论文的现状研究 [J]. 法制与社会, 2012 (20): 233-235.

[357] 肖春霞, 范华芳, 刘学波. 基于卓越农林人才培养的食品专业毕业论文教学探索 [J]. 教育教学论坛, 2015 (52): 77-78.

[358] 沈玉军. 合肥裕丰花鸟虫鱼市场发展研究与思考 [J]. 法制与社会, 2012 (20): 225-226.